合并财务报表实务

Hebing Caiwu Baobiao Shiwu

U0791656

傅荣 编著

东北财经大学出版社
Dongbei University of Finance & Economics Press
大连

图书在版编目（CIP）数据

合并财务报表实务 / 傅荣编著. —大连：东北财经大学出版社，2020.7

ISBN 978-7-5654-3826-4

Ⅰ. 合… Ⅱ. 傅… Ⅲ. 企业合并-会计报表-研究 Ⅳ. F275.2

中国版本图书馆CIP数据核字（2020）第044024号

东北财经大学出版社出版

（大连市黑石礁尖山街217号 邮政编码 116025）

网 址：http：//www.dufep.cn

读者信箱：dufep@dufe.edu.cn

大连日升彩色印刷有限公司印刷 东北财经大学出版社发行

幅面尺寸：170mm×240mm 字数：343千字 印张：17.5 插页：1

2020年7月第1版 2020年7月第1次印刷

责任编辑：李 彬 王芃南 责任校对：珉 淇

封面设计：张智波 版式设计：原 皓

定价：36.00元

教学支持 售后服务 联系电话：（0411）84710309

如有印装质量问题，请联系营销部：（0411）84710711

前言

合并财务报表作为反映企业集团整体财务状况、经营成果和现金流量信息的载体，无论是在项目设置、编制主体、编制原则、编制依据还是编制流程上，都与个别财务报表不尽相同甚或迥异。提供“增量信息”的独特功能导致了合并财务报表的独特生成程序，在这个程序中，母公司需要满足信息使用者对企业集团整体财务信息的需要，就要根据母公司、子公司的个别财务报表并综合其他有关财务资料，采用专门的流程和技术，编制合并财务报表。其结果是，主体的多元性和数据的综合性，既增加了合并财务报表的编制难度，也提升了合并财务信息的解读难度。因此，系统梳理合并财务报表的基本原理和编制流程，无疑是必要的。

企业合并与合并财务报表会计准则是处理企业合并业务和编制合并财务报表的规范。在企业并购重组层出不穷资本市场日益活跃的经济背景下，会计准则不断修订的动态令人接应不暇；在会计准则国际趋同的大潮之中，我国会计准则与国际财务报告准则的异同一直备受关注。因此，依据现行会计准则，跟踪相关准则的最新动态，推介国际财务报告准则修订过程中的不同观点，以助于读者以客观的立场和动态的视角来学习、理解、审视相关会计准则，无疑也是必要的。

合并财务报表实务是合并财务报表理论研究、教学实践、准则制定等一系列活动的终点。本书在每一章前面设置“引例”版块，用上市公司的年报或实例引出各章应关注的主要知识点、用真实的数据引导读者关注相关知识点的实际价值，并在相关章节对章首引例进行跟踪；另外，本书还根据需要适时插入“直面上市公司”栏目。这些尝试，对于聚焦并购热点、关注报表实务，无疑是必要的。

合并财务报表实务是一个宏大的领域，合并财务报表的编制是一个系统的工程，从而涉及很多直接、间接的知识需求，也难免有很多值得一探究竟的实务问题。比如，与企业合并会计确认计量有关的新起点法、与合并财务报表合并理念和合并范围有关的比例合并法、与编制合并财务报表的工作底稿法相对应的计算法、与境外经营有关的外币财务报表折算、与控股结构变动有关的权益性交易，以及下推会计、推定赎回损益等专题，甚至与权益法有关的问题等等，这些话题有的涉及合并财务报表之外的内容，有的已不包含在现行会计规范中。根据作者多年的教学体会，将诸如此类的话题在各章后面设置“本章特别关注”专栏，以助于读者对相关知识体系的融会贯通，无疑也是必要的。

虽然作者为上述构想倾力而为，虽然作者试图对合并财务报表的专题研究进行系统梳理，虽然作者期待对读者能有帮助，但是，持续的关注实务、不懈的学习、进一步的改进，对作者而言，无疑更必要！

敬请指正！

谢谢！

傅　荣

2020年1月・大连

目录

第一篇　合并财务报表概论

第二篇 合并日后合并财务报表的编制（上）

第三篇　合并日后合并财务报表的编制（下）

第四篇　合并财务报表编制中的特殊问题

第一篇

合并财务报表概论

第一章 合并财务报表前提：企业合并

引例 光明乳业：从定期报告看企业合并

光明乳业股份有限公司（股票代码：600597，简称：光明乳业）是由国资、社会公众资本组成的产权多元化股份制上市公司，从事乳和乳制品的开发、生产和销售，奶牛的饲养、培育，物流配送，营养保健食品开发、生产和销售等业务，是目前国内最大规模的乳制品生产、销售企业之一。

光明乳业在其2010年、2015年年报的财务报表附注部分，都披露了本集团当期发生的企业合并业务。摘编如下：

一、2010年的非同一控制下企业合并

（十一）其他重要事项

1.企业合并

（1）本集团作为非同一控制下企业合并的购买方

①被购买方基本情况

2010年7月，本公司与新西兰信联乳业有限公司和新西兰信联集团有限公司签订协议，光明乳业以现金出资8 200万新西兰元（折合人民币421 134 182元）认购新西兰信联乳业有限公司新增的51%股份。该交易已于2010年11月11日完成。该项合并系非同一控制下的企业合并，合并成本人民币421 134 182元与被合并公司合并日净资产公允价值人民币216 638 840元的差额人民币204 495 342元确认为商誉。

②被购买方主要财务信息

人民币：元

项目	购买日	
	账面价值	公允价值
可辨认资产：		
流动资产	756 920 964	756 920 964
非流动资产	593 826 231	617 408 131
小计	1 350 747 195	1 374 329 095
可辨认负债：		
流动负债	492 252 851	492 252 851
非流动负债	450 691 275	457 294 207
小计	942 944 126	949 547 058
净资产合计	407 803 069	424 782 037

注：购买取得的可辨认资产和负债以经独立的第三方评估机构按收入法、市场法和成本法确定的估值结果确定。

本公司支付合并对价的情况

本公司所支付合并对价（现金和现金等价物）在购买日的账面价值及公允价值情况均为421 134 182元。

③被购买方自购买日至合并当期期末的经营成果及现金净流量：

……

二、2015年的同一控制下企业合并

（八）合并范围的变更

1.同一控制下企业合并

……

2015年11月5日，本公司下属子公司上海光明荷斯坦牧业有限公司（以下简称"荷斯坦牧业"）与光明食品（集团）有限公司（以下简称"光明食品集团"）之子公司上海牛奶（集团）有限公司（以下简称"牛奶集团"）签订股权转让协议，收购其持有的上海鼎健饲料有限公司100%股权，股权转让价人民币552.57万元；2015年11月5日，荷斯坦牧业与光明食品集团之子公司上海泰杰实业公司签订股权转让协议，收购其持有的上海冠牛经贸有限公司100%股权，股权转让价人民币745.39万元。上述股权转让协议于2015年8月14日在本公司2015年第一次临时股东大会中批准通过，并于2015年11月24日在上海市产权交易中心完成股权转让手续。

……

阅读了上述信息之后，您可能会问：什么是企业合并？什么是非同一控制下的企业合并？企业合并有哪些种类？为什么光明乳业对2010年的那项企业合并采用了"购买日"的说法？企业合并与股权投资又是什么关系？204 495 342元的商誉是怎么计算的？在什么情况下需要确认商誉以及怎样确认商誉？企业合并与合并财务报表又是什么关系？

本章将对诸如此类的问题进行系统阐述，以便为合并财务报表的学习奠定基础。

第一节　企业合并的相关概念

一、企业合并

（一）企业合并的定义

《国际财务报告准则第3号——企业合并》（IFRS 3）（2008）中对企业合并的定义是：企业合并，是指购买方获得对一个或多个业务的控制权的交易或事项（A transaction or other event in which an acquirer obtains control of one or more businesses）。

关于这个定义，至少应注意以下几个问题：第一，这里用“购买方”而不是“合并方”，是因为《国际财务报告准则第3号——企业合并》规定企业合并的会计处理采用购买法。购买法的内容我们后面将专门介绍。第二，这里的“业务”指能够为以下目的经营和管理的一组集合的活动或资产：直接向投资者或其他所有者、成员或参与者以股利、更低的成本或其他经济利益的形式提供回报。该准则进一步解释“业务”时指出，“业务”应具备投入、过程、产出三要素，即业务是由投入和作用于能够创造产出的投入过程构成的。如果取得的资产并不构成一项业务，报告主体应将该交易或事项作为一项资产的购买进行会计处理。第三，获得控制权的方式主要有：转移现金、现金等价物或其他资产，承担负债，发行权益工具，提供各种形式的对价，或者没有转移对价仅仅依靠合同实现企业合并①。

我国《企业会计准则第20号——企业合并》（2006）中对企业合并的定义是：企业合并是指将两个或者两个以上单独的企业合并形成一个报告主体的交易或事项。

我国《公司法》中关于企业合并有这样的规范：公司合并可以采取吸收合并或者新设合并。一个公司吸收其他公司为吸收合并，被吸收的公司解散。两个以上公司合并设立一个新的公司为新设合并，合并各方解散。

从上述概念可以看出：关于“企业合并”，法律规范所强调的是法律形式上的“合并”，强调被合并法律主体的解散和新法律主体的兴起，即企业合并使得参与合并各主体在法律形式上合为一个新的主体。这一概念下，合并的结果是合并方取得被合并方的资产并承担被合并方的负债。会计规范强调的是经济实质上的“控制”关系的成立，强调对“控制权”——对净资产的控制权或对经营的控制权——的取得，从而导致会计上形成新的“报告主体”，即企业合并使得参与合并各主体在经济实质上成为一个整体。这一概念下，合并的结果可能是合并方取得被合并方的资产并承担被合并方的负债，也可能仅仅是取得对被合并方的控制性股权。

合并方取得被合并方的净资产，属于对被合并方的并入；合并方取得对被合并方的控股权，属于对合并方的股权投资。接下来就需要辨析股权投资与企业合并的关系。

（二）股权投资与企业合并

股权投资与企业合并是什么关系？

投资方对被投资方进行股权投资，可以通过向被投资方原股东支付现金、非现金资产、承担负债或发行权益工具等方式换取被投资方股权，也可以自行出资或与其他投资方共同出资设立被投资方。投资方取得被投资方股权后，其对被投资方的影响程度可以分为控制、共同控制、重大影响、重大影响以下四种情形。

控制，是指投资方拥有对被投资方的权力，通过参与被投资方的相关活动而享

---

① 2008年修订前的《国际财务报告准则第3号——企业合并》和美国财务会计准则委员会发布的《财务会计准则公告第141号——企业合并》的适用范围中，均未包括仅通过合同实现的企业合并。

有可变回报，并且有能力运用对被投资方的权力影响其回报金额。控制权的标志是决策权和获取利益权；控制的实施途径是一个企业直接或间接拥有另一个企业半数以上表决权，或者一个企业拥有另一个企业表决权不足半数以上但是通过拥有半数以下表决权和准则规定的其他方式达到控制；实务中对于控制的判断，应当遵循实质重于形式的原则。投资方对被投资方达到控制结果的股权投资形成母、子公司关系。

共同控制，是指按照相关约定对某项安排所共有的控制，并且该安排的相关活动必须经过分享控制权的参与方一致同意后才能决策。符合共同控制定义的某项安排如果是一个企业，也就是说投资方对该企业的净资产分享控制权，则该企业是合营企业。

重大影响，是指对一个企业的财务和经营政策有参与和决策的权力，但并不能够控制或者与其他方一起共同控制这些政策的制定。实务当中，重大影响的表现形式通常是在被投资单位的董事会或类似权力机构中派有代表，通过在被投资单位财务和经营政策制定过程中的发言权实施重大影响。能够被施加重大影响的被投资方，往往是投资各方的联营企业。

按照我国现行企业会计准则的规定，企业对子公司、合营企业和联营企业的股权投资，确认为长期股权投资，并分别采用成本法和权益法进行核算；企业对其影响程度在重大影响以下的股权投资，作为按公允价值计量的金融资产核算。

综上所述，企业合并的法律与会计界定以及股权投资与企业合并的关系简示如图1-1所示。

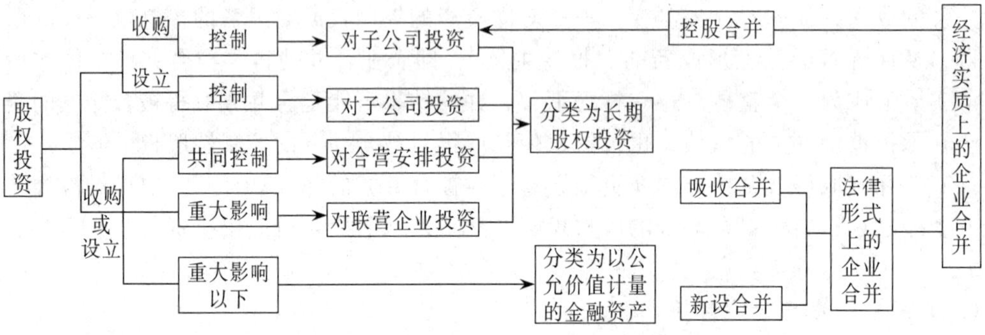

图1-1 企业合并的界定简示

下面就来进一步阐述图1-1中涉及的三种企业合并形式。

二、吸收合并、新设合并、控股合并

在吸收合并、新设合并和控股合并三种合并形式下，合并后主体的存续形态有所不同。这里所说的“存续形态”是指合并后主体的法律形式。

（一）基本概念

吸收合并（merger）或称兼并，是指实施合并的企业取得被合并企业的全部净资产并继续保留法人地位，被合并企业不复存在的合并类型。吸收合并的方法是由实施合并的企业以出让现金等资产，发行债券、股票或签发出资证明等方式换取被合并企业的净资产。吸收合并的结果是被合并企业丧失其法人地位（清算），实施合并的企业作为存续的单一经济主体和法律主体，接受被合并企业的资产并承担其债务。

新设合并（consolidation）或称创立合并，是指两个或两个以上的企业合并组成一个新的企业，参与合并的原各企业均不复存在的合并类型。新设合并的方法是由参与合并的企业以其净资产换取新设企业的股份。新设合并的结果是新设企业作为合并中形成的单一经济主体和法律主体处理其会计事务，拥有丧失法人地位的各参与合并企业的资产并承担其债务。

控股合并（acquisition of majority interest），是指实施合并的企业取得对被合并企业的控制性股权，被合并企业在合并后仍保持其独立的法人资格并继续经营的合并类型。控股合并的方法是由实施合并的企业以出让现金等资产、发行债券或股票等合并对价换取被合并企业的控制性股权。控股合并的结果是实施合并的企业确认对被合并方的股权投资，被合并企业依然保留其独立的法人资格。控股合并不是法律形式上的合并，但合并方对被合并方财务和经营决策的控制权决定了二者在经济实质上合成一体，在这个经济整体中，合并方作为取得被合并方控制性权益的一方成为被合并方的母公司（parent company），被合并方是合并方的子公司(subsidiary)。

（二）特征比较

以上三种企业合并类型的重要特征比较见表1-1。

表1-1　**吸收合并、新设合并、控股合并特征比较**

比较的项目＼合并类型	吸收合并	新设合并	控股合并
法律形式还是经济实质的合并	既是法律形式上的合并，也是经济实质上的合并	既是法律形式上的合并，也是经济实质上的合并	经济实质上的合并
合并后主体	一个法律主体，同时是一个会计主体	一个法律主体，同时是一个会计主体	合并方与被合并方互为独立法人主体，同时各为提供个别财务报告的会计主体；从提供合并财务报表的角度来看，成为一个报告主体
是否形成母、子公司关系	否	否	是

续表

合并类型 比较的项目	吸收合并	新设合并	控股合并
被合并方是否注销净资产	是	是	否
合并方确认净资产还是股权投资	确认取得的净资产	确认取得的净资产	确认取得的股权投资

下面举例说明吸收合并、新设合并和控股合并三种企业合并类型的异同点。

［例1-1］假定A、B两个企业合并。表1-2是对合并双方合并前后法律主体形式是否变化进行分类的企业合并解释。

表1-2　**吸收合并、新设合并、控股合并的区别**

情形	合并前	合并后			合并类型
		法人主体	报告主体		
			个别报表	合并报表	
1.A+B=A	A，B	A	A		吸收合并
2.A+B=C	A，B	C	C		新设合并
3.A+B=A+B，但A控制B	A，B	A，B	A，B	A	控股合并

直面上市公司　宝钢吸收合并武钢股份 钢铁“巨无霸”开启行业整合大幕（节选）

国务院国资委9月22日发布消息称，经报国务院批准，宝钢集团有限公司与武汉钢铁（集团）公司实施联合重组，组建“中国宝武钢铁集团有限公司”，共同打造钢铁领域世界级的技术创新、产业投资、资本运营平台。宝钢集团及武钢集团旗下上市公司宝钢股份及武钢股份也将通过宝钢股份换股吸收合并武钢股份的方式实施联合重组。

22日晚间，宝钢股份、武钢股份两家公司同时发布《吸收合并报告书》，宝钢股份向武钢股份全体换股股东发行A股股票，换股吸收合并武钢股份。

从股份公司层面来看，根据《吸收合并报告书》，宝钢股份和武钢股份的换股价格以上市公司审议本次换股吸收合并事项的董事会决议公告日前20个交易日的股票交易均价为市场参考价，并以不低于市场参考价的90%作为定价原则，换股价格确定为：宝钢股份4.60元/股、武钢股份2.58元/股。由上述换股价格确定武钢股份与宝钢股份的换股比例为1∶0.56，即每1股武钢股份的股票换0.56股宝钢股份的股票。

同时，宝钢股份将吸收合并武钢股份，武钢股份现有的全部资产、负债、业务、人员、合同、资质及其他一切权利与义务由宝钢股份承接与承继，自交割日起，武钢股份100%股权由宝钢股份控制。

——李治国.宝钢吸收合并武钢股份 钢铁“巨无霸”开启行业整合大幕［N］. 经济日报，2016-09-23.

三、同一控制下的企业合并、非同一控制下的企业合并

企业合并按合并前、后的最终控制方变化与否分为同一控制下的企业合并和非同一控制下的企业合并两类。

同一控制下的企业合并，是指参与合并的企业在合并前、后均受同一方或相同的多方最终控制且该控制并非暂时性的。

非同一控制下的企业合并，是指参与合并的各方在合并前、后不属于同一方或相同的多方最终控制。

简而言之，同一控制下的企业合并，参与合并的各方在合并前与合并后均属于相同的最终控制方；非同一控制下的企业合并，参与合并的各方在合并前与合并后分属于不同的最终控制方。

为了正确理解这两类企业合并的概念，至少应当明确以下几个问题：

第一，关于“同一方”和“相同的多方”。同一方，是指对参与合并的企业在合并前后均实施最终控制的投资者。相同的多方，是指根据投资者之间的协议约定，在对被投资单位的生产经营决策行使表决权时发表一致意见的两个或两个以上的投资者。这就明确了一个非常重要的问题，即投资是企业会计准则所称“控制”的前提。

第二，关于“控制并非暂时性”。控制非暂时性，是指参与合并各方在合并前后较长的时间内受同一方或相同的多方控制的时间通常在一年以上（含一年）。

下面举例说明同一控制下企业合并与非同一控制下企业合并的区别。

［例1-2］甲企业与乙企业分属两个企业集团。A、B、C、D、E五个企业均为股份有限公司。甲企业直接拥有A企业70%的表决权，直接拥有B企业60%的表决权；B企业直接拥有C企业52%的表决权；乙企业直接拥有D企业70%的表决权，直接拥有E企业60%的表决权。以上各项表决权的拥有期限都超过一年。

要求：根据上述资料，分析出现下列各种合并关系时的合并类别：A控股合并B，A控股合并D，C吸收合并D，A被E吸收合并，D吸收合并E。

分析：合并前存在的最终控制关系整理如图1-2、图1-3所示。

根据图1-2和图1-3可知：甲企业是A、B和C三个企业的最终控制方，乙企业是D、E两个企业的最终控制方。所以，如果分别发生上述资料中提到的各种合并关系，则有关合并类别的界定结论见表1-3。

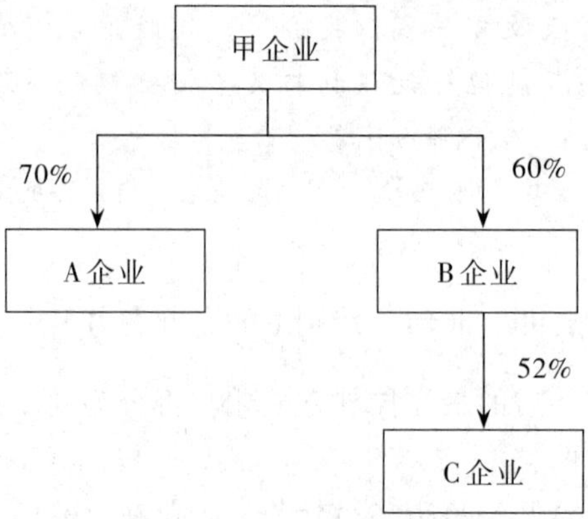

图 1-2　合并前甲企业相关企业控制关系图

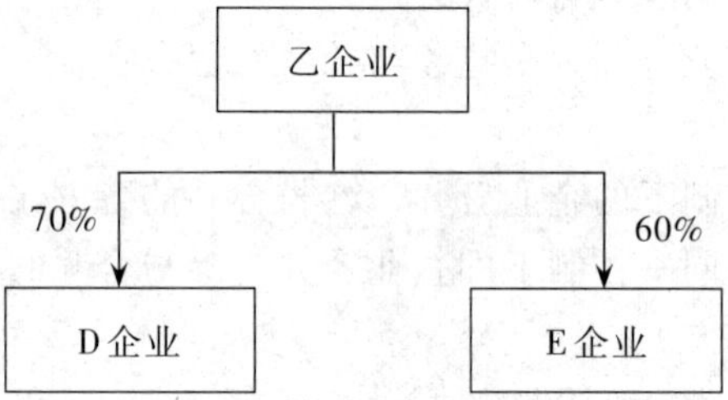

图 1-3　合并前乙企业相关企业控制关系图

表 1-3　　例 1-2 的企业合并类型比较

合并关系	同一控制下的企业合并		非同一控制下的企业合并	
	合并前、后均受甲企业最终控制	合并前、后均受乙企业最终控制	合并前分别受甲、乙企业最终控制，合并后受甲企业最终控制	合并前分别受甲、乙企业最终控制，合并后受乙企业最终控制
A控股合并B	√			
A控股合并D			√	
C吸收合并D			√	
E吸收合并A				√
D吸收合并E		√		

［例 1-3］以下三个企业合并事件是 2015 年新三板企业合并事件中比较具有代表性的：

（1）北京同创九鼎投资管理股份有限公司（简称“九鼎集团”）于 2015 年 5 月 15 日在江西省南昌市江西省产权交易所通过电子竞价的方式，以人民币 41.49592 亿元拍得江西中江集团有限责任公司（简称“中江集团”）100% 的股权。本次交易完成后，九鼎集团将持有中江集团 100% 的股权，并通过中江集团间接持有上市公司江西中江地产股份有限公司（简称“中江地产”、股票代码：600053）72.37%的股权。

（2）2015年7月30日，云天软件（股票代码：430580）向被并购方发行32 250 000股股票，作为支付的交易对价，收购中建网络100%的股权，本次交易价格合计为445 050 000元。云天软件的实际控制人同时也是中建网络的实际控制人。云天软件主要为水泥行业客户提供各类软件的开发和技术服务，致力于提高客户的内部管理水平，中建网络旗下的中国水泥网根植水泥行业十余年，主要提供行业客户购销渠道、行业资讯等信息，利用已有的丰富资源搭建交易平台，进行现货交易业务。

（3）2015年12月18日，上海君实生物医药科技股份有限公司（简称“君实生物”）以2∶1的估值比向新三板挂牌企业上海众合医药科技股份有限公司（简称“众合医药”）全体股东发行735万股股票用于换股合并众合医药。众合医药的换股价格为1.32元/股，君实生物将以26.23元/股的价格发行735万股股票用于合并众合医药，换股比例为1∶19.87，发行数量占发行后总股本的比例为33.33%。合并完成后，君实生物作为存续公司承继及承接众合医药的全部资产、负债、业务、人员、合同及其他一切权利与义务，众合医药终止挂牌并注销法人资格。据报道，两个公司的实际控制人同为一人。

根据上述资料，可以判断每起企业合并的合并类型：

（1）九鼎集团合并中江集团的事件属于非同一控制下的控股合并；

（2）云天软件合并中建网络的事件属于同一控制下的控股合并；

（3）君实生物合并众合医药的事件属于同一控制下的吸收合并。

四、几种企业合并形式的关系

通过［例1-2］和［例1-3］可以看出，无论是吸收合并、新设合并还是控股合并，都既有可能是同一控制下的企业合并也有可能是非同一控制下的企业合并；反过来讲，无论是同一控制下的还是非同一控制下的企业合并，都既有可能形成吸收合并、新设合并也有可能形成控股合并。上述企业合并两种分类之间的关系如图1-4所示。

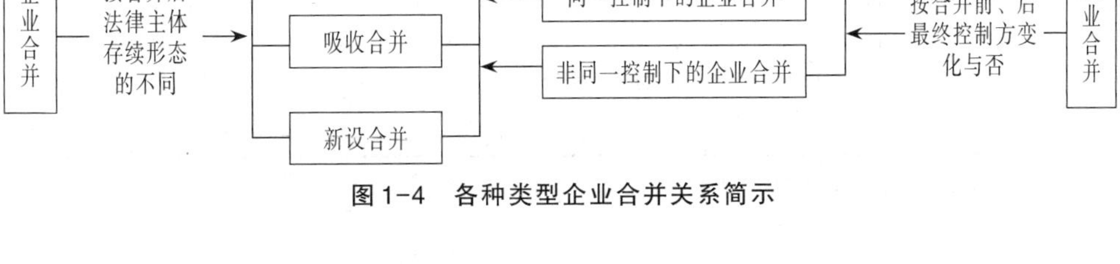

图1-4　各种类型企业合并关系简示

五、合并方、合并日

> 能否确定合并方，关系到后面所述的合并会计处理方法能否采用；而合并日的确定，则关系到对企业合并交易或事项的会计确认。

“合并方”是企业合并中取得被合并方控制权的主体。一般情况下，合并方比较容易认定，往往是合并前已经存在的主体、合并中提供对价或发行权益的主体，比如，吸收合并中的存续主体、控股合并中的母公司，都应该是合并方。新设合并中的新设主体、反向收购中的发行权益主体，可能就与上述两条标准不一致。《国际财务报告准则第3号——企业合并》指出，不管合并形式如何，作为合并的结果，“确定参与合并主体中哪一方有权统驭其他主体的财务和经营政策并借此从其活动中获取利益”都是认定合并方的基础。

“合并日”是合并方取得被合并方控制权的日期。可见，界定合并日的关键是控制权的转移与否。合并方取得被合并方控制权的日期通常是合并方从法律角度而言转移了合并对价、取得了被合并方的资产并承担了被合并方的负债的日期或取得股权的过户日期，即交割日。但是，有的时候，合并方可能会早于或迟于交割日取得被合并方的控制权，如果有关企业合并的书面协议中规定在交割日前即取得被合并方控制权，这种情况下的合并日就先于交割日。《国际财务报告准则第3号——企业合并》强调，在认定合并日时，合并方应综合考量与合并有关的所有事实和事项。

引例跟踪

光明乳业在其2015年年度报告中，披露了当年发生的同一控制下企业合并合并日的界定依据：

被并方名称	企业合并中取得的权益比例	构成同一控制下企业合并的依据	合并日	合并日的确定依据
上海鼎健饲料有限公司	100%	向同受最终控股母公司控制的企业收购所得	2015年11月24日	取得控制并完成产权交易中心股权转让手续
上海冠牛经贸有限公司	100%	向同受最终控股母公司控制的企业收购所得	2015年11月24日	取得控制并完成产权交易中心股权转让手续

——见“光明乳业2015年年度报告第114页

六、企业合并与合并财务报表的关系

关于企业合并与合并财务报表的关系，要从两个方面来看。

（一）企业合并是否一定需要编制合并财务报表

合并财务报表与企业合并有必然的联系，但是并非每一种合并方式下都需要编制合并财务报表。合并财务报表的编制与否，与企业合并是否属于同一控制下的合并无关，而与企业合并的法律结果有关。在吸收合并的情况下，合并前的两个或多个企业被其中一个企业合并，被合并方均不复存在，在合并后只有一个独立的法律主体同时也是一个独立的会计主体，这时显然不存在编制合并财务报表问题；在新设合并的情况下，合并前的两个或多个企业共同组成一个新的企业，这个新企业作为一个独立的法律主体同时也是一个独立的会计主体，这时当然也不必编制合并财务报表；只有在控股合并的情况下，合并方与被合并方仍各为独立的法律主体和会计主体，而站在合并后的企业集团这一经济意义上整体的立场来说，为了反映其总体的财务状况、经营成果和现金流量，就需要编制合并财务报表。

（二）不同类型的企业合并如何编制合并财务报表

如果说是否需要编制合并财务报表取决于企业合并的类型是否属于控股合并的话，那么，如何编制合并财务报表，则取决于会计准则对企业合并会计处理方法的规范。同样是在控股合并的情况下，不同的企业合并会计处理方法，对合并资产负债表中被合并方净资产报告价值的计量属性规定不同，对合并商誉的确认与否不同，从而合并财务报表也会呈现不同的会计信息。从我国现行合并财务报表实务来看，要区分同一控制下的控股合并还是非同一控制下的控股合并，因为按照我国现行企业合并会计准则，同一控制下企业合并和非同一控制下企业合并所采用的会计处理方法是不同的。

引例跟踪

光明乳业2010年收购新西兰信联乳业有限公司新增的51%股份成为后者的控股股东，这一收购交易就构成非同一控制下的控股合并；该公司2015年分别取得上海鼎健饲料有限公司和上海冠牛经贸有限公司100%控股权的合并业务就属于同一控制下的控股合并。

第二节　企业合并的会计处理：基本方法

一、企业合并会计处理要解决的问题

> 不同的企业合并会计处理方法对合并财务报表的编制会有不同的影响。

企业合并会计要解决的问题主要是如何对企业合并交易或事项进行确认、计量与报告。

合并日合并方对企业合并进行确认与计量的基本账务处理框架见表1-4。

表1-4 合并方对企业合并的账务处理框架

吸收合并、新设合并	控股合并
借：有关资产 　贷：有关负债　　［取得的净资产］ 　　银行存款等　　［支付的合并对价］ 　　银行存款等　　［支付的合并费用］	借：长期股权投资　　［取得的股权］ 　贷：银行存款等　　［支付的合并对价］ 　　银行存款等　　［支付的合并费用］

根据表1-4，合并方在合并日个别财务报表中应该解决的问题主要包括：

（1）对合并中取得的净资产（吸收合并或新设合并）或股权投资（控股合并）应如何进行初始确认与计量？

（2）对支付的合并对价应如何终止确认与计量？

（3）上述两者如果有差异，应如何确认？

（4）对支付的合并费用应如何确认？

另外，在控股合并的情况下，合并日合并方是否需要编制合并财务报表？若需要，应如何编制合并财务报表？

很显然，上述问题的核心是如何计量企业合并中取得的净资产（或股权）以及支付的合并对价，而计量属性的选择则取决于对企业合并实质的判断。如果将企业合并视为合并方对被合并方净资产（或股权）的购买，应该采用公允价值计量；如果将企业合并视为参与合并各方的股东对合并各方净资产（或股权）的联合，则应该按账面价值计量。

对上述问题的不同解决思路构成企业合并会计处理的不同方法。虽然国际会计准则理事会和美国财务会计准则委员会在制定《国际财务报告准则第3号——企业合并》和《财务会计准则公告第141号——企业合并》的过程中，考虑了三种可行的企业合并会计处理方法：权益结合法、购买法和新起点法，但从企业合并会计的发展过程来看，企业合并会计处理的方法主要有两种：权益结合法和购买法。

二、权益结合法与购买法的基本原理

权益结合法（pooling-of-interests mathod）也称权益入股法、股权联合法、权益联营法。

《国际会计准则第22号——企业合并》（IAS 22）对权益结合法的定义有如下阐述：权益结合法是指参与合并的企业的股东联合控制全部或实际上全部的资产和经营，以便继续对联合实体分享利益和分担风险的合并。取代IAS 22的IFRS 3认为，权益结合法适用于“真实兼并”或“权益结合”形式的企业合并。因此，权益结合法下，为了共同分担合并主体的风险和利益，应满足以下条件：第一，参与合并企业的有表决权的普通股应全部或至少是绝大部分参与交换和合并；第二，一个企业的公允价值不能与另一个企业的公允价值相差很大；第三，合并后各企业的股东在合并主体中应大体保持与合并前同样的表决权和股权。IFRS 3中强调，权益结合法的采用仅限于权益是主要对价形式的企业合并（换股合并）。

购买法（acquisition method[①]）也称购受法、收买法。《国际会计准则第22号——企业合并》中对购买的定义有如下阐述：购买是指通过转让资产、承担负债或发行股票等方式，由一个企业（收购企业）获得对另一个企业（被收购企业）净资产和经营的控制权的企业合并。购买法下，也可将合并日称为"购买日"，将合并方称为"购买方"，将被合并方称为"被购买方"。取代IAS 22的IFRS 3在应用购买法的诸项要求中更是明确地为认定购买方、确定购买日、确认和计量购买中取得的商誉或利得等主要内容制定了指南。

权益结合法与购买法作为企业合并会计处理的两种基本方法，两者对于企业合并性质的不同界定决定了两者在企业合并会计处理中计量属性的不同选择，从而导致两者的一系列区别。两种方法的主要特点比较见表1-5。

表1-5　**权益结合法、购买法的主要特点比较**

特点	权益结合法	购买法
1.合并的实质	参与合并各方现有的股东权益在合并后主体中的联合和继续	将一个企业（购买方）获取对另一个企业（被购买方）净资产和经营的控制权的行为，视为一项购买交易，即与企业购买其他资产相类似的交易
2.合并中取得的净资产或股权的入账价值	按账面价值计量	按公允价值计量
	➢吸收合并：按被合并方净资产账面价值作为合并方取得的净资产的入账价值； ➢控股合并：按被合并方净资产账面价值的份额作为合并方取得的股权投资的入账价值	➢吸收合并：按购买日被购买方净资产公允价值作为购买方取得的净资产的入账价值； ➢控股合并：按支付的合并成本作为购买方取得的股权的入账价值
3.合并商誉	不涉及合并商誉的确认	经常涉及合并商誉的确认
4.股东权益的调整	➢支付的合并对价的面值或账面价值与取得被合并方净资产或股权的账面价值的差额，调整股东权益（资本溢价）； ➢将被合并方合并前留存收益按持股比例并入合并后留存收益中	
5.合并主体当年净收益	如果合并发生在非年初的某个时点，合并主体合并当年净收益包括合并方当年实现的净收益以及被合并方自年初起当年实现净收益中相当于合并方在被合并方股权份额的部分	如果合并发生在非年初的某个时点，合并主体合并当年净收益包括购买方当年实现的净收益以及被购买方自合并日后当年实现净收益中相当于购买方在被购买方股权份额的部分

① 在《国际财务报告准则第3号——企业合并》之前，国际会计准则理事会用"Purchase method"描述购买法这种企业合并会计方法。

从权益结合法的起源及其变迁来看，以权益作为合并对价的吸收合并（即换股吸收合并），最能揭示权益结合法“现有股东权益在合并主体中的联合和继续”的实质。下面就以发行股票作为合并对价的吸收合并为例，对购买法、权益结合法的基本原理进行比较。

[例1-4] 购买法与权益结合法吸收合并账务处理比较。

A、B两个企业合并前资料见表1-6。

表1-6 **合并前资料** 单位：万元

会计要素	合并前	
	A	B
资产	488	300
负债	260	200
股东权益	228	100
其中：股本	200	80
资本公积	20	0
留存收益	8	20

假设：

（1）A公司通过发行每股面值为10元、每股价格为15元的普通股10万股给B公司的股东，将B公司吸收合并；

（2）B公司合并日的存货项目公允价值比账面价值高5万元，导致账面价值为300万元的资产其公允价值为305万元；负债的公允价值等于账面价值。

要求：分别采用权益结合法、购买法确定合并后主体的资产、负债、所有者权益价值。

分析：

（1）一方面，由于是A公司吸收合并B公司，所以，B公司应注销其原有的资产、负债和所有者权益。其相关账务处理为（金额单位为万元）：

借：有关负债 200

股本 80

留存收益 20

贷：有关资产 300

（2）另一方面，A公司对合并B公司这项业务要进行确认与计量。其相关账务处理的基本思路见表1-7。

合并前、后的数据比较见表1-8。

表 1-7　**A公司对企业合并确认与计量的基本处理**　单位：万元

权益结合法		购买法	
①确认企业合并：			
借：有关资产	300	借：有关资产	305
贷：有关负债	200	商誉［（100+50）-（305-200）］	45
股本	100	贷：有关负债	200
②调整留存收益：		股本	100
借：资本公积	20	资本公积——股本溢价	50
贷：留存收益	20		

表 1-8　**合并前、后的数据比较**　单位：万元

会计要素	合并前			合并后（A吸收合并B）	
	A	B	A+B	权益结合法（A+B）	购买法（A+B）
资产	488	300	788	788	838
负债	260	200	460	460	460
股东权益	228	100	328	328	378
其中：股本	200	80	280	300	300
资本公积	20	0	20	0	70
留存收益	8	20	28	28	8

［例 1-5］购买法与权益结合法合并当年合并主体净收益比较。

情况 1：A公司于2×19年4月1日吸收合并B公司。两个公司年初至合并日实现净利润分别为500万元、200万元；合并日后至年末A公司实现净利润800万元。则：

情况 2：A公司于2×19年4月1日控股合并B公司，取得B公司100%的股权，两者组成企业集团。两个公司年初至合并日实现净利润分别为500万元、200万元；合并日后至年末实现净利润分别为800万元、300万元。

根据上述资料，在购买法和权益结合法下合并当年净收益计算见表1-9。

表 1-9　**非年初合并时合并当年净收益比较**　单位：万元

项目	情况1：吸收合并	情况2：控股合并
购买法	A公司2×19年净利润=500+800=1 300	该企业集团2×19年合并净利润=500+800+300=1 600
权益结合法	A公司2×19年净利润=500+200+800=1 500	该企业集团2×19年合并净利润=500+200+800+300=1 800

三、权益结合法与购买法的财务影响比较

权益结合法和购买法对财务信息具有不同的影响，具体可以从两个方面进行比较：从时间上来看，体现在对合并当年和合并以后年度均有不同影响；从内容上来

看，体现在对净资产的计价和收益的计量均有不同影响。

（一）对合并当年财务会计信息的主要影响

由于购买法对合并中取得的净资产按合并日公允价值入账，而权益结合法按其账面价值记账，所以，在物价上涨的条件下，购买法对净资产的计价比权益结合法对净资产的计价要高。以表1-8数据为例，购买法下合并后主体净资产的价值为378万元，而权益结合法下合并后主体净资产价值仍与合并前一样为328万元，前者高于后者的50万元中就有与合并进来的存货增值相关的调整价值5万元。

由于购买法下需将支付合并对价的公允价值超过取得净资产的公允价值的差额确认为合并商誉，所以，在用发行股票方式作为合并对价的情况下，采用购买法会因合并商誉的确认导致比权益结合法要高的净资产报告价值。以表1-8数据为例，购买法下合并后主体净资产的价值378万元比权益结合法下合并后主体净资产价值328万元高出的50万元中，除了前述与合并进来的存货相关的调整价值5万元之外，还有45万元就是确认的合并商誉价值。

由于购买法仅将被并企业合并当年净收益中属于合并日后实现的、应归属于主并企业的部分并入主并企业的合并当年净收益，而权益结合法是将被并企业合并当年净收益全部并入主并企业的合并当年净收益，所以，在非年初合并的情况下，合并当年权益结合法确认的收益比购买法下确认的收益要高。

（二）对合并以后各年度财务会计信息的主要影响

一方面，购买法合并时对并入净资产按其公允价值入账，而权益结合法只按并入净资产的账面价值入账。在公允价值高于账面价值的条件下，在合并以后各年按公允价值确定的资产转移价值显然要比按账面价值确定的资产转移价值要高，所以，在合并以后各年权益结合法确认的收益比购买法确认的收益要高。

另一方面，合并后各年，权益结合法下可以按公允价值将并入资产出售，（在物价上涨条件下）该售价与原账面价值之差又会给主并方带来一部分收益。

还有，购买法下被购买方的留存收益不能并入购买方的留存收益当中，而权益结合法则相反。这就导致了这样一种结果：在吸收合并或创立合并情况下，权益结合法使得被合并方的留存收益并入合并方的留存收益，可以在以后年度参与向股东支付股利。

综上所述，与购买法相比，采用权益结合法，合并当年对资产的较低计价、合并商誉的不予确认以及被并方净收益的全部计入，不仅导致了合并当年的较高收益，而且带来了以后各年较低的资产折旧基础和较高的净资产收益率；另外，权益结合法有可能为股东带来更多的可供分配留存收益。

四、现行会计规范对权益结合法与购买法的取舍

权益结合法和购买法的上述不同特征，决定了两者生成的会计信息不同；而正因为两种方法对净资产的计价和收益的计量都有不同的影响，所以，企业合并会计

准则的发展过程中对这两种方法的取舍也经历了不断的变迁。

在经历了多年两种方法并存的状态之后，美国财务会计准则委员会（FASB）2001年7月颁布的《财务会计准则公告第141号——企业合并》中取消了权益结合法；国际会计准则委员会（IASB）发布的2004年3月31日生效的《国际财务报告准则第3号——企业合并》中，则要求所有企业合并采用购买法进行会计处理；2008年1月修订后的《国际财务报告准则第3号——企业合并》中虽然明确指出“企业合并必须采用购买法，除非该企业合并涉及同一控制下的主体或业务间的合并”，并明确地将同一控制下企业合并排除在该准则的适用范围之外，从而未就同一控制下企业合并作出相应处理规范。

我国的《企业会计准则第20号——企业合并》规定，同一控制下企业合并的会计处理方法按账面价值进行计量，非同一控制下企业合并的会计处理方法则按公允价值进行计量，前者基本上是对权益结合法基本原理的运用，后者则是对购买法的应用。

值得一提的是，随着会计环境的变化和出于简化处理的考量，现行会计规范中对某些问题的具体处理已经与最初的权益结合法与购买法的相关处理有所不同，比如合并成本的构成、合并费用的处理等。

第三节　企业合并的会计处理：现行规范

一、确认与计量的基本原则

（一）吸收合并、新设合并取得的净资产以及控股合并取得的股权投资的入账价值的确定

同一控制下企业合并的合并方，对吸收合并和新设合并中取得的资产和负债，按照合并日被合并方有关资产、负债的账面价值计量；对控股合并中取得的长期股权投资，按照合并日取得的被合并方所有者权益在最终控制方合并财务报表中的账面价值的份额进行初始计量。

非同一控制下企业合并的购买方，对吸收合并和新设合并中取得的被购买方可辨认净资产按其在购买日的公允价值入账；对控股合并中取得的股权份额按合并成本作为初始投资成本，其中“合并成本”一般是指支付的合并对价的公允价值。

（二）支付的合并对价的计量

同一控制下企业合并中，合并方支付的合并对价按账面价值转出。对作为合并对价所付出的资产，合并方按其账面价值结转；作为合并对价所发生或承担的负债，合并方按账面价值或面值确认；作为合并对价所发行的股份，合并方按面值总额记录。也就是说，如果合并对价是非现金资产，不需要确认支付的合并对价的转

让损益；如果合并对价是发行的债券或股票，不涉及对相关证券的溢价或折价的确认。

非同一控制下企业合并中，购买方支付的合并对价按公允价值计量。如果支付的合并对价是现金资产以外的资产、承担的负债或发行的证券，这就意味着：如果合并对价是非现金资产，对支付的合并对价按账面价值进行终止确认的同时还要确认出让资产损益；如果合并对价是承担的负债，需要按公允价值确认；如果合并对价是发行的债券或股票，不仅确认面值还需要对相关证券的溢价或折价进行确认。

（三）上述两项内容差异的确认

同一控制下企业合并中，合并方要对取得的净资产或股权投资的入账价值与支付的合并对价的账面价值的差额调整资本公积（股本溢价）；需要调整减少资本公积时，资本公积（股本溢价）不足冲减的，依次减少盈余公积和未分配利润。

非同一控制下企业合并中，购买方应当将合并成本超过合并中取得的被购买方可辨认净资产公允价值或股权入账价值的差额确认为商誉，将合并成本低于合并中取得的被购买方可辨认净资产公允价值或股权入账价值的差额确认为计入当期损益的利得（“营业外收入”）。

（四）合并费用的处理

合并费用是企业合并过程中发生的相关费用，包括直接合并费用和间接合并费用，直接合并费用是指能归属于某项企业合并交易或事项的审计费用、评估费用、法律服务费用等各项费用；间接合并费用则指不能归属于直接合并费用的其他与企业合并有关的费用。合并方为企业合并而发生的审计费用、评估费用、法律服务费用，应当于发生时计入当期损益（记入“管理费用”科目）。企业发生的不属于直接合并费用的其他与企业合并有关的费用，如企业专设的并购部门的日常管理费用等，应当于发生时计入当期损益。

> 在购买法下，直接合并费用构成合并成本的组成部分。所以，2006年颁布实施的企业合并会计准则中，要求将同一控制下企业合并中的直接合并费用计入当期损益，将非同一控制下企业合并的直接合并费用计入合并成本。随着企业会计准则的不断修订，按现行的会计准则，无论是同一控制下的企业合并还是非同一控制下的企业合并，对直接合并费用均采取以入当期损益的处理方法。

（五）证券发行费用的处理

合并方为企业合并而发行债券或承担其他债务所支付的手续费、佣金等费用，应当计入所发行债券或其他债务的初始计量金额，即构成有关债务的入账价值的组成部分；合并方为企业合并而发行权益性证券所发生的手续费、佣金等费用，应当冲减资本公积（股本溢价），资本公积不足冲减的，冲减盈余公积和未分配利润。

下面举例说明对企业合并的确认与计量基本原则的应用。

［例1-6］资料：B企业被A企业合并前的有关财务资料见表1-10。

表1-10 **B企业合并前财务资料** 单位：万元

项目	金额
资产	3 000
负债	2 000
股东权益	1 000
其中：股本	800
资本公积	0
留存收益	200

其他资料为：2×19年年末，A企业支付银行存款1 150万元给B企业原股东，实施对B企业的合并；另支付评估、审计、咨询费用共计2万元。合并当时A企业股本溢价余额500万元。B公司合并日某项资产的评估价值高于其账面价值100万元，从而导致资产公允价值为3100万元；负债的公允价值等于账面价值。

要求：分别吸收合并、100%控股合并、70%控股合并三种假设情况，区别按同一控制下企业合并和非同一控制下企业合并两种形式，进行A企业关于企业合并的会计处理。

解答：各种假设情况下的A企业有关企业合并的基本账务处理比较见表1-11。

表1-11 **A企业有关企业合并的基本账务处理比较** 单位：万元

情形	同一控制下企业合并	非同一控制下企业合并
吸收合并	①确认吸收合并： 借：有关资产 3 000 　　管理费用 2 　　资本公积 150 　贷：有关负债 2 000 　　　银行存款 1 152 ②调整留存收益： 借：资本公积 200 　贷：留存收益 200	确认吸收合并： 借：有关资产 3 100 　　管理费用 2 　　商誉 50 　贷：有关负债 2 000 　　　银行存款 1 152
100%控股合并	确认100%控股合并： 借：长期股权投资 1 000 　　管理费用 2 　　资本公积 150 　贷：银行存款 1 152	确认100%控股合并： 借：长期股权投资 1 150 　　管理费用 2 　贷：银行存款 1 152
70%控股合并	确认70%控股合并： 借：长期股权投资 700 　　管理费用 2 　　资本公积 450 　贷：银行存款 1 152	确认70%控股合并： 借：长期股权投资 1 150 　　管理费用 2 　贷：银行存款 1 152

［例1-7］资料见例1-6，只是将A企业的合并对价由支付1 150万元货币资金改为出让账面价值为1 000万元、公允价值为1 150万元、增值税税率为13%的库存商品。则各种假设情况下，合并对价为非现金资产时A企业的基本账务处理比较见表1-12。

表1-12　**合并对价为非现金资产时A企业的基本账务处理比较**　单位：万元

情形	同一控制下企业合并	非同一控制下企业合并
吸收合并	①确认吸收合并： 借：有关资产　3 000 　管理费用　2 　资本公积　149.5 　贷：有关负债　2 000 　　银行存款　2 　　库存商品　1 000 　　应交税费——应交增值税 　　（销项税额）　149.5 ②调整留存收益： 借：资本公积　200 　贷：留存收益　200	①确认吸收合并： 借：有关资产　3 100 　管理费用　2 　商誉　199.5 　贷：有关负债　2 000 　　银行存款　2 　　营业收入　1 150 　　应交税费——应交增值税 　　（销项税额）　149.5 ②确认销售成本： 借：营业成本　1 000 　贷：库存商品　1 000
100%控股合并	确认100%控股合并： 借：长期股权投资　1 000 　管理费用　2 　资本公积　149.5 　贷：银行存款　2 　　库存商品　1 000 　　应交税费——应交增值税 　　（销项税额）　149.5	①确认100%控股合并： 借：长期股权投资　1 299.5 　管理费用　2 　贷：银行存款　2 　　营业收入　1 150 　　应交税费——应交增值税 　　（销项税额）　149.5 ②确认销售成本： 借：营业成本　1 000 　贷：库存商品　1 000
70%控股合并	确认70%控股合并： 借：长期股权投资　700 　管理费用　2 　资本公积　449.5 　贷：银行存款　2 　　库存商品　1 000 　　应交税费——应交增值税 　　（销项税额）　149.5	①确认70%控股合并： 借：长期股权投资　1 299.5 　管理费用　2 　贷：银行存款　2 　　营业收入　1 150 　　应交税费——应交增值税 　　（销项税额）　149.5 ②确认销售成本： 借：营业成本　1 000 　贷：库存商品　1 000

［例1-8］资料见例1-6，只是将A企业的合并对价由支付1 150万元货币资金改为出让A企业持有的账面价值为1 000万元、公允价值为1 150万元的对C企业的长期股权投资。则各种假设情况下，合并对价为股权投资时A企业基本账务处理比较见表1-13。

表1-13　**合并对价为股权投资时A企业基本账务处理比较**　单位：万元

情形	同一控制下企业合并	非同一控制下企业合并
吸收合并	①确认吸收合并： 借：有关资产　3 000 　　管理费用　2 　贷：有关负债　2 000 　　　银行存款　2 　　　长期股权投资　1 000 ②调整留存收益： 借：资本公积　200 　贷：留存收益　200	确认吸收合并： 借：有关资产　3 100 　　管理费用　2 　　商誉　50 　贷：有关负债　2 000 　　　银行存款　2 　　　长期股权投资　1 000 　　　投资收益　150
100%控股合并	确认100%控股合并： 借：长期股权投资　1 000 　　管理费用　2 　贷：银行存款　2 　　　长期股权投资　1 000	确认100%控股合并： 借：长期股权投资　1 150 　　管理费用　2 　贷：银行存款　2 　　　长期股权投资　1 000 　　　投资收益　150
70%控股合并	确认70%控股合并： 借：长期股权投资　700 　　管理费用　2 　　资本公积　300 　贷：银行存款　2 　　　长期股权投资　1 000	确认70%控股合并： 借：长期股权投资　1 150 　　管理费用　2 　贷：银行存款　2 　　　长期股权投资　1 000 　　　投资收益　150

［例1-9］资料见例1-6，只是将A企业的合并对价由支付1 150万元货币资金改为向B企业原股东增发每股面值为1元、公允价值为1.5元的A企业普通股1 000万股，并另付股票发行费用3万元。则各种假设情况下，合并对价为权益性证券时A企业的基本账务处理比较见表1-14。

表1-14 **合并对价为权益性证券时A企业的基本账务处理比较** 单位：万元

	同一控制下企业合并	非同一控制下企业合并
吸收合并	①确认吸收合并： 借：有关资产 3 000 管理费用 2 资本公积 3 贷：有关负债 2 000 银行存款 5 股本 1 000 ②调整留存收益： 借：资本公积 200 贷：留存收益 200	①确认吸收合并： 借：有关资产 3 100 管理费用 2 商誉 400 贷：有关负债 2 000 银行存款 5 股本 1 000 资本公积 497
100%控股合并	确认100%控股合并： 借：长期股权投资 1 000 管理费用 2 资本公积 3 贷：银行存款 5 股本 1 000	确认100%控股合并： 借：长期股权投资 1 500 管理费用 2 贷：银行存款 5 股本 1 000 资本公积 497
70%控股合并	确认70%控股合并： 借：长期股权投资 700 管理费用 2 资本公积 303 贷：银行存款 5 股本 1 000	确认70%控股合并： 借：长期股权投资 1 500 管理费用 2 贷：银行存款 5 股本 1 000 资本公积 497

引例跟踪

光明乳业同一控制下企业合并取得子公司的会计处理分析

根据相关年报披露数据，在不考虑其他因素的情况下，就光明乳业相关企业合并交易和事项进行确认与计量的思路如下：

1.2010年收购新西兰信联乳业有限公司新增的51%股份时，作为购买方，在其个别报表中确认此项合并交易的账务处理应为：

借：长期股权投资 421 134 182

贷：银行存款等 421 134 182

（至于其所支付合并成本421 134 182元超过应享有被合并公司合并日净资产公允价值中的份额216 638 840元（424 782 037×51%）的差额204 495 342元，将在合并财务报表中确认为商誉）

2.2015年相关子公司在取得上海鼎健饲料有限公司100%股权和上海冠牛经贸有限公司100%股权时，在其个别报表中确认相关企业合并事项的账务处理应为：

（1）取得上海鼎健饲料有限公司100%控股权时：

借：长期股权投资　12 286 557

　贷：银行存款　5 525 700

　　　资本公积（12 286 557-5 525 700）　6 760 857

（2）取得上海冠牛经贸有限公司100%控股权时：

借：长期股权投资　4 233 006

　　资本公积（8 481 309-4 233 006）　4 248 303

　贷：银行存款　8 481 309*

*如果将支付给原股东的股利1 027 409元作为合并对价的组成部分。

二、确认与计量的难点问题

（一）关于合并成本

首先，来看合并成本的基本组成。在企业合并交易中，购买方的合并成本等于购买日为取得对被购买方的控制权而支付的合并对价的公允价值，即支付的现金额、支付的非现金资产的公允价值、承担的负债的公允价值、发行的权益证券的公允价值以及或有对价的公允价值。这就意味着：一方面，购买方在合并中付出的资产在按其账面价值予以注销（表示相关的资产退出企业）的同时，需将相关资产公允价值与账面价值的差额，作为资产转让损益进行确认；另一方面，购买方在合并中发行的债权或股票，不仅要按其票面价值入账，还要对其公允价值与账面价值的差额，作为溢价或折价进行确认。

具体举例见例1-6、例1-7、例1-8和例1-9。

其次，关注合并成本的调整。如果合并中取得的可辨认资产、负债的公允价值在企业合并日后合并当期期末因各种因素影响而无法合理确定的，合并当期期末，购买方应以暂时确定的价值为基础，进行企业合并的确认与计量，以后再按以下原则进行必要调整：

（1）自购买日算起12个月内取得进一步信息表明需要对原暂估值进行调整的，应视同在购买日发生，进行追溯调整，同时对以暂时性价值为基础提供的比较报表信息也进行相应调整。

（2）自购买日起12个月以后对企业合并成本进行的调整，应当按照《企业会计准则第28号——会计政策、会计估计变更和差错更正》的原则将其作为前期差错更正处理。

［例1-10］A企业2×18年10月吸收合并B企业时取得一项管理用固定资产，因

不存在活跃市场而无法合理确定其公允价值，由于A企业所聘资产评估机构至资产负债表日尚未出具对该资产的评估报告，企业遂按暂估价值4 000万元对该资产进行确认，并在当时的企业合并会计处理中确认了合并商誉200万元。2×19年5月初，A企业取得有关资产评估机构出具的评估报告，该资产的评估价值为4 600万元。假定A企业对该项固定资产采用直线法计提折旧，折旧年限为10年，预计净残值为0；企业近几年各年均按净利润的10%计提盈余公积，所得税调整略。假定A企业不编制中期报告。

根据上述资料，A企业2×19年5月初应进行如下账务处理（金额单位为万元）：

（1）调整有关资产价值：

借：固定资产　　600

　贷：商誉　　600

（2）补提折旧，并调整期初留存收益：

借：管理费用　　20

　　利润分配——未分配利润　　9

　　盈余公积　　1

　贷：累计折旧　　30

A企业在2×19年财务报告中，首先，要对比较报表中的相关项目金额进行如下调整：资产负债表的“年初数”一栏，对“固定资产”项目调增570万元，对“商誉”项目调减600万元，对“盈余公积”项目调减1万元，对“未分配利润”项目调减9万元。其次，还要在报表附注中进行必要说明。

（二）关于或有对价①

首先，来看或有对价的含义。《国际财务报告准则第3号——企业合并》对“或有对价”的术语界定：如果特定未来事项发生或满足特定条件，购买方有义务向被购买方原所有者追加支付合并对价，或者有权利要求被购买方返还之前已经支付的对价。可见，或有对价协议是企业合并交易的购买方与被购买方通过谈判确定的经济对价的内在部分，双方通常采用这种协议就分享与未来结果不确定性相关的特定经济风险达成一致。购买方与被购买方通常采用分担风险的方式来协调双方对于这些不确定性的分歧，也就是说，有利的结果将导致购买方向出售方支付额外的对价，不利的结果将导致购买方不支付或少支付对价。

其次，来看或有对价的初始确认。根据我国现行的企业合并会计准则，企业合并交易中，购买方应当将合并协议约定的或有对价作为企业合并转移对价的一部分，按其在购买日的公允价值计入企业合并成本。这里涉及三个问题：一是购买日确认或有对价吗？二是或有对价的公允价值如何确定？三是如何确认或有对价？或

① 企业合并实务中，有时还涉及“业绩补偿”“对赌协议”等。学习合并会计理论关注合并会计实务的过程中，对企业合并中涉及的或有对价、业绩补偿、对赌协议三者概念内涵、处理方法进行明确界定与区分，十分必要。

有对价能否在购买日进行确认，取决于其是否具备确认的条件。根据美国《财务会计准则公告第141号——企业合并》的指南和《国际财务报告准则第3号——企业合并》，或有对价通常在购买日是不确认的，仅当在购买日很可能发生并能可靠计量的情况下，购买方才能确认基于未来事项的对价。大部分或有义务都是金融工具甚至是衍生金融工具，这就涉及用估值技术计量公允价值问题。在具体确认时，对于支付或有对价的义务，如果相关或有对价符合权益工具和金融负债定义，购买方应将其确认为一项权益或负债；对于符合合并协议约定条件的、可收回部分已支付合并对价的权利，如果该权利符合资产定义并满足资产确认条件，购买方应将其确认为一项资产。

最后，来看或有对价的后续计量。购买日后12个月内出现对购买日已存在情况的新的或进一步的证据而需要调整或有对价的，应当予以确认并对原计入合并商誉的金额进行调整。在其他情况下发生的或有对价的变化或调整，应当区分情况进行不同处理：或有对价为权益性质的，不进行会计处理；或有对价为资产或负债性质的，按照《企业会计准则第22号——金融工具的确认和计量》《企业会计准则第13号——或有事项》及其他相关会计准则有关规定进行处理。

> 确认为权益的或有对价，之所以不进行后续计量的会计处理，是因为权益的变动需依赖于资产或负债的变动。与资产、负债相比较，已确认的权益类项目是不能进行重新计量的（比如股票的持有方如将其确认为金融资产，可以确认该金融资产的公允价值变动；而发行方确认股本、资本溢价等权益之后，不能确认该股票的公允价值变动）。

［例1-11］2×19年10月初，A企业支付货币资金2 820万元给B企业的原股东C吸收合并B企业。合并日B企业净资产账面价值为2 900万元，评估值为2 800万元，公允价值低于账面价值的主要是存货。在合并协议中约定，如果合并日库存商品在合并后半年内只能按低于成本的价格出售，则C需返还20万元货币资金给A企业。12月末，A企业相关部门根据当年第四季度库存商品的销售情况和年末计提跌价准备情况判断3个月后C企业应按协议支付本企业20万元。

根据上述资料，A企业有关账务处理如下（金额单位为万元）：

（1）2×19年10月初，确认此项吸收合并：

借：有关净资产	2 800	
商誉	20	
贷：银行存款		2 820

（2）2×19年12月末，确认或有对价并调整商誉（为简化起见，不考虑其他应收款的3个月折现率）：

借：其他应收款	20	
贷：商誉		20

（三）关于合并商誉

1.合并商誉的含义

依据《国际财务报告准则第3号——企业合并》，合并商誉是指企业合并中取得的、由不能分别辨认并单独确认的其他资产所形成的代表未来经济利益的资产。与合并商誉相对应的是自创商誉，但是，目前国际会计界尚没有对企业自创商誉的确认和计量进行规范，只有企业合并交易中才有可能确认合并商誉，从某种意义上来说，合并商誉中的一部分是企业合并交易对被并方自创商誉的市场外化。在企业合并交易中，购买方一方面要按公允价值对取得的被购买方可辨认净资产进行入账或按合并成本对取得的被购买方股权份额进行入账；另一方面，要按合并成本反映付出的合并对价的公允价值。如果后者大于前者，就涉及合并商誉的确认与计量的问题。

2.合并商誉的确认

在存在合并商誉的情况下，合并商誉是在个别报表中确认还是在合并报表中确认？这在不同的合并方式下是有区别的。不形成母子公司关系的企业合并交易，即吸收合并和新设合并，购买日购买方的账务处理中就能够单独确认商誉，从而在合并后存续企业的个别资产负债表中单项列示；而形成母子公司关系的控股合并交易，因合并日账务处理中作为长期股权投资的初始投资成本入账的合并成本中就包括商誉价值，所以，在合并日购买方的个别资产负债表中商誉并未单独列报，而是包含在"长期股权投资"项目中；而在合并日合并资产负债表中才需要单独列报合并商誉。也就是说，如果企业的个别资产负债表中列有商誉，说明该商誉来自于企业曾经对其他企业实施的吸收合并或新设合并；如果企业的合并资产负债表中列有商誉，则意味着该商誉来自于企业曾经对其他企业实施的控股合并。

以表1-11中非同一控制下企业合并的会计处理为例，吸收合并时合并方确认的50万元商誉列报在其个别资产负债表中；100%控股合并时合并方确认的"长期股权投资"1 150万元中，虽然包含50万元合并商誉的价值，但只能列报在其个别资产负债表中的"长期股权投资"项目，而编制合并财务报表时，随着将合并方长期股权投资与被合并方股东权益的抵消，这50万元的合并商誉才能在合并资产负债表里单项列示。

3.合并商誉的计量

首先，来看合并商誉的初始计量。由于直接计量商誉的公允价值是不可能的，所以，商誉是作为一种残值来进行计量的。在吸收合并和全资控股合并的情况下，合并商誉按购买方支付的合并成本超过合并中取得的被购买方可辨认净资产公允价值的差额进行初始计量。在存在少数股东权益的控股合并情况下，购买方确定合并商誉的入账价值的方法有"部分商誉法"与"全部商誉法"两种方法，两者的区别在于是否计算归属于少数股东的合并商誉。"部分商誉法"下，合并商誉等于购买方（母公司）支付的合并成本超过合并中取得的被购买方（子公司）可辨认净资产公允价值份额的差额，其实质是母公司享有的合并商誉，也称“母公司商誉法”；“全部商誉法”下，合并商誉则等于购买方（母公司）享有的合并商誉与归属于少数股东的商誉之和。“全部商誉法”的关键是如何计量归属于少数股东的合并商誉——这实际上取决于如何计量少数股东权益。关于少数股东权益的问题我们将在第二章进行专门阐述。目前，我国的《企业会计准则第20号——企业合并》对合并商誉的初始计量采用的是部分商誉法，而《国际财务报告准则第3号——企业合并》则因允许在少数股东权益的两种计量方法中进行选择从而导致企业有在部分商誉法和全部商誉法两种计量方法之间进行选择的可能。

引例跟踪

前面已经提及，2010年收购新西兰信联乳业有限公司新增的51%股份时在个别资产负债表“长期股权投资”项目中确认的初始投资成本421 134 182元中，超过应享有被合并公司合并日净资产公允价值中的份额216 638 840元（424 782 037×51%）的差额204 495 342元，将在合并财务报表中确认为商誉，现在需要关注的是，这里的商誉金额204 495 342元，正是采用“部分商誉法”计算的。

其次，来看合并商誉的后续计量。企业合并形成的商誉，经初始确认为资产项目以后，在每个报告期末，是否需要按期摊销、是否需要计提减值准备？这些后续计量问题直接关系到合并商誉的列报。按照2006年颁布的企业合并会计准则，合并商誉不予摊销，而是至少在每年年末进行减值测试，并确认相应的减值损失，然后按其成本扣除累计减值损失的金额予以计量。值得注意的是，商誉的后续计量在分期摊销和减值测试两者之间怎么取舍，长期以来，不仅学界一直见仁见智，业界一直争论不休，而且会计准则也一直处于变动之中[①]。

4.廉价购买或负商誉（bargain purchase excess或badwill）的确认与计量

购买法下，购买方的合并成本小于取得的被购买方可辨认净资产公允价值份额的情况时有发生，这种“廉价购买”可能产生于购买方的流动性压力或被购买方的困境出售。《国际财务报告准则第3号——企业合并》在其结论中认为应该区分廉价购买与负商誉，并指出：修订后的《国际财务报告准则第3号——企业合并》弥补了过去会导致负商誉结果的企业合并会计处理要求中的大部分缺陷，比如通常不会由于购买日的一些或有支付协议而确认一项负债，这会导致通过低估支付的对价使之在形式上表现为廉价购买而并非是实质上的廉价购买（修订后准则要求按购买日的公允价值计量和确认所有的负债，而公允价值的计量要求可以减少对可能产生负商誉并且被曲解为廉价购买交易的担忧[②]）。

---

① 2019年1月4日，我国财政部下属的会计准则咨询委员会于2019年1月4日发布《关于咨询委员会对会计准则咨询论坛部分议题文件的反馈意见》中，提出商誉的后续会计处理应采用摊销的方法。

② 参见《国际财务报告准则第3号——企业合并》（2008年）“结论基础”第379-381段。

按照现行会计准则，非同一控制下的企业合并中，当购买方的合并成本小于取得的被购买方可辨认净资产公允价值的份额时，要对产生该差额的有关因素进行复核：一方面要对取得的被购买方各项可辨认资产、负债及或有负债的公允价值进行复核；另一方面要对购买方确定的合并成本进行复核。经过复核认定合并成本确实小于取得的被购买方可辨认净资产公允价值的份额之后，将其差额计入当期损益（吸收合并记入“营业外收入”科目，控股合并则记入合并报表中“营业外收入”项目）。

财报选读 并购交易井喷式发展：A股商誉规模直逼万亿大关

近年来，随着上市公司并购交易的井喷式发展，A股商誉规模迎来指数级增长。

Wind资讯统计显示，2007年年末、2016年3季度末，A股上市公司商誉总额分别为419.41亿元、9260.1亿元，短短10年增长了21倍；从相对值来看，商誉占净资产的比例，从2007年的0.69%大幅提升至2016年3季度末的3.37%。

这些商誉犹如一柄“达摩克利斯之剑”，一旦被并购的公司经营出现问题，商誉的减值就会产生“雪上加霜”的效果。近日，这一问题终于引来了监管部门的关注。

2月8日，中国证监会发布关于对政协十二届全国委员会第四次会议提案《关于加强对并购重组商誉有关审核及披露的监管的提案》的答复，强调“加大审核力度，形成监管威慑；强化业绩补偿监管，引导市场估值回归”。商誉减值风险成为此次监管层提到的监管重点，万亿商誉将迎来监管层面和市场层面的双重考验。

商誉一般由企业在合并中，收购方付出的对价与被收购方的可辨认净资产公允价值的差额形成。在收购活动中，收购方所出的最终收购价往往会高于被收购公司的公允价值。为了会计处理方便，将支付对价中超过公允价值这部分记入“商誉”科目。

外延式并购能立竿见影地刺激短期业绩增长，尤其是现金收购，能够为每股收益带来显著增长，因此深受A股资本市场喜爱。

自2011年开始，中国的并购浪潮开始兴起，多家企业参与并购活动，并购频次和金额逐年扩大。据彭博统计，仅2015年A股市场并购重组交易便超1 000项，涉及金额1.4万亿元，创下历史新高，比2014年的0.83万亿元大幅上升了77%。

这直接导致拥有商誉的上市公司数量大幅增加。A股有商誉公司的家数自2007年的460家增加到2016年3季度末的1 654家，增幅高达259.57%，复合年均增长率（CAGR）高达15%，远快于A股上市公司总家数复合年均增长率8%，商誉科目的重要性逐步显现。

就相对比率而言，A股总体有商誉公司数量占上市公司总数量的比例自2007

年的30.75%上升到2016年3季度末的56.41%，表明近年来A股参与并购活动的公司越来越多，数量已过半。

并购市场的活跃以及资本市场的繁荣使得被收购公司同样估值高企，不少被并购资产的估值明显超过其账面价值，导致A股市场商誉总额及占净资产的比例加速上升。

2007年年末时，A股总体商誉净值金额只有419.41亿元，而截至2016年3季度末，这一数据已经大幅攀升至9 260.1亿元，10年之间增幅高达21倍，商誉净值已经直逼万亿元规模。从相对值来看，A股总体商誉净值占净资产的比例，从2007年的0.69%，上升至2016年3季度末的3.37%，呈现逐年上升趋势，并于2016年3季度末达到历史最高值。

从板块及行业分布来看，在新经济和转型经济环境下，商誉占净资产比例相对较高的主要是创业板、中小板及新经济。截至2016年3季度末，休闲服务、传媒、计算机、医药生物这4个行业商誉净值总额占净资产总额的比例分别为25.44%、23.38%、17.88%、12.19%，而钢铁、银行、交运等传统周期类行业的商誉一直保持在较低水平，如钢铁行业占比仅有0.01%。

资料来源　杜鹏. 并购交易井喷式发展：A股商誉规模直逼万亿大关［EB/OL］.（2017-02-20）. http：//finance.ifeng.com/a/20170220/15206436_0.shtml.

（四）关于企业合并中的递延所得税

与企业合并有关的递延所得税问题，包括三个方面：

1. 与免税合并有关的递延所得税

（1）是否确认与合并商誉有关的递延所得税？非同一控制下的企业合并，在按照会计准则确认合并商誉的前提下，与合并商誉有关的递延所得税是否确认，在免税合并和应税合并两种情况下是不同的。如果按税法规定将企业合并作为免税合并处理，计税时不认可合并商誉的价值，则其计税基础为0，由此便产生了合并商誉账面价值大于计税基础的应纳税暂时性差异。虽然产生了暂时性差异，但根据现行的所得税会计准则，不应确认该暂时性差异的未来纳税影响，即不确认与该商誉的暂时性差异有关的递延所得税负债，以免导致递延所得税负债

免税合并：按照《国家税务总局关于企业合并分立业务有关所得税问题的通知》（国税发〔2000〕119号）的规定，企业合并的所得税处理中，合并企业支付给被合并企业的非股权支付额不超过股权账面价值20%的，经税务部门批准，可以作为免税合并处理，即被合并企业不确认全部资产的转让所得或损失，不计算缴纳所得税；合并企业接受被合并企业全部资产的计税成本，须以被合并企业原账面净值为基础确定。

根据《国家税务总局公告〔2011〕第2号》，《国家税务总局关于企业合并分立业务有关所得税问题的通知》（国税发〔2000〕119号）废止。

和商誉价值量出现不断循环的变化，并影响商誉价值信息的可靠性。值得一提的是，后续计量过程中如因会计准则规定与税法规定不同而产生应纳税暂时性差异的，则应当确认相关的所得税影响。如果按税法规定将企业合并作为应税合并处理，合并商誉在初始确认时计税基础等于账面价值，该商誉在合并日不存在暂时性差异，也就不涉及递延所得税的确认。

（2）是否确认与并入的净资产有关的递延所得税？非同一控制下的企业合并，购买方对被购买方的各项可辨认资产、负债，要在购买方的个别财务报表中（吸收合并时）或合并财务报表中（控股合并时）按合并日的公允价值进行计量，那么，相关净资产是否存在暂时性差异？其纳税影响是否需要确认？在免税合并和应税合并两种情况下的答案也是不同的。如果按税法规定对企业合并按免税合并处理，购买方在合并中取得的被购买方有关资产、负债应维持其原计税基础不变，这就可能导致暂时性差异，而该暂时性差异的纳税影响要予以确认，并调整合并商誉。如果按税法规定对企业合并按应税合并处理，购买方在合并中取得的被购买方有关资产、负债在合并日的账面价值与计税基础应无差异，所以不涉及相关递延所得税的确认。

2.取得的被购买方可抵扣暂时性差异的处理

在企业合并中，购买方取得的被购买方的可抵扣暂时性差异，比如购买方在以前期间发生的未弥补亏损等可抵扣暂时性差异，按照税法规定可以用于抵减以后年度应纳税所得额但在购买日不符合递延所得税资产确认条件的，不应予以确认。购买日后12个月内，如取得新的或进一步的信息表明购买日的相关情况已经存在，预期被购买方在购买日可抵扣暂时性差异带来的经济利益能够实现的，应当确认相关的递延所得税资产，同时减少商誉，商誉不足冲减的，差额部分确认为当期损益；除上述情况以外，确认与企业合并相关的递延所得税资产，应当计入当期损益（所得税费用），不得调整合并商誉。

3.对合并前合并方已经存在的可抵扣暂时性差异的处理

企业合并发生后，合并方对于合并前本企业已经存在的可抵扣暂时性差异及未弥补亏损等，可能因为企业合并后估计很可能产生足够的应税利润利用可抵扣暂时性差异，从而确认相关的递延所得税资产。该递延所得税资产的确认不应成为企业合并的组成部分，不影响企业合并中应予确认的商誉或是因企业合并成本小于合并中取得的被购买方可辨认净资产公允价值份额而应计入合并当期损益的金额。

[例1–12] 资料见例1–4。如果此项合并符合免税合并的条件并按免税合并处理，则购买方确认企业合并的账务处理与表1–7中“购买法”一栏的账务处理相比，应为（金额单位为万元）：

借：有关资产	305
商誉［（100+50）–（305–200）+1.25］	46.25

贷：有关负债	200
股本	100
资本公积——股本溢价	50
递延所得税负债	1.25

三、信息披露

根据企业合并会计准则的规定，合并当期的期末，合并方应当在财务报表附注中披露相关的信息。

（一）与同一控制下企业合并有关的信息披露

对当期发生的同一控制下的企业合并，合并方应披露如下信息：

（1）参与合并企业的基本情况。

（2）属于同一控制下企业合并的判断依据。

（3）合并日的确定依据。

（4）以支付现金、转让非现金资产以及承担债务作为合并对价的，所支付对价在合并日的账面价值；以发行权益性证券作为合并对价的，合并中发行权益性证券的数量及定价原则，以及参与合并各方交换有表决权股份的比例。

（5）被合并方的资产、负债在上一会计期间资产负债表日及合并日的账面价值；被合并方自合并当期期初至合并日的收入、净利润和现金流量等情况。

（6）合并合同或协议约定将承担被合并方或有负债的情况。

（7）被合并方采用的会计政策与合并方不一致所作调整情况的说明。

（8）合并后已处置或准备处置被合并方资产、负债的账面价值、处置价格等。

（二）与非同一控制下企业合并有关的信息披露

对当期发生的非同一控制下的企业合并，合并方应披露如下信息：

（1）参与合并企业的基本情况。

（2）购买日的确定依据。

（3）合并成本的构成及其账面价值、公允价值以及公允价值的确定方法。

（4）被购买方各项可辨认资产、负债在上一会计期间资产负债表日以及购买日的账面价值和公允价值。

（5）合并合同或协议约定将承担被购买方或有负债的情况。

（6）被合并方自购买日起至报告期末的收入、净利润和现金流量等情况。

（7）商誉的金额及其确定方法。

（8）因合并成本小于合并中取得的被购买方可辨认净资产公允价值的份额计入当期损益的金额。

（9）合并后已处置或准备处置被购买方资产、负债的账面价值、处置价格等。

引例跟踪

在本章开头“引例”中摘抄的资料下面，光明乳业还披露了被合并方自购买日起至报告期末的收入、净利润和现金流量等情况：

被购买方自购买日至合并当期期末的经营成果及现金净流量：

单位：人民币元

	购买日至合并当期期末
营业收入	300 748 439
营业成本及费用	298 141 857
利润总额	2 606 582
净利润	1 715 806
经营活动现金净流量	(14 109 747)
投资活动现金净流量	(43 896 791)
筹资活动现金净流量	(336 441 711)
现金及现金等价物净增加额	(394 448 249)

本章特别关注

新设合并与新起点法

一、新设合并

新设合并有两个问题需要特别予以关注：一是合并方的认定（采用购买法的情况下，就是购买方的认定）；二是采用什么会计处理方法更合适。

首先来看合并方的认定。

“合并方”的认定，与合并对价的支付形式有关。无论是吸收合并还是控股合并，通常情况下是由合并方以转移现金、其他资产或承担负债作为对价，也有可能是由合并方用发行权益性工具的方式实现合并（换股合并）。所以，在主要通过转移现金、其他资产或承担负债的企业合并中，转移现金、其他资产或承担负债的主体通常是合并方；在主要通过交换权益实现的企业合并中，发行自身权益性工具的主体通常是合并方（反向购买例外）。新设合并的结果是企业合并形成一个新主体，而形成这个新主体的合并对价可以视为该新主体发行权益性工具换取合并前已存在的合并主体的净资产。那么，新设合并中如何确定合并方？不同国家或地区曾采用过两种方法。第一种方法是：从合并前已存在的合并主体的角度看企业合并，这种情况下，合并方必须是合并前已经存在的合并主体，不能是发行权益性工具以实现企业合并而形成的新主体。第二种方法是：从提供对价的主体（可能是新形成的主体）的角度看企业合并，这种情况下，合并方必须是提供对价的主体。国际会计准则理事会（IASB）认为，如果采用第二种方法，即从提供合并对价的主体的角度看企业合并，可能导致新设主体对每一个其他合并主体采用购买法，该结果与采用新起点法对企业合并进行会计处理的结果相同，这与将合并前已存在的合并主体作为合并方相比，向财务报表的使用者提供了更具相关性的信息。但是，国际会计准则理事会还注意到：将发行权益性工具以实现企业合并而形成的新主体视为合并方，可能会使交易的形式重于实质，因为新主体可能没有经济实质。将两个主体合并为一个新主体并向两个参与合并主体发行权益性工具，这在实质上与合并的一方直接购买另一方的交易没有区别，因此这种交易的会计处理应与合并一方直接购买另一方的会计处理相同，否则会削弱有关企业合并会计信息的可比性与可靠性。基于这种认识，《国际财务报告准则第3号——企业合并》（2008）要求：一个新主体发行权益性工具以实现企业合并的情况下，合并前已存在的合并主体应当依据可获得的证据被指定为合并方。

其次，来看新设合并采用什么会计处理方法更合适。

根据以上对国际会计准则理事会观点的介绍，可以得出这样的结论：采用什么会计处理方法处理新设合并业务，取决于采用什么视角看待新设合并，即取决于如何界定新设合并中的"合并方"。如果依照现行的国际财务报告准则，将合并前已存在的某一合并主体作为新设合并的合并方，无疑应采用购买法（我国现行准则对同一控制下的企业合并则应采用权益结合法）；而如果像上述第二种情况那样将提供合并对价的主体（新设合并形成的主体）界定为合并方，笔者认为，采用新起点法较为合理。

二、新起点法

新起点法（fresh - start method）的最初版本是"新主体法（Fresh entity method）"。新起点法下，参与合并主体的资产和负债，由新主体以公允价值确认。这里有两个基本问题要梳理清楚：

第一，新起点法下，没有一个参与合并主体能够作为一个独立的报告主体存续，相反，采用新起点法的企业合并被视为将参与合并主体的净资产转移到一个对它们实施控制的新主体，该新主体的历史始于此次合并。这一点与吸收合并、控股合并的情形不同。

第二，新起点法要求参与合并各方的净资产均按公允价值计量，这一点与购买法下实施合并的一方按账面价值计量其自身净资产却按公允价值计量其取得的被并方的净资产不同，显然与权益结合法下对参与合并各方净资产均按账面价值计量的规则也不相同。

从"《国际财务报告准则第3号——企业合并》结论基础"可以看出：国际会计准则理事会和美国财务会计准则委员会（FASB）在各自企业合并项目的第一阶段都允许某些例外，让那些不十分符合收购条件并相对罕见的企业合并（可能难以确定购买方或是购买方在交易中发生重大变化）采用新起点法，但双方注意到这些交易是采用购买法处理的。双方在制定《国际财务报告准则第3号——企业合并》和《财务会计准则公告第141号》的过程中，考虑了三种可行的企业合并会计处理方法：权益结合法、购买法和新起点法。在评价这三种方法的过程中，双方都意识到了允许采用多种方法的缺陷，双方的结论是：只有当替代的方法被证明能产生对决策有用的信息或当某种方法取代另一种方法时能够建立一个明确的、非任意的边界使其明确地区分时，采用多种方法是合理的。双方认为大多数的企业合并是一种购买行为，购买法对多数企业合并来说是一种适当的方法；权益结合法和新起点法都不可能适合于所有的企业合并。

目前国际会计准则理事会和美国财务会计准则委员会不仅取消了权益结合法，也均未把新起点法纳入企业合并准则的研究项目中。但是，关于合营企业或者形成新主体的多方企业合并是否应当采用新起点法这个问题，双方都很感兴趣，IASB在《国际财务报告准则第3号——企业合并》“结论基础”中预期双方可能在未来某个时间联合实施一个项目来考虑这些问题。

第二章　合并财务报表基础

引例　　　　潍柴动力：合并范围的变动

潍柴动力股份有限公司（A股股票代码：000338，H股股票代码：2338，公司简称：潍柴动力）2015年年度报告中，披露了以下五项导致当年合并范围变化的交易和事项：

1.非同一控制下企业合并

2015年5月7日，本公司之子公司KION Group AG与比利时的Egemin Group达成协议，购买其下的自动化处理部门。2015年8月7日，KION Group AG完成对Egemin Automation Inc.100%的股权收购，收购对价为72 483 000欧元，折合人民币485 759 321.10元。购买日确定为2015年8月7日。

2.处置子公司

本公司与捷光半导体照明科技（昆山）有限公司于2014年12月15日签订股权转让协议，以人民币49 973 700元出售所持有株洲湘火炬汽车灯具有限责任公司的100%股权，处置日为2015年4月13日。故自2015年4月1日起，本公司不再将株洲湘火炬汽车灯具有限责任公司纳入合并范围。

3.新设子公司

法士特伊顿（西安）动力传动系统有限公司成立于2015年2月27日，注册资本为人民币50 000 000元。本公司之子公司陕西法士特齿轮有限责任公司于2015年3月18日认缴注册资本人民币25 500 000元，占注册资本的51%。

4.破产清算的子公司不再纳入合并范围

本公司之子公司新疆机械设备进出口有限公司于2015年9月1日进入破产程序，目前已被法院指定的破产管理人接管，本公司不再能够决定其财务和经营政策。依据《企业会计第33号——合并财务报表》，已被清理整顿的子公司不再纳入合并范围。

5.其他原因的合并范围变动

陕汽乌海专用汽车有限公司注册资本人民币228 000 000元，其中本公司之子公司陕西重型汽车有限公司占股38.60%。2012年3月16日，陕西重型汽车有限公司通过授权管理和控制协议取得了陕汽乌海少数股东24.12%的表决权，合计表决权比例为62.72%，拥有实际控制权。本公司自2012年4月1日起将陕汽乌海专用汽车有限公司纳入合并范围。2015年12月1日经过协商终止股权委托协议，陕西重型汽车有限公司不再拥有对陕汽乌海专用汽车有限公司的表决权，表决权比例恢复为38.60%。本公司之子公司陕西重型汽车有限公司对陕汽乌海专用汽车有限公司的股权投资改为权益法核算，不再纳入合并范围。

从上述信息可以看到，潍柴动力的合并范围在2015年因企业合并取得子公司、设立子公司、处置子公司、子公司破产清算以及按协议减少表决权等原因，导致合并范围与2014年相比发生较大变化

现在的问题是，什么是合并范围？我们为什么要探讨合并范围？合并范围与合并财务报表是什么关系？如何确定合并范围？诸如此类的问题，将构成本章的主要内容。当然，在探讨这些问题之前，本章需要先就合并财务报表的涵义、合并财务报表的合并理念等有关合并财务报表的基本概念和基本理论进行阐述。

第一节 合并财务报表的含义

一、合并财务报表的相关概念

（一）合并财务报表

合并财务报表（consolidated financial statement）是指反映母公司和其全部子公司形成的企业集团整体的财务状况、经营成果和现金流量情况的财务报表。

企业控股合并形成母、子公司组成的企业集团以后，母公司及其所属的子公司各自仍为独立的法人实体，因此仍应单独编制各自的财务报表即个别财务报表（individual statements）。但是作为企业集团，还应对外公开报告企业集团整体的会计信息，以便于母公司及企业集团的投资者、债权人和其他报表使用者了解企业集团整体的资源总量及其来源，了解企业集团整体对外交易的经营成果。所以，还要编制合并财务报表。企业合并后合并财务报表的编制，体现了实质重于形式的会计信息质量要求。

母公司应当编制合并财务报表，除非有编制合并财务报表的豁免规定。

（二）母公司、子公司

母公司是指控制一个或一个以上主体（含企业、被投资单位中可分割的部分，以及企业所控制的结构化主体等）的主体。

子公司是指被母公司控制的主体。

> 子公司通常是由母公司通过控股合并取得的，但在很多情况下，子公司是由母公司投资设立的。无论是企业合并取得的还是自行设立的，只要被母公司控制就是母公司的子公司。

常见的被母公司控制的主体是企业，通常意义上的子公司往往也是企业。

有时，被母公司控制的主体可能是被投资单位中可分割的部分。投资方通常应当对是否控制被投资方整体进行判断，但在极个别情况下，有确凿证据表明同时满足下列条件并且符合相关法律法规规定的，投资方应当将被投资方的一部分视为被投资

方可分割的部分（单独主体），进而判断是否控制该部分（单独主体）：

（1）该部分的资产是偿付该部分负债或该部分其他权益的唯一来源，不能用于偿还该部分以外的被投资方的其他负债；

（2）除与该部分相关的各方外，其他方不享有与该部分资产相关的权利，也不享有与该部分资产剩余现金流量相关的权利。

《国际财务报告准则第10号——合并财务报表》（IFRS10）指出，在某些情况下，投资者可能通过法律和合同安排拥有对特定一组资产和负债（被投资者的一部分）的权益；在某些司法管辖区，法人主体被划分为若干部分（通常被称为“分支（silo）”）。在这种情况下，产生了在进行合并评估时是否有可能仅将被投资者的个别分支或部分（而非整个法人主体）视为一个单独主体的问题。根据IFRS10，确定是否存在分支应基于个别分支实质上是否可以与被投资者整体单独区分开来或“划清界线”。如果被投资者的一部分在经济上可以与被投资者整体单独区分开来，并且投资者控制了被投资者的该部分，则该部分应被视为投资者的子公司。

被母公司控制的主体还可能是结构化主体。结构化主体是指在确定其控制方时没有将表决权或类似权利作为决定因素而设计的主体。通常情况下，结构化主体在合同约定范围内开展业务活动，表决权或类似权利仅与行政管理事务相关。在判断某一个主体是否是结构化主体以及判断该主体与企业的关系时，应当综合考虑结构化主体的定义和特征。结构化主体通常具有下列特征中的多项或全部：

（1）业务活动范围受限；

（2）有具体明确的目的且目的比较单一；

（3）股本（如有）不足以支撑其业务活动，必须依靠其他级次财务支持；

（4）通过向投资者发行信用风险及其他风险集中度不同的不同等级证券等金融工具进行融资。

结构化主体通常是为了特定目的而设立的主体，比如从事资产证券化业务的结构化主体、专门从事研发活动的结构化主体以及专门开展租赁业务的结构化主体等。

二、合并财务报表的特点、重要性与局限性

（一）合并财务报表的特点

与单个会计主体的个别财务报表（亦称单体财务报表）相比较，企业集团的合并财务报表具有以下特点：

（1）反映的对象不同。合并财务报表以企业集团这一非法律主体为会计主体，反映该主体的财务会计信息；而个别财务报表则只反映既是法律主体同时又是会计主体的单个企业的财务会计信息。

（2）编制主体不同。合并财务报表由企业集团的控股公司或母公司编制，个别财务报表由各单个企业自行编制。

（3）编制基础不同。合并财务报表以个别财务报表为编制基础，个别财务报表以单个企业的系统会计账簿记录资料作为编制基础。

（4）编制方法不同。编制合并财务报表要使用工作底稿，并在工作底稿中编制调整与抵销分录，对个别财务报表数据进行加总、抵销、调整，整理出合并数，据以填列合并财务报表；个别财务报表则根据系统的账簿记录，直接或间接计算填列各报表项目。

（二）合并财务报表的重要性

不同的人从不同的角度看待合并财务报表，对合并财务报表的重要性可能会有不同的理解。有人曾经总结了关于合并财务报表本质的三种观点：（1）辅助性报表论，认为合并财务报表只是对母、子公司提供的报表的一种有效补充。（2）主要报表论，认为只有合并财务报表才能全面地、综合地反映母公司股东所关注的会计信息，母、子公司提供的个别报表则是对合并财务报表的有效补充。（3）不分主次论，认为合并财务报表和个别报表各有侧重，合并财务报表在反映集团的有关情况方面更具优势，在反映母公司的债权人利益、子公司的少数股东和债权人的利益方面个别报表则更有意义。

无论怎样看待合并财务报表的本质，有一点是毋庸置疑的：不同的信息使用者，可以从不同的报表中找到不同的信息，而合并财务报表能向其信息使用者提供企业集团整体的综合性财务信息。

分部报告在某种程度上弥补了多元化经营的企业集团合并财务报表的局限性。

（三）合并财务报表的局限性

虽然合并财务报表很重要，但其仍具有一定的局限性。首先，合并财务报表不能显示各成员企业的个别财务信息，从而无法提供各成员企业的债务人、债权人更关心的特定企业的财务状况、经营成果和现金流量信息；其次，合并财务报表对于子公司的少数股东而言其作用也十分有限；最后，许多财务分析师批评合并财务报表不能用作比较，因为不能将多元化经营的集团归类成一个单一的产业，而许多情况下的合并财务报表所呈现的恰恰是多元化经营的企业集团的整体信息。

三、合并财务报表的种类

对合并财务报表可以从不同的角度进行分类。

（一）按合并财务报表反映的具体内容不同进行分类

按合并财务报表反映的具体内容不同，分为合并资产负债表、合并利润表、合并所有者权益变动表以及合并现金流量表。

合并资产负债表是由母公司编制的，反映报告期末企业集团整体的资产、负债和股东权益情况的报表。合并利润表是由母公司编制的，反映报告期内企业集团整体的经营成果情况的报表。合并所有者权益变动表是由母公司编制的，反映报告期内企业集团整体所有者权益变动情况的报表。合并现金流量表是由母公司编制的，反映报告期内企业集团整体的现金流入、现金流出数量及增减变动情况的报表。

（二）按合并财务报表编制时间及目的的不同进行分类

按合并财务报表编制时间及目的的不同，分为合并日合并财务报表和合并日后合并财务报表两类。

合并日合并财务报表即控股权取得日当天编制的合并财务报表，编制合并日合并财务报表，是企业合并的重要会计事项之一。根据我国现行的合并财务报表准则，同一控制下的企业合并，合并日的合并财务报表包括合并资产负债表以及根据报告期初至合并日动态情况编制的合并利润表、合并现金流量表，因为同一控制下的企业合并将参与合并双方视为合并前就已经属于同一经济整体；非同一控制下的企业合并，合并日的合并财务报表只包括合并资产负债表。

合并日后合并财务报表即控股权取得日后的各报告期末编制的合并财务报表，这些合并财务报表通常包括合并资产负债表、合并利润表、合并所有者权益变动表、合并现金流量表和附注，企业集团中期期末编制的合并财务报表中，至少应包括合并资产负债表、合并利润表、合并现金流量表和附注。

四、合并财务报表的特有项目

按照我国《企业会计准则第33号——合并财务报表》，合并资产负债表中，在所有者权益部分，增加了“归属于母公司所有者权益合计”“少数股东权益”两个项目，分别反映企业集团的所有者权益中归属于母公司所有者权益的部分和非全资子公司的所有者权益中不属于母公司的份额。

合并利润表中，在“净利润”项目下增加了“归属于母公司股东的净利润”和“少数股东损益”两个项目，分别反映净利润中由母公司所有者享有的份额和非全资子公司当期实现的净利润中归属于少数股东的份额；在“综合收益总额”项目下增加“归属于母公司所有者的综合收益总额”和“归属于少数股东的综合收益总额”两个项目，分别反映综合收益总额中由母公司所有者享有的份额和非全资子公司当期综合收益总额中归属于少数股东的份额。

合并所有者权益变动表中，专设了“少数股东权益”栏目。

上述增加的具体项目见表2-1、表2-2和表2-3。

以上这些项目中，值得进一步关注的是少数股东权益、少数股东损益两个项目。

五、少数股东权益、少数股东损益

（一）少数股东权益的概念

少数股东权益（minority interest），是指既不直接也不间接归属于母公司的子公司权益。换句话说，少数股东权益是子公司股东权益中非属母公司所拥有的那部分，所以，少数股东权益是相对于控股权益而言的，即“非控制性权益”。

表2-1 **合并资产负债表（局部）**

资产	期末余额	上年年末余额	负债和所有者权益（或股东权益）	期末余额	上年年末余额
流动资产：			流动负债：		
……			……		
……			……		
流动资产合计			流动负债合计		
非流动资产：			非流动负债：		
……			……		
……			……		
……			非流动负债合计		
			负债合计		
……			所有者权益（或股东权益）：		
……			实收资本（或股本）		
……			资本公积		
……			减：库存股		
……			其他综合收益		
……			盈余公积		
……			未分配利润		
……			归属于母公司所有者权益合计		
……			少数股东权益		
非流动资产合计			所有者权益（或股东权益）合计		
资产总计			负债和所有者权益（或股东权益）总计		

表 2-2　　　　**合并利润表（局部）**

项目	本期金额	上期金额
一、营业收入		
……		
……		
……		
四、净利润（净亏损以“-”号填列）		
1.归属于母公司股东的净利润		
2.少数股东损益		
五、其他综合收益的税后净额		
……		
六、综合收益总额		
（一）归属于母公司所有者的综合收益总额		
（二）归属于少数股东的综合收益总额		

表 2-3　　　　**合并所有者权益变动表（“本年金额”部分）**

项目	本年金额								
	归属于母公司所有者权益							少数股东权益	所有者权益合计
	实收资本（或股本）	资本公积	减：库存股	其他综合收益	盈余公积	未分配利润	小计		
一、上年年末余额									
加：会计政策变更									
前期差错更正									
二、本年年初余额									
三、本年增减变动金额									
（一）综合收益总额									
（二）所有者投入和减少资本									
（三）利润分配									
（四）所有者权益内部结转									
四、本年年末余额									

国际会计准则委员会2008年修订的《国际会计准则第27号——合并财务报表和单独财务报表》(IAS 27)中，将术语“少数股权”(minority interests)改为“非控制性权益”(non-controlling interests)。IAS 27的“结论基础”中指出，这种术语的变动反映了这样一个事实：某主体的少数股权所有者可能控制该主体，相反，多数股权的所有者可能并未控制该主体。“非控制性权益”比“少数股东权益”更准确地描述了那些在主体中不拥有控制权的权益所有者所持有的权益。国际会计准则委员会2011年5月12日发布的《国际财务报告准则第10号——合并财务报表》(IFRS 10)(取代了IAS 27中有关合并的部分)中，仍采用“非控制性权益”这一表述。

值得一提的是：判断企业集团内某一公司的一项权益是否属于少数股东权益，取决于该项权益的“非控制性”，而不单纯是持股比例的多少。而正是从这个意义上来说，“非控制性权益”是比“少数股东权益”更合理的描述。

考虑到我国现行会计准则中仍采用“少数股东权益”代表非控制性权益，本书仍采用“少数股东权益”。

直面上市公司

表2-4是上海浦东发展银行股份有限公司（简称浦发银行）2015年年报中关于在主要子公司中的权益的部分信息。

表2-4　**浦发银行在主要子公司中的权益部分信息**

主要子公司名称	持股比例
浦银金融租赁股份有限公司	61%
浦银国际控股有限公司	100%
绵竹浦发村镇银行有限责任公司	55%
溧阳浦发村镇银行股份有限公司	51%
巩义浦发村镇银行股份有限公司	51%
奉贤浦发村镇银行股份有限公司	51%
资兴浦发村镇银行股份有限公司	51%
重庆巴南浦发村镇银行股份有限公司	51%
邹平浦发村镇银行股份有限公司	51%
泽州浦发村镇银行股份有限公司	51%
大连甘井子浦发村镇银行股份有限公司	51%
韩城浦发村镇银行股份有限公司	51%
江阴浦发村镇银行股份有限公司	51%
平阳浦发村镇银行股份有限公司	51%
新昌浦发村镇银行股份有限公司	51%
沅江浦发村镇银行股份有限公司	51%
……	……
天津宝坻浦发村镇银行股份有限公司	49%

根据表2-4，浦银金融租赁股份有限公司作为浦发银行持股61%的子公司，其非控制性权益持有者所持有的股份为39%；而对于天津宝坻浦发村镇银行股份有限公司，虽然浦发银行的持股比例仅为49%，但另51%股份的持有者所拥有的仍然是非控制性权益（从而可称之为“少数股东”），因为浦发银行年报中披露：“根据天津宝坻浦发村镇银行股份有限公司的公司章程，公司的经营发展战略、经营计划和投资方案的决议经半数以上董事表决批准，本行在其董事会七名成员中占有四个席位。因此，尽管本行持有天津宝坻浦发村镇银行股份有限公司股东大会的表决权股份为49%，本行认为能够通过董事会对该被投资方施加控制，故将其认定为子公司。”

（二）少数股东损益的概念

与少数股东权益相关的另一个重要概念是少数股东损益。少数股东损益是子公司净损益中归属于少数股东（非控制性权益持有者，以下同）的部分，指少数股东享有的损益份额，其在金额上相当于子公司当年实现的净损益与少数股东持股比例之乘积。

与企业的净收益将增加企业的股东权益一样，少数股东损益无疑将增加（或减少）企业集团少数股东权益；报告期内子公司股东权益各项目的任何变化，也都会引起少数股东权益的变动。

［例2-1］假定母公司的某个子公司的非控制性权益持有者享有的股权为30%，该子公司报告期初所有者权益为6 000万元，报告期内净利润为1 000万元，报告期末所有者权益为7 000万元，则企业集团的少数股东权益（期初）为1 800万元，报告期少数股东享有的净利润为300万元，少数股东权益（期末）则为2 100万元；如果在编制合并财务报表过程中抵销了子公司报告期净利润中的未实现部分200万元，则少数股东损益就是240万元，从而期末少数股东权益为2 040万元（2 040=1 800+240，或者2 040=（7 000-200）×30%）。

（三）少数股东权益、少数股东损益的主要会计问题

如何对少数股东权益、少数股东损益在合并财务报表中进行确认与计量，这是合并财务报表的主要会计问题之一。

少数股东权益无疑应是合并资产负债表的项目之一，少数股东损益则属于合并利润表项目，这是对少数股东权益和少数股东损益的基本确认原则。但是，合并资产负债表中对少数股东权益如何进行具体定位、如何确定其金额，即如何对少数股东权益进行确认、计量？合并利润表中对少数股东享有的损益应如何进行具体定位、如何确定其金额，即如何对少数股东损益进行确认、计量？这些问题还必然牵涉合并财务报表中如何列报子公司可辨认净资产、如何计量合并商誉、如何抵销母子公司间内部交易的未实现损益等一系列的重要问题。所以，正确理解少数股权的内涵，是正确编制、分析合并财务报表的重要突破口，而如何对少数股权进行性质界定并解决其金额确定问题，则取决于所采用的“合并理念”。

第二节　合并财务报表的合并理念

一、合并理念概述

这里所说的“合并理念”事关合并财务报表的服务对象，事关合并商誉、少数股东权益等重要合并财务报表要素的确认与计量，更事关合并范围的界定，从而成为合并财务报表特有编制程序以及具体呈报内容的概念依据。[①]

合并财务报表的编制流程离不开相关的理论支撑。合并财务报表理论是人们根据合并会计实践概括出来的、用以指导合并财务报表实务的相关概念、规则或结论等知识要素的集合体，这个集合体中诸要素的有机结合构成合并财务报表理论体系。合并财务报表理论体系的主要内容可以归为两大类：第一类是合并财务报表基本理论，主要是对合并财务报表的概念、目标、分类、本质特征以及合并范围、质量标准等要素的界定与概括；第二类则是合并财务报表的应用理论，主要是对合并财务报表编制原则、信息生成原理与程序等惯例的描述与规范。合并财务报表基本理论应该是合并财务报表应用理论的奠基石，基本理论和应用理论共同构建出合并财务报表会计的结实框架。而合并财务报表实务在这个框架基础上的有效运作将使得企业集团财务呈报的大厦完美呈现。现在的问题是，如果说合并财务报表基本理论是合并财务报表理论体系的基础，那么，这个基础中的最本源要素又是什么？

合并财务报表作为反映企业集团整体财务状况、经营成果和现金流量信息的载体，其所承载的信息主要为谁服务？这一点决定了合并财务报表要提供哪些信息以及怎样生成这些信息。说到底，这事关合并财务报表的目标问题。在编制合并财务报表时，如果存在非全资的子公司，即存在少数股东权益，合并财务报表中对少数股东权益和少数股东损益如何确认、如何计量，涉及对子公司的资产和负债按公允价值还是账面价值计量、对合并商誉如何计量等一系列问题，而这些问题的焦点在于：是否将少数股东视为合并后主体的股东，其实质则关系到合并财务报表的目标定位。毫无疑问，目标理论是起导向作用的理论。具体到合并会计领域，合并财务报表的目标是合并财务报表概念的核心，是合并财务报表分类的指南，是合并财务报表独有特征的诠释，是合并范围及质量标准的决定性因素，是合并财务报表特有编制程序以及具体呈报内容的概念依据，从而是合并财务报表理论体系的本源要素。

长久以来，国际会计界围绕合并财务报表目标的描述，有不同的观念或理念，比较传统的有母公司观、实体观、所有权观等，具有创新意义的有当代观、公共理论等。很多情况下人们将这些观念或理念称作“合并理念”。

---

① 常勋．财务会计四大难题［M］．上海：立信会计出版社，2006.

二、“母公司观”和“实体观”的基本内容

母公司观（parent company concept）和实体观（economic unit concept）是比较主流的两种合并理念。

美国财务会计准则委员会（FASB）在讨论备忘录“合并政策和程序”中，阐释了母公司观和实体观的基本内涵[①]。母公司观注重母公司股东的利益，不将少数股东视为合并后主体的股东。母公司观认为母公司并不拥有子公司，而只是控制子公司的资产和负债；母公司观认为合并财务报表是对母公司财务报表的修正或延伸，即以所有子公司资产和负债代替母公司对子公司的股权投资，以子公司的收入、费用、利得和损失代替母公司从子公司获得的投资收益。实体观将母公司与子公司的集合作为一个单一的个体，从而对少数股东与母公司股东一视同仁，认为控股权益和非控股权益都构成其所拥有的合并实体的一部分，合并财务报表应从母公司股东及企业集团少数股东的观点来编制，以便为其提供集团个体的经营活动信息。

以上两种合并理念，由于对合并财务报表目标的不同定位，决定了在合并财务报表中对少数股东权益的确认与计量、对少数股东损益的确认与计量、对子公司可辨认净资产的计量、对合并商誉的计量、对内部交易未实现损益的抵销比例等方面，均有所不同。以上两种合并理念的主要特征比较见表2-5。

表2-5　**母公司观与实体观主要特征比较**

项目		母公司观	实体观
对子公司可辨认净资产在合并财务报表中的计量		子公司可辨认净资产的账面价值加上母公司所支付的合并溢价，即属于母公司的部分按公允价值计量，属于少数股权的部分按账面价值计量	全部按公允价值计量
对于少数股东权益	确认	在负债部分单项列示或在负债与股东权益之间单项列示	作为股东权益的组成部分，与归属于母公司股东的权益分别列示
	计量	按子公司账面价值计算	按公允价值计算
对于少数股东损益		在合并净利润前列作减项，视为费用	在净利润项下单项列示，作为合并净利润的组成部分之一
对合并商誉的计量		按母公司持股比例计算，仅列示属于母公司的部分，属于少数股权的部分不予列示	按子公司的全部价值计算，列示属于全体股东的合并商誉
对子公司各会计要素的合并		全部合并	全部合并
对未实现内部交易损益的抵销		逆销按母公司持股比例抵销；顺销百分之百抵销	百分之百抵销

① LARSEN. Modern Advanced Accounting［M］. SEVENTH EDITION. NewYork： McGraw - Hill Companies， 1998.

［例2-2］B公司合并前有关资料见表2-6。

表2-6　**B公司合并前有关资料**　单位：万元

项目	账面价值	公允价值
资产	3 000	3 400
负债	2 000	2 000
股东权益	1 000	
其中：股本	800	
资本公积	0	
留存收益	200	

其他资料：B公司某项资产的账面价值为1 200万元，公允价值为1 600万元，从而导致资产的公允价值总额超过账面价值400万元；负债的公允价值等于账面价值。A公司支付货币资金1 500万元取得B公司80%的股权。假定少数股权的公允价值按子公司公允价值的20%计算，并假定合并日子公司价值按母公司合并成本的隐含价值计算。则两种合并理念下合并日有关项目的比较见表2-7。

表2-7　**母公司观、实体观的比较**　单位：万元

项目	母公司观	实体观
对子公司可辨认净资产在合并财务报表中的报告价值	1 400×80%+1 000×20% =1 320	1 400×80%+1 400×20% =1 400
少数股东权益	1 000×20%=200	（1 500÷80%）×20%=375
合并商誉	1 500−1 400×80% =1 500−1 120 =380	1 500÷80%−1 400 =1 875−1 400 =475

三、现行会计规范

从目前情况来看，无论是我国现行的企业会计准则还是国际会计准则委员会现行的国际财务报告准则，所采用的合并理念基本上是“实体观”，但是要注意以下两个方面的问题：

（一）关于少数股东权益的计量

关于少数股东权益的计量基础，《国际财务报告准则第3号——企业合并》（2008）第19条规定，对于购买日被购买方的非控制性权益，购买方应区分其不同的组成部分分别计量，对于属于现时的所有者权益并且其持有者有权在企业清算时获得企业净资产中所占比例份额的组成部分，购买方可以按以下任一种方式进行计量：（1）公允价值；或（2）在被购买方已确认的可辨认净资产中现时所

有者权益工具所占的比例。非控制性权益的所有其他组成部分应按照其购买日的公允价值计量，除非国际财务报告准则要求使用另一计量基础。可见，国际财务报告准则对少数股东权益的计量实际上是给出了两个选择：可以按少数股东权益的公允价值进行计量，也可以按照被购买方可辨认净资产中少数股东权益所占的比例来计量。

首先，来看第一个选择。这里的关键是如何获知少数股东权益的公允价值。《国际财务报告准则第3号——企业合并》指南中对如何确定少数股东权益的公允价值，给出了两个思路：某些情况下，购买方能以非购买方持有的权益份额的活跃市场价格为基础来计量少数股东权益在购买日的公允价值；然而在其他情况下，权益份额的活跃市场价格是不可获得的，这种情况下，购买方就要采用其他估值技术来确定少数股东权益的公允价值。在企业合并实务中，确定少数股东权益的公允价值有时存在一定难度。在不存在活跃市场的情况下，如何采用估值技术？如果能够确定被购买方即子公司的公允价值，是否可以考虑以子公司公允价值中少数股东所占份额作为少数股东权益的公允价值？如果不能确定子公司的公允价值，是否可以按母公司的合并成本隐含的子公司公允价值作为子公司公允价值？这些问题是值得探讨的。

其次，来看第二个选择。由于《国际财务报告准则第3号——企业合并》明确要求购买方应当对被购买方的可辨认资产和负债按合并日的公允价值进行计量，所以，关于少数股东权益计量基础的第二个选择实际上就是意味着按照子公司可辨认净资产公允价值中少数股东权益所占的份额来计量。

上述两种选择的共同点在于：以公允价值为少数股东权益的计量基础（而不是账面价值），从这个意义上来说，这两种选择都符合“实体观”对少数股东权益的计量要求。当时，上述两种方法的区别也是显而易见的[①]。

我国现行会计准则采用了国际财务报告准则中的第二种方法。

（二）关于合并商誉的初始计量

如果我们知道少数股东权益的公允价值是多少，那么，“少数股东权益的公允价值”与“子公司可辨认净资产公允价值中少数股东权益所占的份额”之间的差额，就相当于少数股东权益持有者应享有的合并商誉。从这个意义上来说，计量少数股东权益的第一种选择下所确定的合并商誉金额往往要大于按第二种选择所确定的合并商誉金额。所以，少数股东权益计量基础的上述两种可选择方案，不仅会产

① 国际会计准则理事会的Mary E Barth教授和John T Smith先生不同意《国际会计准则第3号——企业合并》（2008）中允许购买方自由选择对非控制性权益的第二个计量方法，其主要理由是：准则应避免例外，因为例外有损于准则以原则为基础；即使有例外规定，也不应自由选择，可要求对于企业合并相关的事实和环境进行评估。而理事会的Robert P Garnett先生则不同意对非控制性权益按其公允价值计量的原则（即第一种计量方法），他认为按购买日公允价值计量非控制性权益导致不仅确认归属于购买方的合并商誉，同时还确认归属于被购买方非控制性权益的商誉的做法不可靠。Garnett先生认为，第二种方法下合并商誉的金额包含在购买交易中，不包括任何归属于非控制性权益的商誉，这样做能忠实地反映购买交易，因为对于购买交易而言，非控制性权益并不是参与方。同时，Garnett先生也不同意设定例外原则。——引自财政部会计司．国际财务报告准则2008［M］．北京：中国财政经济出版社，2008：433.

生少数股东权益金额的两种不同结果，还会导致合并商誉金额的两种不同结果，并由此产生了合并商誉计量的“全部商誉法”和“部分商誉法”。

正如第一章第三节中所介绍的，按照我国现行的会计准则，合并商誉的初始计量采用的是“部分商誉法”，而这种方法显然符合“母公司观”对合并商誉的计量要求。与其相对应，“全部商誉法”似乎更符合“实体观”的要求。

下面举例予以说明。

［例2-3］资料见例2-2。另外增加两个假定：一是假定少数股权的公允价值按活跃市场价值计算为360万元；二是假定无法取得活跃市场价值，按子公司公允价值计算少数股权公允价值。合并商誉的“部分商誉法”与“全部商誉法”比较见表2-8。

表2-8 “部分商誉法”与“全部商誉法”的比较 单位：万元

项目	部分商誉法	全部商誉法	
		假定1：少数股权的公允价值按其市场价值计算	假定2：少数股权的公允价值按子公司公允价值的20%计算
少数股东权益	1 400×20% =280	360	（1 500÷80%）×20% =375
合并商誉	1 500−1 400×80% =1 500−1 120 =380	380+（360−1 400×20%） =380+80 =460	1 500÷80%−1 400 =1 875−1 400 =475

由表2-8可见，假定1的全部商誉法下合并商誉比部分商誉法下合并商誉多出的80万元，正是全部商誉法下少数股东应享有的合并商誉，从而全部商誉法下的少数股东权益金额也比部分商誉法下的少数股东权益金额多出80万元；假定2的全部商誉法下合并商誉比部分商誉法下的合并商誉多出的95万元，正是全部商誉法下少数股东应享有的合并商誉，从而全部商誉法下的少数股东权益金额也比部分商誉法下的少数股东权益金额多出95万元。

第三节 合并范围的界定

一、界定合并范围的原则

合并财务报表的合并范围，是指纳入母公司合并财务报表的子公司的范围。正确界定合并范围，直接关系到合并财务报表信息的质量。

根据现行的合并财务报表准则，合并财务报表的合并范围应当以控制为基础予以确定。由于子公司是母公司控制的主体，所以，母公司应当将其全部子公司纳入合并财务报表的合并范围，符合规定豁免条件的除外。

现在就要解决两个问题：一是“控制”的判定；二是“豁免”的条件。

引例跟踪

潍柴动力的子公司陕西重型汽车有限公司在陕汽乌海专用汽车有限公司中占股38.60%。2012年3月16日，陕西重型汽车有限公司通过授权管理和控制协议取得了陕汽乌海少数股东24.12%的表决权，合计表决权比例为62.72%，拥有实际控制权。

显然，“持股比例”与“表决权比例”有时是不同的。那么，用哪一个来判断投资方对被投资方“控制”与否呢？如何理解“控制”的含义呢？

二、“控制”的判定

（一）控制的含义

根据《企业会计准则第33号——合并财务报表》，控制是指投资方拥有对被投资方的权力，通过参与被投资方的相关活动而享有可变回报，并且有能力运用对被投资方的权力影响其回报金额。

控制的定义包含以下三项要素：

（1）有主导被投资方的权力。投资方享有现实权力使其目前有能力主导被投资方的相关活动，而不论其是否行使该权力，视为投资方拥有对被投资方的权力。“权力”的有无，是判断“控制”有无的关键要素。大多数情况下，可通过表决权确定是否存在控制。

（2）通过参与被投资方的相关活动取得可变回报。“相关活动”是指对被投资方的回报产生重大影响的活动，通常包括购买和出售商品或服务、管理金融资产、购买和处置资产、研发活动以及融资活动等。投资方自被投资方取得的回报可能会随着被投资方业绩变动，视为“可变回报”。

（3）有能力利用对被投资方的权力影响其可变回报。这项标准考虑前两项控制要素之间的相互关系。为控制被投资者，投资者必须不仅具有主导被投资者的权力和因参与被投资者的相关活动而面临可变回报的风险或取得可变回报的权利，而且要有能力利用对被投资者的权力影响被投资者的回报①。

当投资方同时具备以上三项要素时，可以判定投资方能够控制被投资方。

投资方应在综合考虑所有相关事实和情况的基础上对是否控制被投资方进行判断。一旦相关事实和情况的变化导致对控制定义所涉及的相关要素发生变化的，投

① 普华永道的《国际财务报告实务指南——合并财务报表：控制的重新定义》（2012年2月）评论：之前，《国际会计准则第27号——单独报表与合并报表》（IAS27）阐述了通过表决权的控制，而面临可变动报酬的风险是《国际会计准则委员会解释公告第12号》（SIC12）架构范围内的一个重要考虑因素。但这两种控制方法之间的关系未必清楚。《国际财务报告准则第10号——合并财务报表》（IFRS10）通过引入投资方能够行使权力从而影响其报酬的额外要求，连接了权力与报酬之间的关联。

资方应当进行重新评估。这里的“相关事实和情况”主要包括：被投资方的设立目的、被投资方的相关活动及如何作出有关此类活动的决策、投资方拥有的权力是否使其在当前有能力主导相关活动、投资方是否有通过参与被投资方的相关活动而享有可变回报的权利、投资方是否有能力运用对被投资方的权力影响投资方回报金额以及投资方与其他方的关系。

（二）判定“控制”与否的几种情形

1.投资方对被投资方拥有“权力”的一般标志

投资方是否有主导被投资方的权力，是判断控制与否的关键。权力最常见的产生方式是通过权益工具授予的表决权，但也可以通过其他合同安排产生。依据现行会计准则，除非有确凿证据表明其不能主导被投资方的相关活动，下列情况表明投资方对被投资方拥有权力：

（1）投资方持有被投资方半数以上的表决权；

（2）投资方持有被投资方半数或以下的表决权，但通过与其他表决权持有人之间的协议能够控制半数以上表决权；

（3）投资方持有半数或半数以下的表决权但对被投资方拥有“权力”的其他情形：

①投资方持权份额大小以及其他投资方持权的分散程度；

②投资方和其他投资方持有被投资方潜在表决权；

③其他合同安排产生的权利；

④被投资方以往的表决权行使情况等。

引例跟踪

2015年12月1日终止股权委托协议之前，陕西重型汽车有限公司对陕汽乌海就是通过投资持有表决权加上协议表决权使合计表决权比例达到62.72%从而拥有实际控制权的。

当投资方持有不超过半数但已是最大批量的表决权而剩余表决权被分散持有时，该投资方相当于“实际控制”被投资方。

［例2-4］[①]IFRS10中的下列5个示例（见表2-9）是在剩余表决权分散时持有不超过半数表决权的投资方是否可能会持有最大批量的表决权的例子。

① 例2-4至例2-10的资料，取自《国际财务报告准则第10号——合并财务报表》、普华永道的《国际财务报告准则第10号实务指南——针对资产管理人的IFRS10》（2013年6月）和《国际财务报告准则第10号及第12号问题解答》（2013年8月），德勤的《IFRS聚焦：国际会计准则理事会发布有关合并的新准则》（2011年5月）。

表2-9 **IFRS10中的示例：投资方持有半数以下表决权**

示例序号	最大投资方的持有股份	第二大投资方的持有股份	剩余投资方的持有股份	示例中说明的其他事实和情况	是否由最大投资方控制?
示例1	48%	—	数千股东每位持有少于1%的股份	股东没有约定互相商议或共同制定决策	是
示例2	40%	—	12位投资方每位持有5%的股份	股东协议赋予最大投资方指定、解雇、规定及指导相关活动的管理人员报酬的权力。更改此协议需要三分之二的多数股东表决方可通过	是，因为存在此协议；如果仅仅考虑表决权，则：否
示例3	45%	2位第二大投资方每位持有26%的股份	其他3位投资方每位持有1%的股份	—	否
示例4	45%	—	11位投资方每位持有5%的股份	股东没有约定互相商议或共同制定决策	如果仅仅考虑表决权，则：否
示例5	35%	3位第二大股东每位持有5%的股份	众多股东每位持有少于1%的股份	股东没有约定互相商议或共同制定决策。根据多数表决结果作出决策。最近的股东大会透出了75%的选票	否

［例2-5］V公司的投资方A、B、C、D、E、F分别持有V公司14%、14%、14%、14%、14%和30%的股份。投资方A、B、C、D、E都是风险资本公司或机构投资方，都不参与V公司的例行会议，都可以会晤V公司的代表并相互会见。现在的问题是：投资方F是否控制V公司?

分析：投资方F虽然持有V公司30%的股份，但并不比其他股东持有的股份高出很多；况且，其他股份的分散性也不是很高，5位股东容易进行集体行动。只要其他5位股东当中有3位股东合作就可以超过F的表决权。所以，投资方F没有控制V公司。

2.需要根据单方面主导被投资方相关活动的证据来判断是否拥有对被投资方的权力的情形

在投资方难以判断其享有的权利是否足以使其拥有对被投资方的权力时，投资方应考虑其具有实际能力以单方面主导被投资方相关活动的证据，从而判断其是否拥有对被投资方的权力。投资方应考虑的因素包括但不限于下列事项：

（1）投资方能否任命或批准被投资方的关键管理人员；

（2）投资方能否出于其自身利益决定或否决被投资方的重大交易；

（3）投资方能否掌控被投资方董事会等类似权力机构成员的任命程序，或者从其他表决权持有人手中获得代理权；

（4）投资方与被投资方的关键管理人员或董事会等类似权力机构中的多数成员是否存在关联方关系。

3.在有多个投资者有权主导被投资方不同的相关活动时对拥有主导权力一方的判断

如果两个或以上的投资者有权主导不同的相关活动，则投资者必须决定哪一项相关活动对被投资方的回报构成最大影响。能够主导对被投资方回报产生最重大影响的活动的一方，拥有对被投资方的权力。

［例2-6］A、B两个投资者成立一家被投资公司C以开发和推销医疗产品。其中投资者A负责开发医疗产品及获得监管部门的批准，该责任包括单方面作出所有关于产品开发及获得监管部门批准的决策。一旦产品获得监管部门批准，投资者B将制造并推销该产品，该投资者具有单方面作出所有关于产品制造和推销的决策的能力。现在的问题是：哪一方拥有对被投资方的主导权力？

分析：如果所有活动——医疗产品的开发和获得监管部门批准以及制造和推销——均是相关活动，则每位投资者需要确定其是否有能力主导对被投资方回报构成最大影响的活动。据此，每位投资者需要考虑对被投资方回报构成最大影响的活动是医疗产品的开发及获得监管部门批准、还是医疗产品的制造和推销，及其能否主导该活动。

在确定哪位投资者拥有主导权力时，投资者将考虑：

（1）被投资方的目的和设计；

（2）确定被投资方利润率、收入和价值的因素以及医疗产品的价值；

（3）每位投资者就（b）所述因素的决策权对于被投资方回报的影响；以及

（4）投资者面临可变回报的风险。

在该特定例子中，投资者同时还需要考虑：

（5）获得监管部门批准的不确定性及所需的工作（考虑投资者以往成功开发医疗产品并获得监管部门批准的记录）；以及

（6）哪位投资者将在开发阶段取得成功后控制该医疗产品。

4.投资方拥有多数表决权但却并未拥有对被投资方的权力的情形

拥有多数表决权但却无权支配被投资方的情况主要有：被投资方的相关活动听从政府、法院、接收方、清算者等的命令。

引例跟踪

潍柴动力的子公司之一新疆机械设备进出口有限公司，由于2015年9月1日进入破产程序而不被纳入2015年合并财务报表合并范围。

综上所述，可以发现，确定投资方是否对被投资方拥有主导权力乃至投资方是否控制被投资方，要依据“实质重于形式”的原则根据具体情况进行判断。

（三）其他几个相关问题

1.潜在表决权问题

潜在表决权是指可能赋予一企业对另一企业在财务和经营上的表决权的认股权证、股票买入期权、可转换债券和可转换股票等工具。出于确定合并范围的需要，投资方在评估本企业是否有统驭被投资方的财务和经营政策的权力时，需要考虑本企业和其他企业持有的被投资方的当期可转换公司债券、当期可执行的认股权证[①]。

［例2-7］假定投资者A持有被投资者70%的表决权；投资者B持有被投资者30%的表决权以及购入投资者A一半表决权的选择权。该选择权可在未来两年内按固定价格行使并且深度蚀价（且预计在该两年期间内一直会保持深度蚀价）。投资者A一直行使其表决权并积极主导被投资者的相关活动。分析：投资者A和B哪一方具有对被投资方的控制。

分析：在这种情况下，投资者A很可能满足权力的标准，因为其似乎在当前有能力主导相关活动。尽管投资者B拥有当前可行使的购买额外表决权的选择权（若行使该选择权，投资者B将取得被投资者占多数的表决权），但是该选择权相关的条款和条件使得该选择权不被视为具有实质性。

2.实质性权利与保护性权利问题

实质性权利，是指权利持有人在对相关活动进行决策时有实际能力行使的可执行权利。判断一项权利是否为实质性权利，应当综合考虑所有相关因素，包括权利持有人行使该项权利是否存在财务、价格、条款、机制、信息、运营、法律法规等方面的障碍；当权利由多方持有或者行权需要多方同意时，是否存在实际可行的机制使得这些权利持有人在其愿意的情况下能够一致行权；权利持有人能否从行权中获利等。

保护性权利，是指仅为了保护权利持有人利益却没有赋予持有人对相关活动决策权的一项权利。保护性权利的例子可能包括批准新的债务融资的权利、持有被投资者非控制性权益的一方批准被投资者发行额外权益工具的权利、放款人在违约时取得资产的权利。投资方在判断是否拥有对被投资方的权力时，应当仅考虑与被投资方相关的实质性权利，包括自身所享有的实质性权利以及其他方所享有的实质性权利。仅享有保护性权利的投资方不拥有对被投资方的权力。

---

① 在编制合并财务报表过程中，在确定少数股东损益份额及少数股东权益份额时，无须考虑潜在表决权因素。

［例2-8］A公司和B公司分别拥有C公司80%和20%的表决权股份；A公司将其拥有的C公司股份中的50%出售给D公司，并以超过发行时市场价格的溢价从D公司购买随时可行权的看涨期权。交易后的结构如图2-1所示。

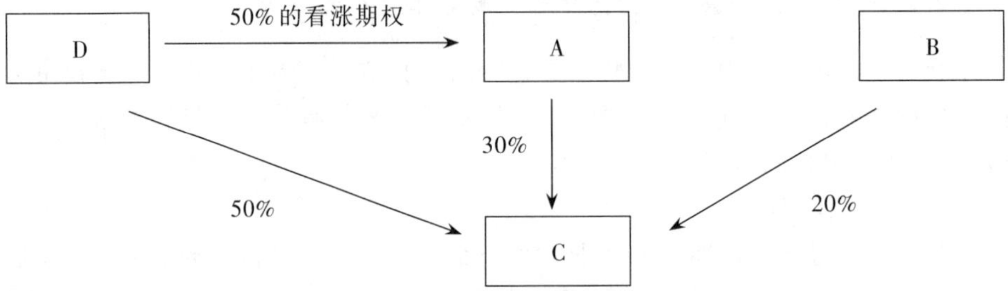

图2-1　A售出50%股份后的结构

关于该看涨期权的其他信息如下：

（1）如果行使该期权，A将收回其原始80%的股份和表决权；

（2）行权价格具有经济实质，并不会定得很高；

（3）该选择权在报告日稍微处于价外。

现在的问题是：该看涨期权是否具有实质性权利，从而A公司应否合并C公司？

IFRS10的分析是：A公司拥有的选择权是以超过发行时市场价格的溢价购买来的，且在报告日还稍微处于价外。然而，需要考虑A公司是否因其他原因从行使该选择权中获利（例如，保护股份、购买资产）。如果是这种情况，该选择权可能是实质性权利，从而A公司应该合并C公司。

3.委托人与代理人问题

投资方在判断是否控制被投资方时，应当确定其自身是以主要责任人还是代理人的身份行使决策权；在其他方拥有决策权的情况下，还需要确定其他方是否以其代理人的身份代为行使决策权。如果代理人仅代表主要责任人行使决策权，不控制被投资方；投资方将被投资方相关活动的决策权委托给代理人的，应当将该决策权视为自身直接持有。在判断决策者是不是代理人时，应当综合考虑该决策者与被投资方以及其他投资方之间的关系。存在单独一方拥有实质性权利可以无条件罢免决策者的，该决策者为代理人；此外，应综合考虑决策者对被投资方的决策权范围、其他方享有的实质性权利、决策者的薪酬水平、决策者因持有被投资方的其他权益承担可变回报的风险等相关因素。

［例2-9］B公司是A公司的全资子公司，拥有C公司的股份。B公司唯一的商业目的就是持有对C公司的投资。B公司发行了上市债券，根据当地法律，需要编制合并财务报表。现在的问题是：在下列情况下，B公司是否是A公司的代理人（结果是并不控制C公司）？

（1）A公司和B公司拥有共同的管理董事；

（2）B公司的管理董事是A公司的员工；或者

（3）B公司由一家信托公司管理，根据合同，该信托公司完全依据A公司的决策采取行动?

分析：

在上述3种情况下，B公司均直接控制C公司，因为B公司持有C公司的股份并且其管理层能够通过所持股份赋予的投票权决定C公司的政策。无论A公司代表的程度或是对B公司治理机构控制程度如何，对C公司的直接投资以及对C公司的权力均由公司主体B公司持有。控制B公司的任何一方是通过成为B公司的代表而得到这种权力；拥有B公司的任何一方是通过B公司而接触到C公司的报酬。

> 一种观点认为：没有理由将任何一个受母公司控制的子公司排除在合并财务报表之外，因为合并财务报表的目的就是从一个单一会计主体出发来报告由相互关联公司构成的企业集团的合并资源、债务和经营成果。LARSEN.Modern Advanced Accounting［M］. SEVENTH EDITION. Newyork：McGraw-Hlii Companies，1998.

也就是说，由于对C公司的权力首先属于B公司而不是A公司，A公司未下放任何权力至B公司，因此B公司并不是A公司的代理人。由于B公司也面临C公司报酬可变性的风险，B公司应该将C公司纳入合并范围。

所以，B公司并不是A公司的代理人；B公司控制C公司。

三、豁免合并的情形

通常情况下，母公司要编制合并财务报表，子公司要被纳入合并范围。但是，现行合并财务报表准则却有例外规范：投资性主体的某些子公司可能不需纳入合并范围，身为投资性主体的母公司某种情况下不应当编制合并财务报表。

（一）投资性主体

投资性主体（IE）是同时满足下列条件的主体：①以向投资者提供投资管理服务为目的；②该公司的唯一经营目的是通过资本增值、投资收益或两者兼有而让投资者获得回报；③该公司按照公允价值对几乎所有投资的业绩进行考量及评价。作为投资性主体的母公司，通常应具有如下特征：①拥有一个以上投资；②拥有一个以上投资者；③投资者不是该主体的关联方；④其所有者权益以股权或类似权益方式存在。例如，旨在实现资本增值的基金，提供投资咨询、投资管理、投资的日常行政管理及支持服务等的主体，都属于投资性主体。

（二）与投资性主体有关的“豁免”规定

1.母公司属于投资性主体

母公司属于投资性主体时，应当纳入其合并范围的仅是为其投资活动提供相关服务的子公司，其他子公司不应纳入合并范围。母公司对非为其投资活动提供相关服务的子公司的投资，应按公允价值计量并将公允价值变动计入当期损益。

可见，母公司属于投资性主体时“豁免合并”的情况有两种：第一种是“非为母公司投资活动提供相关服务的子公司”不被纳入合并范围；第二种是仅存在“非为母公司的投资活动提供相关服务的子公司”时，母公司豁免编制合并财务报表。

2.母公司不是投资性主体

投资性主体的母公司本身不是投资性主体的，该母公司应当将其控制的全部主体（包括那些通过投资性主体所间接控制的主体）纳入合并范围。

3.母公司在投资性主体和非投资性主体之间转换

当母公司由投资性主体转变为非投资性主体时，应将原未纳入合并范围的子公司于转变日纳入合并范围，原未纳入合并范围的子公司在转变日的公允价值视同购买的交易对价；当母公司由非投资性主体转变为投资性主体时，除仅将为其投资活动提供相关服务的子公司纳入合并范围之外，企业自转变之日起对其他子公司不再予以合并，按照视同在转变日处置子公司但保留剩余股权的原则进行会计处理。

[例2-10] A公司是一家保险公司，提供保险业务，其基金投资目的不仅仅是为了获取资本增值和投资收益等。A公司设立了一个子公司B，作为投资性主体（IE）来管理基金，这些基金是为A公司的部分保险债务提供支持的。B的一些被投资方是受其控制的非公开股权投资。现在的问题是：A、B公司对被投资方的投资应怎样进行会计处理？

分析：将资料所示的A、B公司及其子公司关系梳理如图2-2所示。

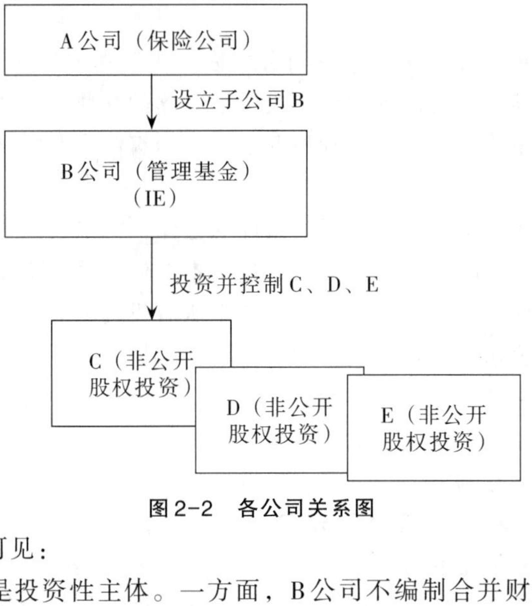

图2-2　各公司关系图

根据图2-2，可见：

第一，B公司是投资性主体。一方面，B公司不编制合并财务报表，因其所控制的非公开股权投资并非为其投资活动提供相关服务；另一方面，在其个别财务报表里，B公司对其所控制的那些对被投资方的投资，应按公允价值进行计量且将其变动计入当期损益。

第二，A公司不是投资性主体。A公司要将B公司及其下属的被投资方一并纳入合并范围。

本章特别关注　“所有权观”与“比例合并法”

所有权观与母公司观、实体观不同的是，它既不强调企业集团中存在的法定控制关系，也不强调各成员企业构成的企业集团的经济一体性，它强调的是编制合并财务报表的企业“通过拥有的所有权的足够份额能对另一企业的经济和财务决策实行控制或产生重大影响，即向母公司的股东报告其所拥有的资源，不反映少数股东权益和少数股东应享有的损益”。所有权观的基本内容是：

（1）对合并资产负债表中的资产、负债的计价，只按母公司取得股权时的公允价值计价；相当于少数股权的部分，不予以列示，即合并资产负债表中没有“少数股东权益”项目。

（2）对合并商誉的计量与列示也与母公司观相同，合并商誉等于母公司投资成本与子公司净资产公允价值中相当于母公司的份额部分的差额，即在合并财务报表中对合并商誉仅列示属于母公司的部分，不列示属于少数股权的部分。

（3）对少数股东收益，不予以反映，即合并利润表中不存在“少数股东收益”项目。

（4）对内部交易未实现损益，按母公司的股权比例抵销。

所有权观解决了同时隶属于两个或两个以上企业集团的企业的合并财务报表编制问题。合营企业权益的披露所采用的比例合并法，就是这一理论的具体应用。

比例合并法主要解决的是合营企业的财务报表怎样在各合营方的合并财务报表中进行列报的问题。按照比例合并法，共同控制实体的资产、负债、收益和费用需按合营者所占有或承担的份额，计入各合营者合并财务报表中相同或类似项目。同国际会计准则一样，我国目前的企业会计准则取消了比例合并法，合并方将其对合营企业的长期股权投资按权益法在其个别财务报表以及合并财务报表中列报。

第三章 合并财务报表编制程序

引例 光明乳业：合并数据怎么来的？

以下是从光明乳业2015年年度报告中的“第九节 财务报告”部分摘录下来的部分项目期末余额资料（单位：元，币种：人民币）：

一、部分项目的合并资产余额与母公司个别报表余额

项目	合并资产负债表	母公司资产负债表
长期股权投资	66 958 194	1 282 503 945

二、合并资产负债表中“长期股权投资”项目的注释

被投资单位	期末余额
一、合营企业	
小计	
二、联营企业	
上海源盛运输合作公司（“源盛运输”）	1 271 625
金华市海华乳业有限公司（“金华海华”）	14 887 764
浙江金申奶牛发展有限公司（“浙江金申”）	3 149 775
天津市今日健康乳业有限公司	42 015 654
四川新希望营养制品有限公司	5 633 376
小计	66 958 194
合计	66 958 194

三、母公司资产负债表中“长期股权投资”项目的注释

（1）对子公司投资

被投资单位	期末余额
呼伦贝尔光明	5 916 000
随心订	21 000 000
乳品四厂	36 436 500

续表

被投资单位	期末余额
南京光明	14 250 000
黑龙江光明	200 702 318
北京健康	19 449 435
北京健能	107 590 000
武汉光明	11 112 144
⋮	……
天津光明优加	1 000 000
合计	1 510 101 991

（2）对联营企业、合营企业的投资

被投资单位	期末余额
一、合营企业	
小计	
二、联营企业	
上海源盛运输合作公司（“源盛运输”）	1 271 625
金华市海华乳业有限公司（“金华海华”）	14 887 764
小计	16 159 389
合计	16 159 389

阅读了上述资料，我们可发现：合并资产负债表中的“长期股权投资”项目只包括对联营企业、合营企业的投资，而母公司个别资产负债表中的“长期股权投资”项目还包括对子公司的股权投资。显然，在编制合并财务报表时将母公司对子公司的股权投资抵销了。那么，为什么要抵销呢？怎样进行抵销处理呢？为什么对联营企业的股权投资没有抵销反而还多了三家呢？合并财务报表编制过程中还有哪些抵销处理呢？

本章将就合并财务报表的编制原则、基础工作、编制流程进行介绍，并简要梳理合并财务报表编制流程中抵销与调整处理的基本原理。

第一节 编制原则与基础工作

一、应遵循的基本原则

合并财务报表的编制应遵循以个别财务报表为基础原则和一体性原则。

（一）以个别财务报表为基础原则

合并财务报表是母公司以纳入合并范围的成员企业的个别财务报表为基础，根据其他有关资料，进行必要的调整与抵销处理之后编制而成的。

以个别财务报表为基础，包含以下两层含义：第一，以个别财务报表为基础，意味着母公司和纳入合并范围的子公司的个别财务报表是合并财务报表的编制依据。第二，以个别财务报表为基础，能解释为什么在各期连续编报合并财务报表时需要在合并财务报表工作底稿中对“未分配利润（期初）”项目进行必要的调整，因为作为编制依据的个别财务报表中的相关数据并未受到上期合并财务报表工作底稿中编制的调整与抵销分录的影响，只有对“未分配利润（期初）”项目根据上期有关调整与抵销分录进行必要的调整，才能使合并财务报表中的“未分配利润（期初）”项目的期初数与上期合并财务报表中该项目的期末数吻合。

以个别财务报表为基础，并非意味着仅以个别财务报表为依据。在编制合并财务报表时，子公司除了应当向母公司提供财务报表外，还应当向母公司提供其他有关资料。

（二）一体性原则

母公司编制合并财务报表，应当将整个企业集团视为一个会计主体，依据相关企业会计准则的确认、计量和列报要求，反映企业集团整体的财务状况、经营成果和现金流量。这一原则决定了企业集团整体内母公司和各子公司应采用统一的会计政策和会计期间，更决定了在编制合并财务报表时对集团内部交易和事项的相关影响要予以抵销。

根据一体性原则，母公司应当统一子公司采用的会计政策，使子公司采用的会计政策与母公司的会计政策保持一致；根据一体性原则，母公司应当统一子公司的会计期间，使子公司的会计期间与母公司的会计期间保持一致。

根据一体性原则，在合并财务报表的编制过程中，应当合并母公司与子公司的资产、负债、所有者权益、收入、费用和现金流等项目；应当将母公司对子公司的权益性投资与母公司在子公司所有者权益中享有的份额进行抵销；应当将母公司与子公司、子公司之间的债权性投资导致的内部债权与债务以及相关利息收益与利息费用进行抵销；应当将母公司与子公司、子公司之间发生的内部资产交易对相关报表项目的影响进行抵销；还应当站在企业集团的角度对特殊交易事项进行必要的调整。

二、应做好的基础工作

在编制合并财务报表之前，要做好以下各项准备工作：

（一）统一会计政策

母公司应当统一子公司所采用的会计政策，使子公司采用的会计政策与母公司的会计政策保持一致。如果子公司采用的会计政策与母公司的不一致，应当按照母公司的会计政策对子公司财务报表进行必要的调整，或者要求子公司按照母公司的会计政策另行编制财务报表。

（二）统一会计期间

母公司应当统一子公司所采用的会计期间，使子公司采用的会计期间与母公司的会计期间保持一致。如果子公司采用的会计期间与母公司的不一致，应当按照母公司的会计期间对子公司财务报表进行必要的调整，或者要求子公司按照母公司的会计期间另行编制财务报表。

（三）对子公司的外币财务报表进行折算

外币财务报表折算是指企业为了把境外经营反映在企业的财务报表里，将境外经营以外币表示的财务报表折算为以企业记账本位币表示的财务报表的过程。如果企业的境外经营是企业的子公司，为了满足编制合并财务报表的需要，企业就需对该子公司的外币财务报表进行折算。

> 外币财务报表折算的关键问题是折算汇率的选择以及折算差额的处理。根据现行会计准则，对外币财务报表折算的原则是：（1）资产负债表中的资产和负债项目，采用资产负债表日的即期汇率折算；除“未分配利润”项目外的其他所有者权益项目，采用发生时的即期汇率折算。（2）利润表中的收入和费用项目，采用交易发生日的即期汇率折算，也可以按照系统合理的方法确定的与交易日即期汇率近似的汇率折算。所有者权益变动表中利润分配项目的折算汇率可比照收入和费用项目。（3）外币财务报表折算中产生的外币财务报表折算差额，构成“其他综合收益”项目的组成内容之一。可见，现行的外币财务报表折算基本上采用的是现行汇率法。

（四）备齐相关资料

在编制合并财务报表时，子公司要向母公司提供其个别财务报表，同时还应向母公司提供下列有关资料：①采用的与母公司不一致的会计政策及其影响金额；②与母公司不一致的会计期间的说明；③与母公司、其他子公司之间发生的所有内部交易的相关资料；④所有者权益变动资料；⑤编制合并财务报表所需的其他有关资料。

企业会计准则第19号——外币折算

第二节 编制流程

由于合并财务报表需要以母公司和纳入合并范围的子公司的个别财务报表为依据，还要进行必要的抵销与调整处理，数据量以及处理数据的工作量都比较庞大，所以，一般要借助于计算表格或工作底稿来整理数据。本教材主要介绍工作底稿法。[①]

采用工作底稿法，就是在合并财务报表工作底稿里对各项内部投资或交易导致的对个别报表有关项目的影响数编制调整分录和抵销分录，从而整理出报表项目的合并数。合并财务报表的编制流程如图3-1所示。

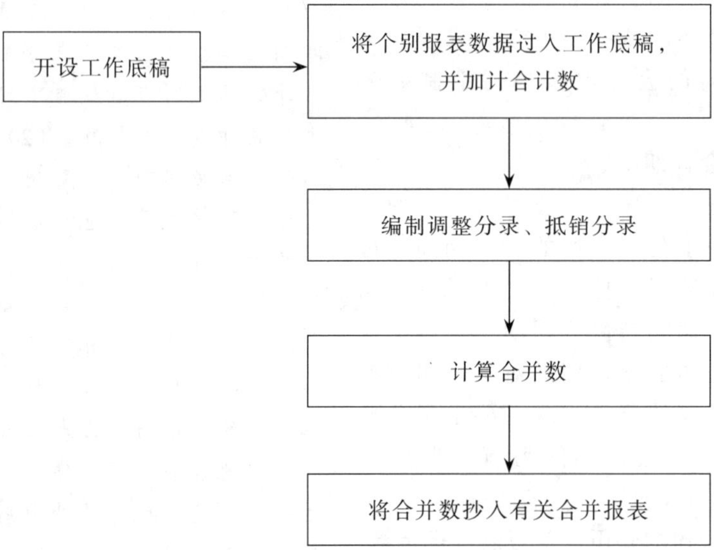

图3-1 合并财务报表的编制流程

下面对图3-1进行解释：

第一步，开设合并财务报表工作底稿。

合并财务报表工作底稿的格式为：纵向设置报表项目，横向分别设置“个别财务报表”、“合计数”、“调整与抵销分录”及“合并数”四栏。

一般情况下，应将合并利润表工作底稿、合并所有者权益变动表工作底稿和合并资产负债表工作底稿合在一张工作底稿中，因为当我们在工作底稿中编制抵销分录时，同一个抵销分录有时会涉及这几张报表的相关项目。比如，抵销企业间内部存货交易导致的期末存货价值中包含的未实现利润时，就需要按内部交易的销售价格借记“营业收入”项目、按内部交易的销售成本贷记“营业成本”项目、按内部交易的未实现利润金额贷记“存货”项目。合并现金流量表工作底稿可以单独设

① 除了工作底稿法之外，也可以采用计算法，见“本章特别关注”。

置，也可以将合并资产负债表、合并利润表、合并所有者权益变动表以及合并现金流量表的工作底稿合并设置。

合并财务报表工作底稿具体格式见表3-1。

表3-1　**合并财务报表工作底稿**　单位：元

项目	个别财务报表			合计数	调整分录		抵销分录		合并数
	母公司	子公司1	子公司2		借	贷	借	贷	
资产负债表有关项目：									
⋮									
利润表有关项目：									
⋮									
所有者权益变动表有关项目：									
⋮									
现金流量表有关项目：									
⋮									

第二步，将母公司和纳入合并范围的子公司的个别财务报表资料抄入合并财务报表工作底稿中的“个别财务报表”大栏中的具体栏目，并加计合计数。

第三步，根据有关资料，在合并财务报表工作底稿“调整与抵销分录”栏中编制调整与抵销分录。为了清楚起见，也可以分别设置“调整分录”栏和“抵销分录”栏，这时，抵销分录的编制基础就是“个别财务报表”栏的数据与“调整分录”栏的数据之和。这里的调整分录主要是指编制抵销分录前对个别财务报表有关项目所作的调整；这里的抵销分录则是为了抵销内部交易对个别财务报表有关项目的影响而编制的分录。稍后我们将对其进行专门说明。

第四步，根据“合计数”栏与“调整与抵销分录”栏资料，计算各项目的合并数。

值得注意的是，合并财务报表工作底稿里“调整分录”和“抵销分录”栏中：

（1）“借”“贷”符号只是用来表示调整分录中的调增还是调减以及抵销分录中的抵减。

（2）调整分录或抵销分录所涉及的不是会计科目而是报表项目。

（3）调整分录或抵销分录仅为计算合并数而编制，并不成为记账依据。

合并数的具体计算方法如下：

（1）资产类项目、成本费用类项目、分配利润项目等，用“合计数”加上“调整与抵销分录”栏的借方金额、减去“调整与抵销分录”栏的贷方金额，得出合并数。

（2）负债类项目、股东权益类项目、收入类项目等，用“合计数”加上“调整与抵销分录”栏的贷方金额、减去“调整与抵销分录”栏的借方金额，得出合并数。

（3）资产备抵项目、弥补亏损项目，分别与资产项目、利润分配项目的计算方法中对“调整与抵销分录”栏借方、贷方金额的加减方向相反。

第五步，根据合并财务报表工作底稿中的“合并数”栏资料，登记合并资产负债表、合并利润表、合并所有者权益变动表以及合并现金流量表。

［例3-1］假设某企业集团的母公司A有一个子公司B，2×19年年末两个公司的资产负债表中“应收账款”项目分别为2 000万元、1 000万元，其中母公司的2 000万元应收账款为应向其子公司收取的销货款；两个公司的资产负债表中“应付账款”项目分别为500万元、2 100万元。不考虑其他因素。

在工作底稿法下，A公司在合并财务报表工作底稿里需要编制如下抵销分录（金额单位为万元）：

借：应付账款　　2 000

　贷：应收账款　　2 000

上述抵销分录编制过程及结果见表3-2。

表3-2　**合并财务报表工作底稿（局部）**　单位：万元

项目	个别财务报表		合计数	抵销分录		合并数
	母公司	子公司		借	贷	
资产负债表有关项目：						
⋮						
应收账款	2 000	1 000	3 000		2 000	1 000
应付账款	500	2 100	2 600	2 000		600
⋮						

值得一提的是，无论是计算法下在计算公式里进行减算，还是工作底稿法下在工作底稿里编制抵销分录，两者的原理是一样的，即对纳入合并范围的成员企业之间的内部债权、债务进行“抵销”。在合并财务报表实务中，合并财务报表编制过程的关键步骤恰恰是对内部投资或内部交易的抵销处理。

第三节　抵销处理原理

一、抵销处理的理由

合并财务报表编制程序中抵销处理的目的在于：确定合并数据，这也是一体性原则的要求。正如前面所说，合并财务报表反映的是包括母公司和纳入合并范围的子公司在内的经济意义上作为一个整体的财务状况、经营成果和现金流量信息，所以，这个整体内部各成员企业之间的交易，从合并财务报表的视角来看就属于内部交易。在依据个别财务报表编制合并财务报表时，内部交易对相关成员企业个别财务报表曾产生的影响，应予以抵销，以便生成能够真正反映相关成员企业构成的企业集团整体的“合并”会计信息。

引例跟踪

光明乳业2015年合并资产负债表中列报的“长期股权投资”项目应该是母公司和子公司对母、子公司以外的主体进行的长期股权投资。所以，光明乳业对子公司的长期股权投资作为对内投资，在编制合并财务报表时被抵销了，从而合并资产负债表中的“长期股权投资”项目只反映母公司对其联营企业“源盛运输”和“金华海华”的长期股权投资和子公司对“浙江金申”、天津市今日健康乳业有限公司以及四川新希望营养制品有限公司3家联营企业的长期股权投资。

二、前期抵销处理对后期合并财务报表中“未分配利润（期初数）”项目的影响

由于抵销分录只能在合并财务报表工作底稿里编制，因此，抵销分录中涉及的对象只是有关的报表项目而不是会计科目，从而抵销分录对当期个别报表没有产生任何影响。但是，以后报告期末编制合并财务报表时，由于依据的是并未受到前期编制合并财务报表时相关抵销处理影响的个别报表数据，而合并财务报表中的“未分配利润（期初数）”项目又应该与上期合并财务报表中的“未分配利润（期末数）”项目的金额相吻合，所以，在合并财务报表工作底稿中就有可能涉及对“未分配利润（期初数）”项目的调整。

> 在存在坏账准备等备抵因素的情况下，资产负债表中“应收账款”项目列示的是应收账款的账面价值，其与“应收账款”账户（或科目）余额是不同的。

［例3-2］2×19年年末资料见例3-1，补充资料为：2×20年年末，A公司对B公司应收账款余额增至2 500万元；两公司不存在其他应付账款。双方两年中均按5%的比例计提坏账准备，其他因素略。

分析：

（1）根据上述资料，在2×19年年末两个公司的个别资产负债表里，“应收账款”项目的报告价值分别为1 900万元、950万元；2×20年年末两个公司的个别资产负债表里，“应收账款”项目的报告价值分别为2 375万元、950万元。

（2）A公司2×19年年末编制合并财务报表时的有关会计处理如下（金额单位

为万元)：

首先，应抵销对子公司的应收债权余额：

借：应付账款　　2 000

　贷：应收账款　　2 000

其次，应将按内部应收账款余额2 000万元计提的坏账准备以及确认的资产减值损失抵销：

借：应收账款　　100

　贷：资产减值损失　　100

将上述资料涉及的报表项目和抵销处理过程放入合并财务报表工作底稿，见表3-3。

表3-3　**2×19年年末合并财务报表工作底稿（局部）**　单位：万元

项目	个别财务报表		合计数	抵销分录		合并数
	母公司	子公司		借	贷	
资产负债表有关项目：						
⋮						
应收账款	1 900	950	2 850	②100	①2 000	950
应付账款	500	2 100	2 600	①2 000		600
⋮						
利润表有关项目：						
⋮						
减：资产减值损失	100	50			②100	-50
⋮						
净利润	-100	-50			100	-50
所有者权益变动表有关项目：						
未分配利润（期初数）	0	0				0
未分配利润（期末数）	-100	-50			100	-50

（3）A公司2×20年年末编制合并财务报表时的有关会计处理如下（金额单位为万元）：

首先，应抵销对子公司的应收债权余额：

借：应付账款　　2 500

　贷：应收账款　　2 500

其次，应将按内部应收账款余额2 500万元计提的坏账准备以及确认的资产减值损失抵销：

借：应收账款　　　125

　贷：资产减值损失　　　25

　　未分配利润（期初数）　　　100

从合并财务报表工作底稿里看上述资料涉及的报表项目和抵销处理过程见表3-4。

表3-4　　**2×20年年末合并财务报表工作底稿（局部）**　　单位：万元

项目	个别财务报表		合计数	抵销分录		合并数
	母公司	子公司		借	贷	
资产负债表有关项目：						
⋮						
应收账款	2 375	950	3 325	②125	①2 500	950
应付账款	0	2 500	2 500	①2 500		0
⋮						
利润表有关项目：						
⋮						
减：资产减值损失	25	0			②25	0
⋮						
净利润	-25	0			25	0
所有者权益变动表有关项目：						
未分配利润（期初数）	-100	-50			②100	-50
未分配利润（期末数）	-125	-50			125	-50

经过上述抵销处理，表3-4中“合并数”栏的“未分配利润（期初数）”与表3-3中“合并数”栏的“未分配利润（期末数）”相等，都是-50万元，就像“个别财务报表”栏“未分配利润”上期的期末数与本期的期初数必然相等（都是-100万元）一样。

> 正如个别财务报表里涉及净利润各项目、利润分配各项目的所有金额，都会最终影响到“未分配利润”项目的金额一样，在合并财务报表工作底稿的“抵销分录”栏目中，涉及净利润各项目、未分配利润（期初数）项目、利润分配各项目的所有抵销分录，最终都会影响到“未分配利润（期末数）”项目。

三、抵销处理的种类

（一）基于报表类别的划分

按与各种合并财务报表的关系进行分类，可以将合并财务报表工作底稿中的抵销处理分为以下4类：

第一类，与合并资产负债表的编制有关的抵销处理；

第二类，与合并利润表的编制有关的抵销处理；

第三类，与合并所有者权益变动表的编制有关的抵销处理；

第四类，与合并现金流量表的编制有关的抵销处理。

但是，在编制合并财务报表时，虽然有的抵销分录仅仅涉及合并资产负债表有关项目（如抵销内部应收账款和应付账款）或仅仅与合并利润表项目有关（如抵销内部资产交易导致的营业收入和营业成本），而有的抵销分录则会同时影响合并资产负债表和合并利润表项目（如抵销按内部应收账款计提的坏账准备），甚至同时涉及资产负债表、利润表以及所有者权益变动表项目，所以，还可按与内部交易的关系分类。

（二）基于内部交易类别的划分

按纳入合并范围的成员企业之间内部交易的类别进行分类，可以将合并财务报表工作底稿中的抵销处理分为以下五大类：

第一类，与内部股权投资有关的抵销处理；

第二类，与内部债权、债务有关的抵销处理；

第三类，与内部存货交易、固定资产交易、无形资产交易等内部资产交易有关的抵销处理；

第四类，与外币报表折算差额有关的抵销处理；

第五类，与内部现金流动有关的抵销处理。

合并日合并资产负债表的编制过程中，一般只涉及第一类抵销处理，而合并日后各期合并资产负债表的编制则涉及第一类至第四类抵销处理。上述第一类至第四类抵销处理，直接或间接服务于合并资产负债表、合并利润表及合并所有者权益变动表的编制；而第五类抵销处理则仅与合并现金流量表的编制有关。

第四节　调整处理原理

一、调整处理的目的

在合并财务报表工作底稿中进行抵销处理之前，需要对个别财务报表有关项目进行调整。

调整处理尽管不是合并财务报表编制流程中的主要工作，但往往是进行抵销处理之前的必要环节，因为有些调整处理能确保在一个可比的数据基础上进行抵销处理（如为统一会计政策、会计期间所作的调整），有的调整处理是出于满足选择的合并理念的要求（如对非同一控制下企业合并取得的子公司，要对子公司可辨认净资产按合并日公允价值为报告基础进行调整），有的调整处理是特定企业合并方法的特定要求（如对同一控制下企业合并取得的子公司，要对子公司合并前留存收益中母公司享有的份额进行调整）。

二、调整处理的种类

合并财务报表编制过程中的调整处理，主要包括以下几类：

（一）为统一会计政策、会计期间所作的调整

正如前面所述，遵循合并财务报表的一体性原则，母公司应当统一子公司所采用的会计政策和会计期间，使子公司采用的会计政策和会计期间与母公司的会计政策和会计期间保持一致。如果子公司的会计期间与母公司不一致，应当按照母公司的会计期间对子公司财务报表进行必要的调整（或者要求子公司按照母公司的会计期间另行编制财务报表）。在母、子公司会计政策一致、会计期间一致的情况下，就不必进行此类调整处理。

［例3-3］B公司是A公司的境外子公司。某报告期末A公司和B公司（折算后）的报告主营业务收入分别为3 000万元、1 000万元，假定B公司采用的会计期间与其母公司的会计期间不同。如果按A公司的会计期间，B公司确定的相关报告期主营业务收入应该为980万元。在A公司编制合并财务报表过程中，就需要在合并财务报表工作底稿中对B公司的营业收入项目进行调整，相关调整分录为：

借：营业收入　　　　200 000

　贷：应收账款等　　　　200 000

如无其他调整或抵销事项，经上述调整后合并利润表中"营业收入"项目的金额为3 980万元（3 000+1 000-20）。

（二）对非同一控制下企业合并取得的子公司，要对子公司可辨认净资产按合并日公允价值为报告基础进行调整

根据实体观的合并理念，子公司各项可辨认净资产在合并财务报表中应以合并日公允价值为基础进行报告。合并日合并财务报表中子公司各项可辨认净资产按合并日公允价值报告，而合并日后每期期末的合并资产负债表中，子公司可辨认净资产的报告价值并不是期末评估的公允价值，而是以合并日公允价值为基础，再结合相关资产、负债报告期内的价值变动，对子公司个别报表账面价值进行调整。这样做的结果，使子公司净资产在合并财务报表中的列报，既保持了各期合并财务报表对子公司净资产报告价值的连续性，又维护了与相关会计准则对各项资产、负债后续计量规范的一致性。

［例3-4］A公司和B公司是非同一控制下企业合并形成的母、子公司。合并日A公司、B公司固定资产的账面价值分别为8 000万元、6 000万元，B公司固定资产的评估公允价值为6 090万元。A公司在编制合并日的合并资产负债表时，就需要在合并财务报表工作底稿中对B公司的固定资产报告价值进行调整，编制如下调

整分录：

借：固定资产 900 000

　贷：资本公积 900 000

经过上述调整之后，合并资产负债表中“固定资产”项目的报告价值为14 090万元（8 000+6 000+90）。

（三）对同一控制下企业合并取得的子公司，要对子公司合并前留存收益中母公司享有的份额进行调整

由于母公司在编制合并财务报表时，已经将母公司对子公司的权益性投资与子公司的股东权益相抵销，而抵销了的子公司合并前留存收益中相当于母公司应享有的部分应当列报在合并股东权益中，所以，还应将这一部分留存收益予以调整，而且相关的调整分录并未影响合并股东权益总额的变动，只是涉及留存收益和（母公司的）资本公积的增减。这一调整实际上是权益结合法基本原理的应用。

（四）将母公司对子公司长期股权投资的成本法结果按权益法进行调整

就母公司对子公司的长期股权投资，从合并财务报表要“消除公司间关系一切痕迹”的理念出发，抵销分录的结果只能有一个：母公司对子公司的“长期股权投资”和“投资收益”等一切受到对子公司股权投资影响的有关报表项目的影响金额均应抵销。既然如此，在成本法基础上进行抵销和调整到权益法之后再进行抵销，都能达到这个结果，只不过抵销分录涉及的具体项目及金额不完全相同而已。从这个意义上来说，工作底稿中将成本法调整为权益法这一调整工作实际上也可以省略。2014年7月1日生效的修订后的《企业会计准则第33号——合并财务报表》中，已经取消了这一调整处理的规定。本书将在第五章的“本章特别关注”中回顾这一调整处理。

本章特别关注 合并财务报表数据生成程序——计算法

与工作底稿法通过在工作底稿中编制调整与抵销分录来整理合并财务报表数据不同，采用计算法就是在母公司和纳入合并范围的子公司的个别财务报表各项目数据加总的基础上，对各项内部投资或交易导致的对个别报表有关项目的影响数，进行加、减计算，得出合并数。

下面我们先用两个简单的例子来说明计算法的原理。

［例1］根据例3-1资料，该集团合并资产负债表中的“应收账款”“应付账款”两个项目的合并数应该计算如下：

“应收账款”项目合并数=2 000+1 000-2 000=1 000（万元）

“应付账款”项目合并数=500+2 100-2 000=600（万元）

即：在依据两个公司的个别资产负债表编制合并资产负债表时，就需要在两个公司应收账款余额合计数3 000万元的基础上将内部应收账款2 000万元减除，以便报告集团整体对外的1 000万元的应收债权金额。

［例2］某企业集团母公司有甲公司和乙公司两个子公司，母公司持有的股权分别80%和70%。取得控制权日，母公司及其子公司的股东权益情况见表1：

表1　**个别财务报表中股东权益情况**　单位：万元

项目	母公司	甲公司	乙公司
股本	9 000	7 000	5 000
资本公积	1 000	0	0
盈余公积	300	0	0
未分配利润	400	0	0
合计	10 700	7 000	5 000

本例中，母子公司之间只有简单的股权投资业务。这种情况下，采用计算法确定合并资产负债表中的股东权益有关项目金额过程如下：

股本=（9 000+7 000+5 000）–（7 000+5 000）=9 000（万元）

资本公积=1 000（万元）

盈余公积=300（万元）

未分配利润=400（万元）

归属于母公司股东的权益=9 000+1 000+300+400=10 700（万元）

少数股东权益=7 000×20%+5 000×30%=2 900（万元）

股东权益合计=10 700+2 900=13 600（万元）

如果［例2］中再补充一个条件：母公司取得甲公司控制权时甲公司可辨认净资产的公允价值为7 100万元，其中超过账面价值的100万元为某项固定资产评估增值。则计算法下合并资产负债表中股东权益的有关项目金额计算如下：

股本=（9 000+7 000+5 000）–（7 000+5 000）=9 000（万元）

资本公积=1 000（万元）

盈余公积=300（万元）

未分配利润=400（万元）

归属于母公司股东的权益=9 000+1 000+300+400=10 700（万元）

少数股东权益=（7 000+100）×20%+5 000×30%=2 920（万元）

股东权益合计=10 700+2 920=13 620（万元）

现在的问题是，怎样归纳合并财务报表每一个项目金额的计算过程？从上述两个例题来看，显然我们需要知道合并财务报表中每个项目反映的内容，才能进行相关计算。以合并资产负债表中的“股本”项目为例，该项目反映母公司的股本金额，子公司股本金额当中归属于母公司股东的部分作为来自于内部权益投资不应包括在对外报告的合并资产负债表的“股本”项目中，而子公司股本金额当中归属于少数股东的部分应在“少数股东权益”项目中单独列报。根据这个理解，我们就可以计算出“股本”项目的金额。再来看“少数股东权益”项目，该项目反映子公司的非控制性权益金额，所以，应该按照子公司报告期末所有者权益与非控制性权益的比例进行计算。但是，如果考虑到子公司报告期末所有者权益金额可能受到其他调整因素和抵消因素的影响，则少数股东权益的计算过程就相对复杂一些。所以，计算法下对每一个项目的计算过程应该怎样进行归纳总结，依赖于我们对以下问题的完整把握和正确理解：

企业集团所有内部交易及其对个别财务报表产生了哪些影响？

在编制合并财务报表时为什么需要将这些影响的痕迹予以消除？怎样消除？

由此可见，编制合并财务报表时如果采用计算法（而不是工作底稿法）实际上就是将在工作底稿法下合并财务报表工作底稿中编制的调整分录和抵消分录，在计算式中进行加减计算，得出合并数。与工作底稿法相比，计算法比较直观，尤其是在集团内部成员企业间交易与业务不多的情况下，计算法更加简便。

值得注意的是，在纳入合并范围的成员企业数目众多、内部投资和内部交易业务较复杂从而对财务报表的项目及金额影响繁杂的情况下，要充分考虑到各种可能的调整或抵销要求，以免有遗漏或失误。

第四章 合并日的合并财务报表

引例 光明乳业：定期报告中对合并日财务信息的披露

光明乳业（股票代码：600597）在2015年合并资产负债表附注中，对当年11月24日完成的两项同一控制下企业合并的合并日财务信息及其他相关信息进行了披露，其中关于合并日相关财务信息的披露如下：

（1）合并当期期初至合并日被合并方的收入、净利润及比较信息（单位：元；币种：人民币）

被并方名称	合并当期期初至合并日被合并方的收入	合并当期期初至合并日被合并方的净利润	比较期间被合并方的收入	比较期间被合并方的净利润
上海鼎健饲料有限公司	216 604 178	5 880 133	222 619 811	1 033 607
上海冠牛经贸有限公司	63 646 369	1 320 819	43 172 040	1 456 064

（2）合并日被合并方资产、负债的账面价值（单位：元；币种：人民币）

	上海鼎健饲料有限公司		上海冠牛经贸有限公司	
	合并日	上期期末	合并日	上期期末
资产：	170 224 753	123 157 651	15 321 027	15 818 081
货币资金	1 279 892	24 909 453	10 061 085	10 402 380
应收款项	63 370 491	12 223 818	5 033 500	2 353 419
其他应收款	17 945 751	2 316 734	208 363	208 362
预付款项		44 800		2 000 000
存货	66 281 798	43 949 695		
其他流动资产				836 657
固定资产	20 271 433	39 365 726	18 079	17 263
在建工程	749 553			
长期待摊费用	325 835	347 425		
无形资产				
负债：	157 938 196	116 751 228	11 088 021	11 878 487

续表

	上海鼎健饲料有限公司		上海冠牛经贸有限公司	
	合并日	上期期末	合并日	上期期末
应付账款	69 069 374	21 770 975	-132 467	659 381
预收账款	175 391	301 989		
应付职工薪酬	12 191	598 248	157 217	200 000
应交税费	576 505	1 370 462	-417 238	565 968
其他应付款	72 535 592	76 266 997	11 480 509	10 453 138
递延收益	15 569 143	16 442 557		
净资产	12 286 557	6 406 423	4 233 006	3 939 594
减：少数股东权益				
取得的净资产	12 286 557	6 406 423	4 233 006	3 939 594

以上是光明乳业在年度报告中披露的合并日被合并方财务信息。那么，这些信息是怎么来的？为什么要披露合并当期期初至合并日的被合并方收入、净利润等利润表有关信息？为什么还要披露比较期间的相关信息？为什么合并日被合并方与资产负债表有关的信息中只披露了相关资产、负债信息而并没有所有者权益信息？非同一控制下企业合并时合并日又应该披露哪些财务信息？合并财务报表中关于合并日的财务信息又是怎样生成的呢？上市公司的合并日合并财务报表是否需要对外呈报？

接下来本章将就合并日合并财务报表信息的提炼程序及披露方式进行阐述。

第一节 非同一控制下企业合并的合并日合并资产负债表

一、对子公司净资产报告价值的调整处理

非同一控制下企业控股合并的合并日，控股合并方即母公司只需编制合并资产负债表。

根据现行合并财务报表准则，合并资产负债表中子公司可辨认净资产应以合并日公允价值为基础进行报告，所以，在合并日合并财务报表工作底稿中，就有必要进行相关的调整处理，以便将子公司可辨认资产、负债的账面价值调整为公允价值。

（一）基本的调整处理

为了在合并日的合并资产负债表中对子公司的各项可辨认资产、负债按合并日

的公允价值进行列报，需要编制如下调整分录：

借：固定资产等* ［按合并日公允价值超过账面价值的差额］ A

　贷：资本公积**

*资产项目公允价值低于账面价值则调整方向相反，负债项目的调整与资产项目的调整方向相反。

**需要减记资本公积时，以子公司资本溢价为最高限，不足冲减部分，依次冲减盈余公积、未分配利润项目。

下面举例予以说明。

［例4-1］A、B两个企业合并前资料见表4-1。

表4-1 **合并前资料** 单位：万元

会计要素	合并前	
	A	B
流动资产	800	200
固定资产	1 300	700
长期股权投资	0	0
负债	600	400
所有者权益	1 500	500
其中：股本	1 000	500
资本公积（股本溢价）	300	0
盈余公积	100	0
未分配利润	100	0

其他资料为：

（1）A公司通过支付给B公司股东620万元，取得B企业100%股权。

（2）B公司合并日的固定资产项目公允价值比账面价值高5万元，导致账面价值为700万元的资产的公允价值为705万元，负债的公允价值等于账面价值。

（3）假定企业所得税税率为25%。

A企业合并日有关会计处理如下（金额单位为万元）：

（1）确认企业合并的账务处理：

借：长期股权投资 620

　贷：银行存款 620

（2）开设合并财务报表工作底稿，抄入个别资产负债表数字，见表4-2。

（3）在合并财务报表工作底稿中编制如下调整分录：

借：固定资产 5

　贷：资本公积 5

加入调整分录之后的合并财务报表工作底稿（局部）见表4-3。

表4-2 合并日合并财务报表工作底稿（局部） 单位：万元

项　目	个别财务报表		调整分录		抵销分录		合并数
	母公司（A）	子公司（B）	借	贷	借	贷	
流动资产	180*	200					
固定资产	1300	700					
长期股权投资	620*	0					
负债	600	400					
股本	1 000	500					
资本公积	300	0					
盈余公积	100	0					
未分配利润	100	0					

*A企业对B企业进行长期股权投资后，相关项目余额发生变化。

表4-3 合并日合并财务报表工作底稿（局部） 单位：万元

项　目	个别财务报表		调整分录		抵销分录		合并数
	母公司（A）	子公司（B）	借	贷	借	贷	
流动资产	180*	200					
固定资产	1 300	700	5				
长期股权投资	620*	0					
负债	600	400					
股本	1 000	500					
资本公积	300	0		5			
盈余公积	100	0					
未分配利润	100	0					

经过上述调整之后，子公司固定资产在合并资产负债表中的报告价值将由其账面价值700万元调整至705万元，股东权益调整至505万元。

（二）考虑到递延所得税的调整处理

上述调整分录使得子公司有关资产、负债按合并日公允价值作为合并财务报表中的报告价值，而从合并财务报表角度看，相关资产、负债的计税基础并未改变，这就导致被调整项目出现了暂时性差异。这时，在合并财务报表中还应调整与之相关的递延所得税。

有关调整分录为：

借：资本公积

　贷：递延所得税负债　　［相关资产合并日公允价值超过账面价值的差额×所得税税率］

资产项目公允价值低于账面价值则调整递延所得税资产，负债项目的调整与资产项目的调整方向相反。

综上所述，将以上两个调整分录合并，则合并日合并财务报表中对子公司有关资产项目按公允价值进行调整的有关调整分录为：

借：固定资产等　　［合并日公允价值超过账面价值的差额］　　A

　贷：资本公积　　［A−B］

　　递延所得税负债　　［A×所得税税率］　　B

仍用上例，则在合并财务报表工作底稿中编制如下调整分录：

借：固定资产　　50 000

　贷：资本公积　　37 500

　　递延所得税负债　　12 500

加入考虑到递延所得税的调整分录之后，合并财务报表工作底稿（局部）见表4−4。

表4−4　**合并日合并财务报表工作底稿（局部）**　单位：万元

项　目	个别财务报表		调整分录		抵销分录		合并数
	母公司（A）	子公司（B）	借	贷	借	贷	
流动资产	180	200					
固定资产	1 300	700	5				
长期股权投资	620	0					
负债	600	400		1.25			
股本	1 000	500					
资本公积	300	0		3.75			
盈余公积	100	0					
未分配利润	100	0					

经过上述调整之后，子公司固定资产在合并资产负债表中的报告价值将由其账面价值700万元调整至705万元，但负债调增了1.25万元，从而股东权益则调整至503.75万元。

二、抵销内部股权投资，确认少数股东权益

在合并日合并资产负债表的编制中，相关的抵销处理一般只有一项，那就是：

将母公司对子公司的股权投资与子公司的股东权益相抵销。这里首先要注意以下几个问题：

第一，这里的“长期股权投资”金额是投资时按合并成本进行初始计量的，这里的子公司股东权益金额在经过上述调整之后反映合并日的公允价值。

第二，之所以要将母公司对子公司的长期股权投资予以抵销，是因为合并财务报表中的“长期股权投资”项目应该反映企业集团整体对外的长期股权投资，而母公司对子公司的股权投资属于对内投资，所以应该抵销。

第三，之所以要对子公司的股本等股东权益进行抵销，是因为合并财务报表中的“股本”项目应该反映母公司来自于母、子公司以外主体的投资。所以，在子公司为母公司全资子公司的情况下，子公司的股本来自于母公司的投资；而当子公司为母公司的非全资子公司时，即存在非控制性权益的情况下，要将子公司股东权益中归属于非控制性权益的部分，确认为“少数股东权益”。

> 这一抵销处理实际上可以分解成两个部分：一是将母公司对子公司的股权投资与子公司股东权益中归属于母公司股东的部分予以抵销；二是将子公司股东权益中归属于非控制性权益持有者的部分确认为少数股东权益。

第四，在将母公司对子公司的长期股权投资与子公司的股东权益中归属于母公司的部分进行抵销时，如果两者之间出现差额，则需要确认为商誉或计入当期损益（记入“营业外收入”项目）。

综上所述，合并日合并方与合并资产负债表有关的抵销分录为：

借：股本 资本公积 其他综合收益 盈余公积 未分配利润	[合并日子公司净资产公允价值]	A
商誉	[B大于A×母公司持股比例的差额]	D1
贷：长期股权投资	[母公司对该子公司长期股权投资报告价值]	B
少数股东权益	[A×少数股东持股比例]	C
营业外收入	[B小于A×母公司持股比例的差额]	D2

下面举例予以说明。

[例4-2] 资料见例4-1。根据表4-4，子公司经调整后的股东权益为503.75万元。

则合并日将母公司对子公司的股权投资与子公司的股东权益相抵销的抵销分录为（金额单位为万元）：

借：股本	500
资本公积	3.75
商誉（620-503.75）	116.25

贷：长期股权投资　　620

加入抵销分录之后的合并财务报表工作底稿（局部）见表4-5。

表4-5　**合并日合并财务报表工作底稿（局部）**　单位：万元

项　目	个别财务报表		调整分录		抵销分录		合并数
	母公司（A）	子公司（B）	借	贷	借	贷	
流动资产	180	200					380
固定资产	1 300	700	5				2 005
长期股权投资	620	0				620	0
商誉	0	0			116.25		116.25
负债	600	400		1.25			1 001.25
股本	1 000	500			500		1 000
资本公积	300	0		3.75	3.75		300
盈余公积	100	0					100
未分配利润	100	0					100

100%控股合并情况下合并日合并资产负债表各项目的合并数与吸收合并情况下合并日合并方个别资产负债表各项目报告价值是一致的。这一点有助于我们进一步理解合并财务报表的“一体性原则”。

以［例4-2］为例，如果这是一项吸收合并交易，B企业注销其资产、负债、股东权益账面价值，A企业则进行如下账务处理：

借：流动资产　　2 000 000

　　固定资产　　7 050 000

　　商誉　　1 162 500

　贷：负债　　4 000 000

　　　银行存款　　6 200 000

　　　递延所得税负债　　12 500

至此，A企业吸收合并B企业后，合并主体的财务状况如下：

流动资产=800-620+200=380（万元）

固定资产=1 300+705=2 005（万元）

长期股权投资=0

商誉=116.25（万元）

负债=600+400+1.25=1 001.25（万元）

股本=1 000（万元）

资本公积=300（万元）

盈余公积=200（万元）

未分配利润=100（万元）

以上各项目金额恰恰与表4-5中各项目的合并数相等。

［例4-3］资料见例4-2，假定A企业此项投资取得B企业80%的股份，其他资料不变。

则合并日将母公司对子公司的股权投资与子公司的股东权益相抵销的抵销分录为（金额单位为万元）：

借：股本　500

　　资本公积　5

　　商誉（620-505×80%）　216

　贷：长期股权投资　620

　　　少数股东权益（505×20%）　101

加入抵销分录之后的合并财务报表工作底稿（局部）见表4-6。

表4-6　**合并日合并财务报表工作底稿（局部）**　单位：万元

项　目	个别财务报表		调整分录		抵销分录		合并数
	母公司（A）	子公司（B）	借	贷	借	贷	
流动资产	180	200					380
固定资产	1300	700	5				2 005
长期股权投资	620	0				620	0
商誉	0	0			216		216
负债	600	400					1 000
股本	1 000	500			500		1 000
资本公积	300	0		5	5		300
盈余公积	100	0					100
未分配利润	100	0					100
归属于母公司所有者权益	—	—					1 500
少数股东权益	—	—				101	101
所有者权益合计	1500	500		5*	505*	101*	1 601

*相关项目在调整与抵销处理中的累计影响。

［例4-4］资料见例4-3，假定A企业支付的对价为400万元，其他资料不变。

则合并日将母公司对子公司的股权投资与子公司的股东权益相抵销的抵销分录为（金额单位为万元）：

借：股本　500

　　资本公积　5

贷：长期股权投资　　400

　　少数股东权益（505×20%）　　101

　　未分配利润*（505×80%-400）　　4

*母公司合并成本低于取得的子公司可辨认净资产公允价值中母公司享有份额的差额本来应该计入“营业外收入”项目，但是由于合并日不编制合并利润表，所以直接将该差额计入“未分配利润”项目。

加入抵销分录之后的合并财务报表工作底稿（局部）见表4-7。

表4-7　**合并日合并财务报表工作底稿（局部）**　单位：万元

项　目	个别财务报表		调整分录		抵销分录		合并数
	母公司（A）	子公司（B）	借	贷	借	贷	
流动资产	400	200					600
固定资产	1 300	700	5				2 005
长期股权投资	400	0				400	0
商誉	0	0					0
负债	600	400					1 000
股本	1 000	500			500		1 000
资本公积	300	0		5	5		300
盈余公积	100	0					100
未分配利润	100	0				4	104
归属于母公司所有者权益	—	—					1 504
少数股东权益	—	—				101	101
所有者权益合计	1 500	500		5	505	105	1 605

将表4-7中“合并数”一栏的数据抄到合并资产负债表里，见表4-8。

表4-8　**A集团合并日 合并资产负债表（简示）**　单位：万元

资产	上年年末余额（略）	期末余额	负债和所有者权益（或股东权益）	上年年末余额（略）	期末余额
流动资产：			流动负债：		
……		……	……		……
流动资产合计		600	流动负债合计		……
非流动资产：			非流动负债：		

续表

资产	上年年末余额（略）	期末余额	负债和所有者权益（或股东权益）	上年年末余额（略）	期末余额
固定资产		2 005	……		……
长期股权投资		0	非流动负债合计		……
			负债合计		1 000
……			所有者权益（或股东权益）：		
……			股本		1 000
……			资本公积		300
……			减：库存股		0
……			其他综合收益		0
……			盈余公积		100
……			未分配利润		104
……			归属于母公司所有者权益合计		1 504
……			少数股东权益		101
非流动资产合计		2 005	所有者权益合计		1 605
资产总计		2 605	负债和所有者权益（或股东权益）总计		2 605

第二节 同一控制下企业合并的合并日合并财务报表

一、与合并资产负债表项目有关的抵销与调整处理

（一）将母公司对子公司的股权投资与子公司的股东权益相抵销，并确认少数股东权益

同一控制下企业合并的合并日，合并方编制的合并资产负债表与非同一控制下企业合并的合并日合并资产负债表相比，既不会涉及对子公司可辨认资产、负债由账面价值调整至公允价值的调整处理，也不会涉及合并商誉的确认与计量，所以，只需将母公司对子公司的长期股权投资与子公司的股东权益相抵销并确认少数股东权益即可，有关抵销分录如下：

借：股本
　　资本公积
　　其他综合收益　　［合并日子公司净资产公允价值］　　A
　　盈余公积
　　未分配利润
　贷：长期股权投资　　［母公司对该子公司长期股权投资报告价值］　　B
　　　少数股东权益　　［A×少数股东持股比例］　　C

下面举例予以说明。

［例4-5］资料见例4-1。

A企业合并日有关会计处理如下（金额单位为万元）：

（1）确认企业合并的账务处理：

借：长期股权投资　　500
　　资本公积　　120
　贷：银行存款　　620

（2）在合并财务报表工作底稿中编制有关抵销分录为：

借：股本　　500
　贷：长期股权投资　　500

合并日合并财务报表工作底稿（局部）见表4-9。

表4-9　　**合并日合并财务报表工作底稿（局部）**　　单位：万元

项　目	个别财务报表		调整分录		抵销分录		合并数
	母公司（A）	子公司（B）	借	贷	借	贷	
流动资产	180	200					380
固定资产	1 300	700					2 000
长期股权投资	500	0				500	0
商誉	0	0					0
负债	600	400					1 000
股本	1 000	500			500		1 000
资本公积	180	0					180
盈余公积	100	0					100
未分配利润	100	0					100
归属于母公司所有者权益	—	—					1 380
少数股东权益	—	—					0
所有者权益合计	1 380	500			500		1 380

［例4-6］资料见例4-5，假定A企业在此项控股合并交易中只取得B企业80%的股份，其他资料不变。

A企业合并日有关会计处理如下（金额单位为万元）：

（1）确认企业合并的账务处理：

借：长期股权投资　400

　　资本公积　220

　贷：银行存款　620

（2）在合并财务报表工作底稿中编制有关抵销分录为：

借：股本　500

　贷：长期股权投资　400

　　　少数股东权益　100

合并日合并财务报表工作底稿（局部）见表4-10。

表4-10　**合并日合并财务报表工作底稿（局部）**　单位：万元

项　目	个别财务报表		调整分录		抵销分录		合并数
	母公司（A）	子公司（B）	借	贷	借	贷	
流动资产	180	200					380
固定资产	1 300	700					2 000
长期股权投资	400	0				400	0
商誉	0	0					0
负债	600	400					1 000
股本	1 000	500			500		1 000
资本公积	80	0					80
盈余公积	100	0					100
未分配利润	100	0					100
归属于母公司所有者权益	—	—					1 280
少数股东权益	—	—				100	100
所有者权益合计	1 280	500			500	100	1 380

（二）对子公司留存收益的调整处理

同一控制下企业合并的合并日，在编制合并资产负债表时，随着将母公司对子公司股权投资与子公司股东权益的抵销处理，子公司的股东权益各项目已被全额抵销。根据权益结合法的基本原理，合并资产负债表中的留存收益中应包括母公司在子公司合并前留存收益中应享有的部分，所以，应编制如下调整分录：

借：资本公积*

　贷：盈余公积　　　　　　[子公司合并前账面价值中母公司应享有部分]

　　　未分配利润　　　　　[子公司合并前账面价值中母公司应享有部分]

*以母公司资本溢价余额为最高限，不足部分依次调减盈余公积、未分配利润。

下面举例予以说明。

[例4-7] 资料见例4-6，假定B企业合并前股东权益500万元中股本350万元、未分配利润150万元，其他资料不变。

则A企业在编制合并日合并资产负债表时（金额单位为万元）：

（1）将母公司对子公司的股权投资与子公司股东权益相抵销并确认少数股东权益：

借：股本　350

　　未分配利润　150

　贷：长期股权投资　400

　　　少数股东权益　100

（2）将子公司合并前未分配利润中母公司应享有部分予以调整：

借：资本公积　80

　　盈余公积　40

　贷：未分配利润　120

合并日合并财务报表工作底稿（局部）见表4-11。

表4-11　**合并日合并财务报表工作底稿（局部）**　单位：万元

项　目	个别财务报表		调整分录		抵销分录		合并数
	母公司（A）	子公司（B）	借	贷	借	贷	
流动资产	180	200					380
固定资产	1 300	700					2 000
长期股权投资	400	0				①400	0
商誉	0	0					0
负债	600	400					1 000
股本	1 000	350			①350		1 000
资本公积	80	0			②80		0
盈余公积	100	0			②40		60
未分配利润	100	150			①150	②120	220
归属于母公司所有者权益	—	—					1 280
少数股东权益	—	—				①100	100
所有者权益合计	1 280	500			620	220	1 380

将表4-11中“合并数”一栏的数据抄到合并资产负债表中，见表4-12。

表4-12 A集团合并日合并资产负债表（简示） 单位：万元

资产	上年年末余额（略）	期末余额	负债和所有者权益（或股东权益）	上年年末余额（略）	期末余额
流动资产：			流动负债：		
……		……	……		……
流动资产合计		380	流动负债合计		……
非流动资产：			非流动负债：		
固定资产		2 000	……		……
长期股权投资		0	非流动负债合计		……
			负债合计		1 000
……			所有者权益（或股东权益）：		
……			股本		1 000
……			资本公积		0
……			减：库存股		0
……			其他综合收益		0
……			盈余公积		60
……			未分配利润		220
……			归属于母公司所有者权益合计		1 280
……			少数股东权益		100
非流动资产合计		2 000	所有者权益（或股东权益）合计		1 380
资产总计		2 380	负债和所有者权益（或股东权益）总计		2 380

二、与其他合并财务报表信息有关的处理

在非期初合并的情况下，母公司在合并日还要编制期初至合并日的合并利润表、合并现金流量表，因为同一控制下企业合并采用的是权益结合法，而权益结合法因参与合并各方在合并前就同属一个最终控制方，而将其视为属同一经济整体。

与合并资产负债表不同，合并利润表、合并现金流量表是两张动态合并财务报表，编制过程中需要将合并双方从期初至合并日的内部投资及其他内部交易对个别

财务报表的影响数一一予以抵销，具体抵销原理及方法可参见后面各章的内容。

值得一提的是，合并日合并利润表中要将被合并方期初至合并日的收入、费用、利润纳入合并日合并利润表。

综上所述，通过编制合并日合并财务报表，我们可以了解合并日合并财务信息的梳理过程。毫无疑问，合并日企业集团的合并财务信息对母公司和企业集团有关管理部门把握合并日企业集团整体财务状况、加强对企业集团的运营管理和发展预期，都有十分重要的意义。作为上市公司的母公司，还要在其定期报告中披露报告期内合并日的相关企业合并信息，以满足外部使用者的信息需求，正如本章“引例”所呈现的。

引例跟踪

回顾本章开头呈现的光明乳业年报摘编信息，可以发现：

（1）作为上市公司，光明乳业2015年11月24日完成的两项控股合并，其对外披露的相关财务信息是通过2015年度报告中合并财务报表附注进行披露的。

（2）对于同一控制下的企业合并，不仅需要披露被合并方在合并日的资产、负债金额，还要披露报告期初至合并日的收入、净利润金额以及相关的比较信息。

（3）被并方作为公司的全资子公司，其所有者权益应与投资方的股权投资抵销，所以，合并财务报表附注中不再体现合并日子公司的所有者权益项目内容。

本章特别关注　　下推会计

根据现行的企业合并会计准则，当一家公司购买另一家公司时，购买方对取得的被购买方可辨认净资产在其个别财务报表（吸收合并或新设合并的情况下）或合并财务报表（控股合并的情况下）中，是按相关资产、负债在购买日的公允价值为基础进行报告的；被购买方在其个别财务报表中仍按账面价值进行报告，并未根据购买日的公允价值进行调整，即并未改变其对可辨认净资产的计价基础。这就要求购买方每年编制合并财务报表时都要借助合并财务报表工作底稿对被购买方可辨认净资产的价值进行调整和对商誉进行确认。

如果采用“下推会计”，则将简化合并财务报表的这一编制程序。

根据1979年10月美国注册会计师协会（AICPA）发布的建议在购买法下运用“下推会计”编制合并财务报表的相关文献，“下推会计”（push-down accounting）是指“会计主体在其各自的财务报表中，根据购买该主体有表决权股份的交易，重新确立会计和报告基础。这一交易将导致该主体的发行在外有表决权股份的所有权发生重大变更。”换句话说，“下推会计”主张将合并日母公司取得的子公司净资产按合并日的公允价值重新计量，并将这一重新计量“下推”至子公司的个别财务报表中，使子公司自合并日后有关资产、负债也按合并日公允价值为基础来计量，而不是按原账面价值计量。

美国证券交易委员会（SEC）1983年发布的相关文件中，赞同采用“下推会计”，但规定了限定条件。在第54号《工作人员会计公报》中，SEC允许被并购的子公司向SEC报送的个别财务报表中采用“下推会计”按代表母公司投资成本的公允价值反映其资产、负债，但仅限于子公司的有表决权股份几乎全部为母公司所控制（控股比例达到97%以上）、且没有大量外发的债券或优先股的情况下。

以［例4-2］的资料为例。采用“下推会计”的情况下子公司有关账务处理思路和母公司合并财务报表工作底稿的编制过程如下（金额单位为万元）：

子公司根据母公司投资成本确定的公司总价值620万元（620÷100%）与账面价值500万元之差120万元进行下推处理：

借：固定资产　5

　　商誉［620÷100%-（500+5）］　115

　贷：资本公积等（5+115）　120

母公司在合并财务报表工作底稿中只需编制如下抵销分录：

借：股本　500

　　资本公积　120

　贷：长期股权投资　620

合并日合并财务报表工作底稿（局部）有关数据见表1：

表1　**合并日合并财务报表工作底稿（局部）**　单位：万元

项目	个别财务报表		调整分录		抵销分录		合并数
	母公司（A）	子公司（B）	借	贷	借	贷	
流动资产	180	200					380
固定资产	1 300	705					2 005
长期股权投资	620	0				620	0
商誉	0	115					115
负债	600	400					1 000
股本	1 000	500			500		1 000
资本公积	300	120			120		300
盈余公积	100	0					100
未分配利润	100	0					100

将上表与表4-6进行比较，可见两个表格中的“合并数”结果是一致的。

如果以［例4-3］的资料为例，则采用“下推会计”情况下子公司有关账务处理思路和母公司合并财务报表工作底稿的编制过程如下（金额单位为万元）：

（1）母公司观下：

①子公司80%的可辨认净资产需要重新计价，所以，对子公司80%的净资产根据母公司投资成本超过账面价值的差额220万元（620-500×80%）进行下推处理：

借：固定资产　4
　　商誉［620-（500+5）×80%］　216
　贷：资本公积（4+216）　220

②母公司在合并财务报表工作底稿中只需编制如下抵销分录：

借：股本　500
　　资本公积　220
　贷：长期股权投资　620
　　　少数股东权益　100

（2）实体观（全部商誉法）下：

①子公司100%的可辨认净资产需要重新计价，根据母公司投资成本确定的公司总价值775万元（620÷80%）与账面价值500万元之差275万元进行下推处理：

借：固定资产　5
　　商誉（620÷80%-（500+5））　270
　贷：资本公积（5+270）　275

②母公司在合并财务报表工作底稿中只需编制如下抵销分录：

借：股本　500
　　资本公积　275
　贷：长期股权投资　620
　　　少数股东权益（775×20%）　155

（3）实体观（部分商誉法）下：

①子公司100%的可辨认净资产需要重新计价，根据母公司投资成本确定的不包括少数股东享有的商誉在内的公司总价值721万元（620÷80%-270×20%）与账面价值500万元之差221万元进行下推处理：

借：固定资产　5
　　商誉（620-505×80%）　216
　贷：资本公积（5+216）　221

②母公司在合并财务报表工作底稿中只需编制如下抵销分录：

借：股本　500
　　资本公积　221
　贷：长期股权投资　620
　　　少数股东权益（505×20%）　101

如将上述三种情况下的处理结果进行梳理，则合并财务报表有关项目的金额比较见表2：

表2 三种情况下合并日合并财务报表有关项目金额 单位：万元

项目	母公司观	实体观（全部商誉法）	实体观（部分商誉法）
子公司净资产报告价值	504=500+4	505=500+5	505=500+5
合并商誉	216 =620−505×80%	270=620÷80%−505	216=620−505×80%
少数股东权益	100=500×20%	155=620÷80%×20%	101=505×20%

值得一提的是，“下推会计”目前并未纳入我国相关会计准则。

资料来源

[1] 常勋．财务会计四大难题［M］．3版．上海：立信会计出版社，2006：279.

[2] 中国注册会计师教育教材编审委员会．高级财务会计［M］．大连：东北财经大学出版社，1996：74-79.

第二篇

合并日后合并财务报表的编制（上）

第五章　与内部权益性投资有关的处理

引例　宝钢股份：合并财务报表与个别财务报表中权益信息的比较

在宝钢股份2014年年度报告中，从宝钢股份合并资产负债表、合并利润表、合并所有者权益变动表中，我们可以清楚地看到企业集团的股东权益、净利润、利润分配情况；而从宝钢股份作为该集团的母公司的个别资产负债表、利润表、所有者权益变动表中，也可以清楚地了解该母公司的股东权益情况、净利润情况以及利润分配情况。下面，将宝钢股份2014年年报中与合并财务报表、集团内母公司个别财务报表相关的部分信息摘编如下：

1. 资产负债表中的“股东权益”有关信息（单位：亿元；币种：人民币）

	项　目	金额
合并资产负债表	股本	164.71026
	资本公积	332.53946
	减：库存股	0.89287
	其他综合收益	-10.04817
	专项储备	0.10041
	盈余公积	258.51173
	未分配利润	397.65842
	归属于母公司所有者权益合计	1 142.57923
	少数股东权益	99.46903
	股东权益合计	1 242.04826
母公司资产负债表	股本	164.71026
	资本公积	327.59854
	减：库存股	0.89287
	其他综合收益	-1.02586
	盈余公积	258.51173
	未分配利润	342.16028
	股东权益合计	1 091.06208

2. 利润表中“净利润”有关信息（单位：亿元；币种：人民币）

	项目	金额
合并利润表	净利润	60.9
	其中：归属于母公司所有者的净利润	57.92
	少数股东损益	2.98
母公司利润表	净利润	67.12

3. 所有者权益变动表中“对所有者（或股东）的分配”信息（单位：亿元；币种：人民币）

	项目	金额
合并所有者权益变动表	对所有者（或股东）的分配	17.94
	其中：归属于母公司所有者权益	16.47
	少数股东权益	1.47
母公司所有者权益变动表	对所有者（或股东）的分配	16.47

仔细阅读上面的资料，我们不禁会问：①在合并资产负债表与母公司个别资产负债表中，“股本”项目的金额是一致的，为什么？②“减：库存股”项目的金额也相同，这难道是巧合吗？③合并资产负债表的“未分配利润”项目的金额意味着什么？④合并利润表中60.9亿元的“净利润”反映什么内容？⑤母公司个别利润表中的当年净利润为什么与合并利润表中“归属于母公司所有者的净利润”不相等？⑥合并财务报表中为什么不包含子公司向母公司分配利润的金额？尤其重要的是，这些项目的合并数都是怎么计算的？

正如股东权益、利润、利润分配会与股权投资有关一样，上述这些问题，主要与企业集团内部的权益性投资在合并财务报表编制过程中的处理有关，当然也跟集团内部资产交易等业务后面有关章节的内容有关。本章将对合并日后合并财务报表编制过程中关于内部权益性投资的处理问题进行专门介绍，而相关内容的学习将直接回答上述①、⑤和⑥问题，并有助于我们结合随后几章的学习深入理解其他几个问题。

第一节　内部权益性投资涉及的财务报表项目

合并日后各期末纳入合并范围的成员企业之间的内部权益性投资，包括母公司对子公司的权益性投资，也包括子公司对母公司或子公司之间的权益性投资；投资方的权益性投资包括确认为长期股权投资的，也包括确认为以公允价值计量的金融资产的。为了从基本原理出发梳理清楚有关的抵销处理，我们此处先以母公司对子公司的长期股权投资为阐述重点。

一、个别财务报表中受长期股权投资业务影响的项目

与合并日母公司对子公司进行长期股权投资处理不同，随着投资方确认投资收益以及被投资方向投资方分配股利，这种内部股权投资导致母公司个别财务报表中的长期股权投资、投资收益以及子公司个别财务报表中的股本、资本公积、未分配利润等项目发生变动。

［例5-1］A企业2×19年年初出资4 500万元向B企业的原股东购买B企业100%控股权，当时B企业的所有者权益账面价值是4 500万元，其中股本4 000万元，资本溢价500万元；可辨认净资产账面价值等于公允价值。投资当年，B企业实现净利润300万元，向股东分派现金股利100万元。从个别财务报表看，此项业务都影响哪些项目？

表5-1列示了投资方和被投资方与此项业务相关的账务处理。

表5-1　　投资方和被投资方相关账务处理　　单位：万元

	A企业	B企业
A向B原股东购买B控股权	借：长期股权投资　4 500 　贷：银行存款　4 500	借：银行存款　4 500 　贷：股本　4 000 　　资本公积（资本溢价）　500
B宣派现金股利	借：应收股利　100 　贷：投资收益　100	借：利润分配　100 　贷：应付股利　100

根据表5-1，此项股权投资业务对长期股权投资、投资收益、股本、资本公积、未分配利润以及应收股利、应付股利等个别财务报表项目产生了影响。从集团整体角度看，内部股权投资业务的确认与计量对投资双方个别财务报表数据产生的影响，在编制合并财务报表时应予以“消除”。

由此可见，与内部股权投资有关的抵销处理将主要涉及合并财务报表中的长期股权投资项目和所有者权益类项目。

二、合并财务报表中与内部长期股权投资有关的项目

（一）与合并资产负债表有关的项目

（1）“长期股权投资”项目反映纳入合并范围成员企业对集团以外主体的长期股权投资价值。

（2）“股本”项目反映母公司的股本金额。

（3）“资本公积”“其他综合收益”项目反映母公司的资本公积、其他综合收益

与子公司自合并日后资本公积、其他综合收益变动额中归属于母公司所有者的部分之和。

（4）“盈余公积”项目反映母公司报告期末的盈余公积余额[①]。

（5）“未分配利润”项目反映母公司的未分配利润（剔除了内部投资收益和内部其他交易对利润的影响）与子公司自合并日后实现的净利润中归属于母公司所有者的部分之和。

（6）“归属于母公司所有者权益”项目等于“股本”“资本公积”“其他综合收益”“盈余公积”“未分配利润”项目的金额合计。

（7）“少数股东权益”项目反映报告期末子公司所有者权益中（按合并日公允价值为基础进行调整之后的价值）归属于少数股东的部分，所以，子公司的“股本”“资本公积”“其他综合收益”“盈余公积”“未分配利润”各项目中归属于少数股东的部分，集中反映在该项目里。

根据上述分析，在编制合并财务报表时，就要将母公司取得子公司控股权时的子公司所有者权益中归属于母公司所有者的部分与母公司对子公司的长期股权投资抵销，合并日后子公司“资本公积”“其他综合收益”等所有者权益增加额中归属于母公司所有者的部分仍分别反映在相关项目中，将子公司报告期末所有者权益中归属于少数股权的部分单独确认为“少数股东权益”。

（二）与合并利润表、合并所有者权益变动表有关的项目

（1）“投资收益”项目反映纳入合并范围成员企业来自于集团以外主体的投资收益。

（2）“净利润”项目反映纳入合并范围成员企业报告期内实现的净利润（剔除内部投资及其他内部交易对利润的影响）。

（3）“归属于母公司股东的净利润”“少数股东损益”这两个项目分别反映合并净利润按所有权归属划分的归属于母公司所有者的净利润和归属于少数股东的净利润。

（4）“提取盈余公积”“对所有者（或股东）的分配”等合并所有者权益变动表中的利润分配各项目，分别反映报告期内母公司的利润分配情况以及子公司向少数股东分配的情况。

根据上述分析，在编制合并财务报表时，一方面需将母公司来自于子公司的投资收益与子公司对母公司的利润分配抵销；另一方面还需将子公司净利润中归属于少数股权的部分确认为“少数股东损益”，并将子公司实现净利润以及子公司对少数股东分配利润等因素对少数股东权益的影响通过有关抵销分录予以确认。

---

① 子公司盈余公积余额中归属于母公司所有者的部分，应在合并资产负债表的附注中予以说明。

引例跟踪

回顾“引例”，宝钢股份2014年合并资产负债表股东权益部分的“股本”“盈余公积”等项目，只反映母公司报告期末的股本金额（164.71026亿元）、盈余公积金额（258.51173亿元）；合并利润表中，少数股东享有的子公司净利润2.98亿元被确认为“少数股东损益”；合并所有者权益变动表中的“对所有者（或股东）的分配”项目，分别列报母公司对其所有者的利润分配（16.47亿元，与母公司个别财务报表中的利润分配情况一致）、子公司对其少数股东的利润分配（1.47亿元）。

接下来，我们就来看看期末编制合并财务报表过程中与内部权益性投资有关的合并处理。

第二节　与母公司对子公司股权投资有关的抵销

一、非同一控制下企业合并的相关抵销

（一）合并后首个报告期末的相关抵销

根据上面的分析，继合并日合并财务报表之后，合并后首个资产负债表日编制合并财务报表时与母公司对子公司长期股权投资有关的抵销处理可以归纳如下：

1.将合并日子公司股东权益（按合并日公允价值为基础进行调整之后）中归属于母公司所有者的部分与母公司对子公司的长期股权投资抵销，并将归属于少数股权的部分确认为少数股东权益：

借：股本
　　资本公积
　　其他综合收益
　　盈余公积
　　未分配利润
　　　　［子公司合并日余额（其中，资本公积按可辨认净资产公允价值调整后*）］　A
　　商誉　　　　［B−A×母公司股权比例］
　贷：长期股权投资　　［母公司对子公司的长期股权投资成本］　B
　　　少数股东权益　　［A×少数股权比例］

*为简化起见，暂时不考虑净资产按公允价值调整后涉及的递延所得税问题。

2.将投资后报告期内母公司来自于子公司的投资收益与子公司对母公司的股利分配抵销：

借：投资收益　　　　［子公司报告期向母公司分配的股利］

贷：对所有者（或股东）的分配　［子公司报告期分配的股利×母公司持股比例］

3.将投资后报告期内子公司对少数股东的股利分配进行抵销，并确认子公司实现净利润及向股东分配利润对少数股权的影响：

借：少数股东损益　［子公司报告期实现的净利润*×少数股权比例］C

贷：对所有者（或股东）的分配　［子公司报告期分配的股利×少数股权比例］　D

少数股东权益　［C−D］

*如果合并日子公司可辨认净资产公允价值与账面价值不相等，则要考虑按公允价值调整因素对合并日后各报告期净利润的影响。

4.将投资后报告期内子公司资本公积、其他综合收益等所有者权益项目增减变动中归属于少数股权的部分确认为少数股东权益：

借：资本公积

其他综合收益

贷：少数股东权益

值得一提的是，子公司报告期内盈余公积的增加对少数股东权益没有影响，因为提取盈余公积业务并未导致子公司所有者权益总额发生变动。

5.将子公司报告期内提取的盈余公积进行抵销：

借：盈余公积　［子公司当期提取数］

贷：提取盈余公积　［子公司当期提取数］

如果将上述五个抵销分录合并，则与母公司对子公司长期股权投资有关的抵销分录为：

借：股本

其他综合收益　［子公司期末余额*］

盈余公积　［子公司期末余额］

资本公积　［子公司期末余额中的一部分**］

未分配利润（期初数）　［子公司合并日余额］

商誉　［母公司合并成本大于合并日子公司可辨认净资产公允价值中母公司拥有份额的差额］

投资收益　［子公司报告期向母公司分配的股利］

少数股东损益　［子公司报告期实现的净利润***×少数股权比例］

贷：长期股权投资　［母公司对子公司的长期股权投资成本］

少数股东权益　［子公司报告期末所有者权益**×少数股权比例］

对所有者（或股东）的分配　［子公司当期分配利润］

提取盈余公积　［子公司当期提取盈余公积］

*不包括子公司自合并日后的其他综合收益变动中相当于母公司股东享有的部分，因其属于归属于母公司所有者权益的部分。

**以合并日可辨认净资产公允价值为基础进行调整之后，剔除子公司自合并日后的其他资本公积变动中相当于母公司股东享有的部分，因其属于归属于母公司所有者权益的部分。

***一方面，应以合并日公允价值为基础进行调整；另一方面，应剔除内部交易未实现损益的影响（具体内容见第七章）。

经过上述抵销处理，合并资产负债表中，“长期股权投资”项目中不再包含母公司对子公司的股权投资；股东权益部分的“股本”“盈余公积”等项目，只反映母公司报告期末的股本、盈余公积余额，“资本公积”“其他综合收益”等项目反映母公司的资本公积、其他综合收益以及子公司资本公积、其他综合收益中归属于母公司所有者的部分。合并利润表中，少数股东享有的子公司净利润部分确认为“少数股东损益”，母公司净利润以及子公司净利润中母公司股东享有的部分构成“归属于母公司股东的净利润”。合并所有者权益变动表中的“对所有者（或股东）的分配”项目，将分别列报母公司对其所有者的利润分配、子公司对其少数股东的利润分配，从而导致“未分配利润”期末数相当于母公司的期末未分配利润与子公司当年净利润当中归属于母公司的部分。

下面分别各种情况举例说明。

［例5-2］没有少数股权；合并时子公司没有未分配利润，没有合并商誉，没有子公司净资产的评估增值或减值；合并日后子公司未分配利润发生变动。

资料见例5-1。另外，合并时母公司所有者权益为6 000万元，其中，股本5 000万元，盈余公积600万元，未分配利润400万元。投资当年母公司实现净利润500万元，提取盈余公积50万元，向股东分配现金股利600万元。相关税费及其他因素略。

2×19年年末编制合并财务报表时，A企业应在合并财务报表工作底稿中编制如下抵销分录（金额单位为万元）：

借：股本	4 000	
资本公积	500	
投资收益	100	
贷：长期股权投资		4 500
对所有者（或股东）的分配		100

根据上述资料编制的合并财务报表工作底稿（局部）见表5-2。

从表格纵向来看，450=700+400 − 50 − 600，本期实现净利润中归属于母公司所有者的部分+归属于母公司所有者的期初未分配利润 − 本期母公司的利润分配数。

将合并财务报表工作底稿中“合并数”一栏的数据抄到相关合并财务报表即可（此处略，以下同）。

表5-2　　**2×19年年末合并财务报表工作底稿（局部）**　　单位：万元

项目	个别财务报表		调整分录		抵销分录		合并数
	母公司（A）	子公司（B）	借	贷	借	贷	
资产负债表有关项目：							
……	……	……					……
长期股权投资	4 500	0				① 4 500	0
商誉	0	0					0
……	……	……					……
股本	5 000	4 000			①4 000		5 000
资本公积	0	500			①500		0
其他综合收益	0	0					0
盈余公积	650	0					650
未分配利润	250	200			100*	100**	450***
归属于母公司所有者权益	—	—					6 100
少数股东权益	—	—					0
所有者权益合计	5 900	4 700			4 600	100	6 100
利润表有关项目：							
……	400	300					700
投资收益	100	0			①100		0
净利润	500	300			100		700
其中：归属于母公司股东的净利润	—	—					700
少数股东损益	—	—					0
所有者权益变动表有关项目：							
未分配利润（期初数）	400						400
减：提取盈余公积	50	0					50
对所有者（或股东）的分配	600	100				①100	600
未分配利润（期末数）	250	200			100*	100**	450***

*抵销“投资收益”带来的影响。

**抵销利润分配部分的“应付普通股股利”所带来的影响。

***从表格横向来看，450=250－100+300，相当于母公司剔除内部股权投资收益的影响之后的未分配利润150万元与子公司自合并后实现净利润中归属于母公司所有者的部分300万元之和。

［例5-3］没有少数股权；合并时子公司没有未分配利润，有合并商誉，有子公司净资产的评估增值或减值；合并日后子公司未分配利润发生变动。暂不考虑递延所得税因素。

资料：A企业2×18年年末出资4 880万元给B企业的原股东取得B企业100%控股权；合并日B企业所有者权益账面价值为4 700万元，其中：股本4 000万元，资本公积（资本溢价）500万元，其他综合收益、盈余公积各为100万元，未分配利润为0；合并日B企业可辨认净资产中某项管理用固定资产公允价值超过账面价值50万元，该固定资产折旧年限为5年，按直线法计提折旧，预计净残值因素略。2×19年，B企业报告净利润300万元，提取盈余公积30万元，向股东分派现金股利100万元。另外，合并时母公司所有者权益为6 000万元，其中：股本5 000万元，盈余公积600万元，未分配利润400万元；2×19年母公司实现净利润500万元（包括因B企业股利分配而增加的投资收益100万元），提取盈余公积50万元，向股东分配现金股利600万元。相关税费及其他因素略。

2×18年年末编制合并日合并财务报表时，A企业应在合并财务报表工作底稿中编制如下调整与抵销分录（金额单位为万元）：

（1）有关调整分录：

借：固定资产　　50

　贷：资本公积　　50

（2）有关抵销分录：

借：股本　　4 000

　　资本公积　　550

　　其他综合收益　　100

　　盈余公积　　100

　　商誉［4 880-（4 000+550+100+100）］　　130

　贷：长期股权投资　　4 880

2×19年年末编制合并财务报表时，A企业应在合并财务报表工作底稿中编制如下调整与抵销分录（金额单位为万元）：

（1）有关调整分录：

借：固定资产　　40

　　管理费用　　10

　贷：资本公积　　50

（2）有关抵销分录：

借：股本　　4 000

　　资本公积　　550

　　其他综合收益　　100

　　盈余公积（100+30）　　130

借：商誉［4 880-（4 000+550+100+100）］　　130
　　投资收益　　100
　贷：长期股权投资　　4 880
　　　提取盈余公积　　30
　　　对所有者（或股东）的分配　　100

可见，与例5-2相比较，一方面增加了按合并日公允价值为基础对有关资产的期末报告价值进行调整的调整分录，另一方面在抵销分录中增加了对合并商誉的确认。

根据上述资料编制的2×19年年末合并财务报表工作底稿（局部）见表5-3。

表5-3　**2×19年年末合并财务报表工作底稿（局部）**　单位：万元

项　目	个别财务报表		调整分录		抵销分录		合并数
	母公司（A）	子公司（B）	借	贷	借	贷	
资产负债表有关项目：							
……	……	……			①40		……
长期股权投资	4 880	0				②4 880	0
商誉	0	0			②130		130
……	……	……					……
股本	5 000	4 000			②4 000		5 000
资本公积	0	500			②550	①50	0
其他综合收益	0	100			②100		0
盈余公积	650	130			②130		650
未分配利润	250	170			110*	130**	440
归属于母公司所有者权益	—	—					6 090
少数股东权益	—	—					0
所有者权益合计	5 900	4 900			4 890	180	6 090
利润表有关项目：							
……	520	370					890
减：管理费用	120	70			①10		200
营业利润	400	300			10		690
加：投资收益	100	0			②100		0

续表

项　目	个别财务报表		调整分录		抵销分录		合并数
	母公司（A）	子公司（B）	借	贷	借	贷	
净利润	500	300			110		690
其中：归属于母公司股东的净利润	—	—					690
少数股东损益	—	—					0
所有者权益变动表有关项目：							
未分配利润（期初数）	400	0					400
减：提取盈余公积	50	30				②30	50
对所有者（或股东）的分配	600	100				②100	600
未分配利润（期末数）	250	170			110*	130**	440

*调整“管理费用”和抵销“投资收益”带来的影响。

**抵销子公司各项利润分配带来的影响。

［例5-4］没有少数股权；合并时子公司有未分配利润，有合并商誉，有子公司净资产的评估增值或减值；合并日后子公司未分配利润发生变动。

资料见例5-3，假定合并日子公司所有者权益账面价值为4 780万元，其中“未分配利润”为80万元，其他因素不变。

2×19年年末编制合并财务报表时，A企业应在合并财务报表工作底稿中编制如下分录（金额单位为万元）：

借：固定资产	40	
管理费用	10	
贷：资本公积		50
借：股本	4 000	
资本公积	550	
其他综合收益	100	
盈余公积	130	
未分配利润（期初数）	80	
商誉［4 880-（4 000+550+100+100+80）］	50	
投资收益	100	
贷：长期股权投资		4 880
提取盈余公积		30
对所有者（或股东）的分配		100

可见，与例5-3相比，抵销分录中增加了对子公司未分配利润（合并日余额）的抵销处理，从而对合并商誉的初始计量带来影响，也对“未分配利润（期末数）”产生了影响。

根据上述资料编制的合并财务报表工作底稿（局部）见表5-4。

表5-4　**2×19年年末合并财务报表工作底稿（局部）**　单位：万元

项　目	个别财务报表		调整分录		抵销分录		合并数
	母公司（A）	子公司（B）	借	贷	借	贷	
资产负债表有关项目：							
……	……	……			①40		……
长期股权投资	4 880	0				②4 880	0
商誉	0	0			②50		50
……	……	……					……
股本	5 000	4 000			②4 000		5 000
资本公积	0	500			②550	①50	0
其他综合收益	0	100			②100		0
盈余公积	650	130			②130		650
未分配利润	250	250			190*	130	440
归属于母公司所有者权益	—	—					6 090
少数股东权益	—	—					0
所有者权益合计	5 900	4 980			4 970	180	6 090
利润表有关项目：							
……	520	370					890
减：管理费用	120	70			①10		200
营业利润	400	300			10		690
加：投资收益	100	0			②100		0
净利润	500	300			110		690
其中：归属于母公司股东的净利润	—	—					690
少数股东损益	—	—					0
所有者权益变动表有关项目：							
未分配利润（期初数）	400	80			②80		400
减：提取盈余公积	50	30				②30	50
对所有者（或股东）的分配	600	100				②100	600
未分配利润（期末数）	250	250			190*	130	440**

*调整“管理费用”、抵销“投资收益”、抵销“未分配利润（期初数）”带来的影响。

**从表格横向（所有者权益变动表项目）来看，440万元=母公司的剔除内部股权投资收益的影响之后的未分配利润150万元（250-100）与子公司自合并后实现净利润中归属于母公司所有者的部分290万元（300-10）之和。

从表格纵向（所有者权益变动表项目）来看，440万元=690+400-50-600，本期实现净利润中归属于母公司所有者的部分690万元+归属于母公司所有者的期初未分配利润400万元-本期母公司的利润分配数650万元。

［例5-5］存在少数股权。

资料见例5-4，假定A企业此项股权投资后取得B企业80%的控股权，其他资料不变。

2×19年年末编制合并财务报表时，A企业应在合并财务报表工作底稿中编制如下分录（金额单位为万元）：

借：固定资产　40
　　管理费用　10
　贷：资本公积　50

借：股本　4 000
　　资本公积　550
　　其他综合收益　100
　　盈余公积　130
　　未分配利润（期初数）　80
　　商誉［4 880-（4 000+550+100+100+80）×80%］　1 016
　　投资收益（100×80%）　80
　　少数股东损益［（300-10）×20%］　58
　贷：长期股权投资　4 880
　　　少数股东权益［（4 000+550+100+130+80+290-100-30）×20%］　1 004
　　　提取盈余公积　30
　　　对所有者（或股东）的分配　100

可见，与例5-4相比较，抵销分录中增加了对少数股东权益、少数股东损益的确认，从而对合并商誉的计量以及对母公司的“投资收益”“未分配利润（期末数）”项目都产生了影响。

根据上述资料编制的合并财务报表工作底稿（局部）见表5-5。

从表格纵向（所有者权益变动表项目）来看，382=本期实现净利润中归属于母公司所有者的部分632+归属于母公司所有者的期初未分配利润400-本期母公司的利润分配数650。

［例5-6］子公司合并日后其他综合收益发生变动。

资料见例5-5，假定B企业2×19年年内因投资公允价值变动确认了其他综合收益70万元，其他资料不变。

2×19年年末编制合并财务报表时，A企业应在合并财务报表工作底稿中编制如下分录（金额单位为万元）：

借：固定资产　40
　　管理费用　10
　贷：资本公积　50

表5-5　　2×19年年末合并财务报表工作底稿（局部）　　单位：万元

项　目	个别财务报表		调整分录		抵销分录		合并数
	母公司（A）	子公司（B）	借	贷	借	贷	
资产负债表有关项目：							
……	……	……			①40		……
长期股权投资	4 880	0				②4 880	0
商誉	0	0			②1 016		1 016
……	……	……					……
股本	5 000	4 000			②4 000		5 000
资本公积	0	500			②550	①50	0
其他综合收益	0	100			②100		0
盈余公积	650	130			②130		650
未分配利润	230	250			228**	130	382***
归属于母公司所有者权益	—	—					6 032
少数股东权益	—	—				②1 004	1 004
所有者权益合计	5 880	4 980			5 008	1 184	7 036
利润表有关项目：							
……	520	370					890
减：管理费用	120*	70			①10		200
营业利润	400	300			10		690
加：投资收益	80	0			②80		0
净利润	480*	300			90		690
其中：归属于母公司股东的净利润	—	—					632
少数股东损益	—	—			②58		58
所有者权益变动表有关项目：							
未分配利润（期初数）	400	80			②80		400
减：提取盈余公积	50	30				②30	50
对所有者（或股东）的分配	600	100				②100	600
未分配利润（期末数）	230	250			228**	130	382***

*与表5-4相比，来自于B企业的股利收益由前例的100万元降为80万元，导致净利润减少20万元。

**调整“管理费用”10万元、抵销“投资收益”80万元、抵销“未分配利润（期初数）”80万元、确认“少数股东损益”58万元带来的影响。

***从表格横向（所有者权益变动表项目）来看，382=母公司的剔除内部股权投资收益的影响之后的未分配利润150万元（230−80）与子公司自合并后实现净利润中归属于母公司所有者的部分232万元（290×80%）之和。

借：股本　4 000
　　资本公积　550
　　其他综合收益（100+70×20%）　114
　　盈余公积　130
　　未分配利润（期初数）　80
　　商誉［4 880-（4 000+550+100+100+80）×80%］　1 016
　　投资收益（100×80%）　80
　　少数股东损益［（300-10）×20%］　58
　贷：长期股权投资　4 880
　　　少数股东权益［（4 000+550+170+130+80+290-100-30）×20%］　1 018
　　　提取盈余公积　30
　　　对所有者（或股东）的分配　100

可见，与例5-5相比较，抵销分录中对其他综合收益项目的抵销金额多了14万元，从而确认的少数股东权益也增加了14万元，而子公司报告期内新增其他综合收益70万元中归属于母公司所有者的部分56万元应仍在“其他综合收益”项目中反映，所以不能抵销。

根据上述资料编制的合并财务报表工作底稿（局部）见表5-6。

表5-6　**2×19年年末合并财务报表工作底稿（局部）**　单位：万元

项　目	个别财务报表		调整分录		抵销分录		合并数
	母公司（A）	子公司（B）	借	贷	借	贷	
资产负债表有关项目：							
……	……	……			①40		……
长期股权投资	4 880	0				②4 880	0
商誉	0	0			②1 016		1 016
……	……	……					……
股本	5 000	4 000			②4 000		5 000
资本公积	0	500			②550	①50	0
其他综合收益	0	170*			②114*		56*
盈余公积	650	130			②130		650
未分配利润	230	250			228	130	382
归属于母公司所有者权益	—	—					6 088

续表

项　目	个别财务报表		调整分录		抵销分录		合并数
	母公司（A）	子公司（B）	借	贷	借	贷	
少数股东权益	—	—				②1 018	1 018*
所有者权益合计	5 880	5 050			5 022	1 198	7 106
利润表有关项目：							
……	520	370					890
减：管理费用	120	70			①10		200
营业利润	400	300			10		690
加：投资收益	80	0			②80		0
净利润	480	300			90		690
其中：归属于母公司股东的净利润	—	—					632
少数股东损益	—	—			②58		58
所有者权益变动表有关项目：							
未分配利润（期初数）	400	80			②80		400
减：提取盈余公积	50	30				②30	50
对所有者（或股东）的分配	600	100				②100	600
未分配利润（期末数）	230	250			228	130	382

*子公司报告期内新增其他综合收益70万元，其中归属于母公司所有者的56万元，归属于少数股权的14万元要确认为少数股东权益。

（二）连续编制合并财务报表时对“未分配利润（期初数）”的抵销

在合并日后每个会计期末都编制合并财务报表的情况下，上期在合并财务报表工作底稿里编制的相关抵销分录只是用来计算有关项目的合并数而并未据以记账，从而并未影响到个别财务报表，而本期编制合并财务报表时是以未受上期合并财务报表编制过程影响的个别财务报表为基础。因此，为使本期合并财务报表中“未分配利润（期初数）”项目的金额与上期合并财务报表中“未分配利润（期末数）”项目的金额相符，在每个报告期末编制合并财务报表时，除了按照前述调整与抵销分录进行必要的抵销处理之外，还需要根据上期与内股股权投资有关的抵销处理中曾经直接或间接涉及对“未分配利润（期末数）”项目的抵销金额，对“未分配利润（期初数）”进行抵销。

综上所述，各期末编制合并财务报表时，与母公司对子公司长期股权投资有关的抵销分录为：

借：股本　［子公司期末余额］
　　其他综合收益　［子公司期末余额中的一部分*］
　　盈余公积　［子公司期末余额］
　　资本公积　［子公司期末余额中的一部分**］
　　未分配利润（期初数）　［上期该抵销分录对未分配利润（期末数）的累积影响］
　　商誉　［母公司合并成本大于合并日子公司可辨认净资产公允价值中母公司拥有份额的差额］
　　投资收益　［子公司报告期向母公司分配的股利］
　　少数股东损益　［子公司报告期实现的净利润***×少数股权比例］
　贷：长期股权投资　［母公司对子公司的长期股权投资成本］
　　　少数股东权益　［子公司报告期末所有者权益***×少数股权比例］
　　　对所有者（或股东）的分配　［子公司当期分配利润］
　　　提取盈余公积　［子公司当期提取盈余公积］

*母公司投资后子公司确认的其他综合收益中归属于母公司所有者的部分不应抵销。

**以合并日可辨认净资产公允价值为基础进行调整之后，剔除子公司自合并日后的其他资本公积变动中相当于母公司股东享有的部分，因其属于归属于母公司所有者权益的部分。

***一方面，应以合并日公允价值为基础进行调整；另一方面，应剔除内部交易未实现损益的影响（具体内容见第七章）。

［例5-7］资料见例5-6。本例中再假定：2×20年，A企业实现净利润200万元、分派现金股利150万元，提取盈余公积20万元；B企业报告净利润为15万元，未分配股利，也未有其他所有者权益的变动。相关税费及其他资料略。

2×20年年末编制合并财务报表时，A企业应在合并财务报表工作底稿中编制如下调整与抵销分录（金额单位为万元）：

（1）有关调整分录：

借：固定资产　30
　　管理费用　10
　　未分配利润（期初数）　10
　贷：资本公积　50

（2）有关抵销分录：

借：股本　4 000

　资本公积　550

　其他综合收益　114

　盈余公积　130

　未分配利润（期初数）［（80+80+58）-（100+30）］　88

　商誉［4 880-（4 000+550+100+100+80）×80%］　1 016

　少数股东损益［（15-10）×20%］　1

贷：长期股权投资　4 880

　少数股东权益［（4 000+550+170+130+250-10+15-10）×20%］　1 019

根据上述资料编制的合并财务报表工作底稿（局部）见表5-7。

表5-7　**2×20年年末合并财务报表工作底稿（局部）**　单位：万元

项　目	个别财务报表		调整分录		抵销分录		合并数
	母公司（A）	子公司（B）	借	贷	借	贷	
资产负债表有关项目：							
……	……	……	①30				……
长期股权投资	4 880	0				②4 880	0
商誉	0	0			②1 016		1 016
……	……	……					……
股本	5 000	4 000			②4 000		5 000
资本公积	0	500		①50	②550		0
其他综合收益	0	170			②114		56
盈余公积	650	130			②130		650
未分配利润	260	265	20		89		416
归属于母公司所有者权益	—	—					6 122
少数股东权益	—	—				②1 019	1 019
所有者权益合计	5 910	5 065	20	50	4 883	1 019	7 141*

续表

项　目	个别财务报表		调整分录		抵销分录		合并数
	母公司（A）	子公司（B）	借	贷	借	贷	
利润表有关项目：							
……	300	65					365
减：管理费用	100	50	①10				160
营业利润	200	15	10				205
加：投资收益	0	0					0
净利润	200	15	10				205
其中：归属于母公司股东的净利润	—	—					204
少数股东损益	—	—			②1		1
所有者权益变动表有关项目：							
未分配利润（期初数）	230	250	①10		②88		382**
减：提取盈余公积	20	0					20
对所有者（或股东）的分配	150	0					150
未分配利润（期末数）	260	265	20		89		416

*本期末合并所有者权益合计7 141万元比上期末合并所有者权益合计7 106万元增加的35万元是母公司本期实现净利润200万元减去分配利润170万元之后的差额与子公司当年实现净利润5万元之和。

**本期合并财务报表中“未分配利润（期初数）”382万元与上期“未分配利润（期末数）”相符。

(三）考虑到对子公司净资产评估增值（或减值）相关的递延所得税

以上的举例中，我们为了逐个分析与所有者权益相关的问题对合并财务报表编制过程的影响，暂时没考虑被并方合并日可辨认净资产评估价值与账面价值的差异导致的递延所得税确认问题。如果考虑这个问题，则合并财务报表编制过程中相关抵销处理里若干个项目将会受到影响。

［例5-8］以例5-7资料为例。

（1）A企业2×18年年末出资4 880万元给B企业的原股东取得B企业80%控股权；合并日B企业所有者权益账面价值为4 780万元，其中：股本4 000万元，资本公积（资本溢价）500万元，其他综合收益、盈余公积各为100万元，未分配利润为80万元；合并日B企业可辨认净资产中某项管理用固定资产公允价值超过账面价值50万元，该固定资产折旧年限为5年，按直线法计提折旧，预计净残值因素略。另外，合并时母公司所有者权益为6 000万元，其中：股本5 000万元，盈余公积600万元，未分配利润400万元。

（2）2×19年，B企业报告净利润300万元，提取盈余公积30万元，向股东分派现金股利100万元，因投资公允价值变动确认了其他综合收益70万元。A企业实现净利润500万元（包括因B企业股利分配而增加的投资收益100万元），提取盈余公积50万元，向股东分配现金股利600万元。

（3）2×20年，B企业报告净利润为15万元，未分配股利，也未有其他所有者权益的变动。A企业实现净利润200万元、分派现金股利150万元，提取盈余公积20万元。

（4）假定所得税税率为25%。其他因素略。

根据上述资料，合并财务报表工作底稿编制过程如下：

（1）2×18年年末编制合并日合并财务报表时，A企业应在合并财务报表工作底稿中编制如下调整与抵销分录（金额单位为万元）：

①有关调整分录：

借：固定资产　50

　贷：资本公积　37.5

　　递延所得税负债　12.5

②有关抵销分录：

借：股本　4 000

　资本公积　537.5

　其他综合收益　100

　盈余公积　100

　未分配利润　80

　商誉［4 880-（4 000+537.5+100+100+80）×80%］　1 026

　贷：长期股权投资　4 880

　　少数股东权益（4 817.5×20%）　963.5

（2）2×19年年末编制合并财务报表时，A企业应在合并财务报表工作底稿中编制如下调整与抵销分录（金额单位为万元）：

①有关调整分录：

借：固定资产　40

　管理费用　10

　贷：资本公积　37.5

　　递延所得税负债　10

　　所得税费用　2.5

②有关抵销分录：

借：股本　4 000

资本公积　537.5

其他综合收益（100+70×20%）　114

盈余公积（100+30）　130

未分配利润（期初数）　80

商誉　1 026

投资收益　80

少数股东损益［（300−10+2.5）×20%］　58.5

贷：长期股权投资　4 880

少数股东权益　1 016*

提取盈余公积　30

对所有者（或股东）的分配　100

*1 016=963.5+70×20%+58.5−100×20%

或=（4 000+537.5+170+130+80+300−10+2.5−130）×20%

（3）2×20年年末编制合并财务报表时，A企业应在合并财务报表工作底稿中编制如下调整与抵销分录（金额单位为万元）：

①有关调整分录：

借：固定资产　30

管理费用　10

未分配利润（期初数）　10

贷：资本公积　37.5

递延所得税负债　7.5

所得税费用　2.5

未分配利润（期初数）　2.5

②有关抵销分录：

借：股本　4 000

资本公积　537.5

其他综合收益（100+70×20%）　114

盈余公积（100+30）　130

未分配利润（期初数）　88.5

商誉　1 026

少数股东损益［（15−10+2.5）×20%］　1.5

贷：长期股权投资　4 880

少数股东权益　1 017.5

根据上述资料编制的2×19年、2×20年年末合并财务报表工作底稿见表5-8和表5-9。

表5-8　　**2×19年年末合并财务报表工作底稿（局部）**　　单位：万元

项　目	个别财务报表		调整分录		抵销分录		合并数
	母公司（A）	子公司（B）	借	贷	借	贷	
资产负债表有关项目：							
……	……	……	①40				……
长期股权投资	4 880	0				②4 880	0
商誉	0	0			②1 026		1 026
递延所得税负债	0	0		①10			10
股本	5 000	4 000			②4 000		5 000
资本公积	0	500		①37.5	②537.5		0
其他综合收益	0	170			②114		56
盈余公积	650	130			②130		650
未分配利润	230	250	10	2.5	218.5	130	384
归属于母公司所有者权益	—	—					6 090
少数股东权益	—	—				②1 016	1 016
所有者权益合计	5 880	5 050			5 022	1 198	7 106
利润表有关项目：							
……	520	370					890
减：管理费用	120	70	①10				200
营业利润	400	300	10				690
加：投资收益	80	0			②80		0
减：所得税费用	略	略		①2.5			-2.5
净利润	480	300	10	2.5	80		692.5
其中：归属于母公司股东的净利润	—	—					634
少数股东损益	—	—			②58.5		58.5
所有者权益变动表有关项目：							
未分配利润（期初数）	400	80			②80		400
减：提取盈余公积	50	30				②30	50
对所有者（或股东）的分配	600	100				②100	600
未分配利润（期末数）	230	250	10	2.5	218.5	130	384

表 5-9　　**2×20 年年末合并财务报表工作底稿（局部）**　　单位：万元

项　目	个别财务报表		调整分录		抵销分录		合并数
	母公司（A）	子公司（B）	借	贷	借	贷	
资产负债表有关项目：							
……	……	……	①30				……
长期股权投资	4 880	0				②4 880	0
商誉	0	0			②1 026		1 026
递延所得税负债	0	0		①7.5			……
股本	5 000	4 000			②4 000		5 000
资本公积	0	500		①37.5	②537.5		0
其他综合收益	0	170			②114		56
盈余公积	650	130			②130		650
未分配利润	260	265	20	5	90		420
归属于母公司所有者权益	—	—					6 126
少数股东权益	—	—				②1017.5	1 017.5
所有者权益合计	5 910	5 065	20	42.5	4 871.5	1 017.5	7 143.5
利润表有关项目：							
……	300	65					365
减：管理费用	100	50	①10				160
营业利润	200	15	10				205
加：投资收益	0	0					0
减：所得税费用	略	略		①2.5			-2.5
净利润	200	15	10	2.5			207.5
其中：归属于母公司股东的净利润	—	—					206
少数股东损益	—	—			②1.5		1.5
所有者权益变动表有关项目：							
未分配利润（期初数）	230	250	①10	①2.5	②88.5		384
减：提取盈余公积	20	0					20
对所有者（或股东）的分配	150	0					150
未分配利润（期末数）	260	265	20	5	90		420

将表5-8与表5-6的“合并数”栏进行比较，再将表5-9与表5-7的“合并数”栏进行比较，可见确认被并方合并日可辨认净资产公允价值超过账面价值的差额导致的递延所得税负债，使得合并财务报表中递延所得税负债、所得税费用及净利润、归属于母公司所有者的净利润、少数股东损益、未分配利润等项目，都相继发生一系列的变化。

二、同一控制下企业合并的相关抵销

上述与母公司对子公司股权投资有关的抵销处理的阐述与归纳，适用于非同一控制下企业合并的情形。

同一控制下企业合并与非同一控制下企业合并会计处理的显著不同主要有两点：一是同一控制下企业合并的会计处理中不确认合并商誉；二是合并财务报表中对同一控制下企业合并取得的子公司各项可辨认资产、负债，仍按其账面价值计量。

综上所述，同一控制下企业控股合并的合并日后各期末编制合并财务报表时，与母公司对子公司长期股权投资相关的抵销分录为：

借：股本　　[子公司期末余额]
　　其他综合收益　　[子公司期末余额]
　　盈余公积　　[子公司期末余额]
　　资本公积　　[子公司期末余额中的一部分*]
　　未分配利润（期初数）　　[上期该抵销分录对未分配利润（期末数）的累积影响]
　　投资收益　　[子公司报告期向母公司分配的股利]
　　少数股东损益　　[子公司报告期实现的净利润**×少数股权比例]
　贷：长期股权投资　　[母公司对子公司的长期股权投资成本]
　　　少数股东权益　　[子公司报告期末所有者权益**×少数股权比例]
　　　对所有者（或股东）的分配　[子公司当期分配利润]
　　　提取盈余公积　　[子公司当期提取盈余公积]

*剔除子公司自合并日后的其他资本公积变动中相当于母公司股东享有的部分，因其属于归属于母公司所有者权益的部分。

**应剔除内部交易未实现损益的影响（具体内容见第七章）。

［例5-9］资料见例5-7。另外假定：A企业与B企业受同一方最终控制，A企业合并前资本公积（资本溢价）余额为1 200万元，其他资料不变。

合并日及合并日后各期末，A企业应在合并财务报表工作底稿中编制如下抵销分录（金额单位为万元）：

（1）2×18年年末（合并日）：

①编制与母公司对子公司股权投资有关的抵销分录：

借：股本　4 000
　　资本公积　500
　　其他综合收益　100
　　盈余公积　100
　　未分配利润（期初数）　80
　贷：长期股权投资　3 824
　　　少数股东权益［（4 000+500+100+100+80）×20%］　956

②将子公司合并前未分配利润中母公司应享有部分予以调整：

借：资本公积　64
　贷：未分配利润　64

（2）2×19年年末：

①编制与母公司对子公司股权投资有关的抵销分录：

借：股本　4 000
　　资本公积　500
　　其他综合收益　114
　　盈余公积　130
　　未分配利润（期初数）　80
　　投资收益（100×80%）　80
　　少数股东损益（300×20%）　60
　贷：长期股权投资　3 824
　　　少数股东权益［（4 000+500+170+100+80+300−100）×20%］　1 010
　　　提取盈余公积　30
　　　对所有者（或股东）的分配　100

②将子公司合并前未分配利润中母公司应享有部分予以调整：

借：资本公积　64
　贷：未分配利润（期初数）　64

（3）2×20年年末：

①编制与母公司对子公司股权投资有关的抵销分录：

借：股本　4 000
　　资本公积　500
　　其他综合收益　114
　　盈余公积　130
　　未分配利润（期初数）［（80+80+60）－（100+30）］　90
　　少数股东损益（15×20%）　3
　贷：长期股权投资　3 824
　　　少数股东权益［（4 000+500+170+100+80+300−100+15）×20%］　1 013

②将子公司合并前未分配利润中母公司应享有部分予以调整：

借：资本公积　64

　贷：未分配利润（期初数）　64

根据上述资料编制的合并日后合并财务报表工作底稿（局部）见表5-10、表5-11。

表5-10　**2×19年年末合并财务报表工作底稿（局部）**　单位：万元

项　目	个别财务报表		调整分录		抵销分录		合并数
	母公司（A）	子公司（B）	借	贷	借	贷	
资产负债表有关项目：							
……	……	……					……
长期股权投资	3 824	0				①3 824	0
……	……	……					……
股本	5 000	4 000			①4 000		5 000
资本公积	144*	500	②64		①500		80
其他综合收益	0	170			①114		56
盈余公积	650	130			①130		650
未分配利润	230	250		64	220	130	454
归属于母公司所有者权益	—	—					6 240
少数股东权益	—	—				①1 010	1 010
所有者权益合计	6 024	5 050	64	64	4 964	1 140	7 250
利润表有关项目：							
……	520	370					890
减：管理费用	120	70					190
营业利润	400	300					700
加：投资收益	80	0			①80		0
净利润	480	300			80		700
其中：归属于母公司股东的净利润	—	—					640
少数股东损益	—	—			①60		60
所有者权益变动表有关项目：							
未分配利润（期初数）	400	80		②64	①80		464
减：提取盈余公积	50	30				①30	50
对所有者（或股东）的分配	600	100				①100	600
未分配利润（期末数）	230	250		64	220	130	454

*144=1 200-（4 880-3 824）。

表5-11　　**2×20年年末合并财务报表工作底稿（局部）**　　单位：万元

项　目	个别财务报表		调整分录		抵销分录		合并数
	母公司（A）	子公司（B）	借	贷	借	贷	
资产负债表有关项目：							
……	……	……					……
长期股权投资	3 824	0				①3 824	0
……	……	……					……
股本	5 000	4 000			①4 000		5 000
资本公积	144	500	②64		①500		80
其他综合收益	0	170			①114		56
盈余公积	650	130			①130		650
未分配利润	260	265		64	93		496
归属于母公司所有者权益	—	—					6 282
少数股东权益	—	—				①1 013	1 013
所有者权益合计	6 054	5 065	64	64	4 837	1 013	7 295
利润表有关项目：							
……	300	65					365
减：管理费用	100	50					150
营业利润	200	15					215
加：投资收益	0	0					0
净利润	200	15					215
其中：归属于母公司股东的净利润	—	—					212
少数股东损益	—	—			①3		3
所有者权益变动表有关项目：							
未分配利润（期初数）	230	250		②64	①90		454*
减：提取盈余公积	20	0					20
对所有者（或股东）的分配	150	0					150
未分配利润（期末数）	260	265		64	93		496

*454万元，与表4-7中“未分配利润（期末数）”一致。

三、内部权益性投资已提减值准备的抵销

随着对纳入合并范围的成员企业之间的权益性投资的抵销，投资方对该投资曾经计提的减值准备也应予以抵销，以便消除其对利润表“资产减值损失”项目的影响。下面就以母公司对子公司的长期股权投资为例，梳理相关的抵销处理。

长期股权投资减值准备的计提，一方面，减少了资产负债表中长期股权投资项目的报告价值；另一方面，增加了利润表中的资产减值损失，并对以后期间的期初未分配利润项目带来影响。所以，对内部长期股权投资已提减值准备的抵销思路是：

借：长期股权投资　　　　　　[内部长期股权投资已提减值准备]
　贷：资产减值损失　　　　　[内部长期股权投资当期计提的减值准备]
　　　未分配利润（期初数）[内部长期股权投资以前期间计提的减值准备]

上面抵销分录也可以与第四章关于抵销内部长期股权投资的分录合并编制。

下面举例予以说明。

[例5-10] 2×19年年初甲公司出资7 000万元货币资金给乙公司原控股股东，取得乙公司70%的控股权。当时甲公司的股本为20 000万元，乙公司的股本为10 000万元，为简化起见，假定其他所有者权益项目没有余额。投资后当年，乙公司发生亏损1 000万元，甲公司对该项股权投资计提减值准备100万元。投资后第二年，乙公司发生亏损800万元，甲公司为该项股权投资计提减值准备20万元。其他资料略。

（1）2×19年年末甲公司编制合并财务报表时的有关抵销处理为：

借：股本	10 000	
贷：长期股权投资（7 000-100）		6 900
少数股东权益[（10 000-1 000）×30%]		2 700
少数股东损益（1 000×30%）		300
资产减值损失		100

（2）2×20年年末甲公司编制合并财务报表时的有关抵销处理为：

借：股本	10 000	
贷：长期股权投资（6 900-20）		6 880
少数股东权益[（10 000-1 000-800）×30%]		2 460
少数股东损益（800×30%）		240
资产减值损失		20
未分配利润（期初）（100+300）		400

上述抵销处理对合并财务报表相关数据的影响以及对合并财务报表有关项目之间钩稽关系的影响见表5-12、表5-13。

表5-12　　2×19年年末合并财务报表工作底稿（局部）　　单位：万元

项目	个别财务报表		调整与抵销分录		合并数
	母公司	子公司	借	贷	
资产负债表有关项目：	—				—
长期股权投资	6 900	0		6 900	0
股本	20 000	10 000	10 000		20 000
未分配利润	-100	-1 000		400	-700
少数股东权益	—	—		2 700	2 700
利润表及所有者权益变动表有关项目：	—	—			—
营业利润等	0	-1 000			-1 000
资产减值损失	100	0		100	0
净利润	-100	-1 000		100	-1 000
其中：归属于母公司股东的净利润	—	—			-700
少数股东损益	—	—		300	-300
未分配利润（期初数）	0	0			0
未分配利润（期末数）	-100	-1 000		400	-700

表5-13　　2×20年年末合并财务报表工作底稿（局部）　　单位：万元

项目	个别财务报表		调整与抵销分录		合并数
	母公司	子公司	借	贷	
资产负债表有关项目：	—				—
长期股权投资	6 880	0		6 880	0
股本	20 000	10 000	10 000		20 000
未分配利润	-120	-1 800		660	-1 260
少数股东权益	—	—		2 460	2 460
利润表及所有者权益变动表有关项目：	—	—			—
营业利润等	0	-800			-800
资产减值损失	20	0		20	0
净利润	-20	-800		20	-800
其中：归属于母公司股东的净利润	—	—			-560
少数股东损益	—	—		240	-240
未分配利润（期初）	-100	-1 000		400	-700
未分配利润（期末）	-120	-1 800		660	-1 260

本章特别关注 将母公司对子公司的股权投资由成本法调整到权益法之后的抵销处理

报告期末编制合并财务报表过程中，如果采用将母公司对子公司的股权投资由成本法调整到权益法之后再行抵销的方法，则在合并财务报表工作底稿中的有关调整与抵销处理的思路如下：

（1）对子公司可辨认净资产以合并日公允价值为基础进行调整；

（2）将母公司对子公司股权投资由成本法调整为权益法；

（3）编制有关抵销分录。

由于在工作底稿中将母公司对子公司的股权投资价值进行了调整，所以，随后的有关抵销分录为：

①将母公司对子公司的长期股权投资与子公司的股东权益抵销，并确认少数股东拥有的子公司权益：

借：股本、资本公积、其他综合收益、盈余公积、未分配利润 ［调整后*的子公司报告价值］
　　商誉 ［合并成本大于合并日子公司可辨认净资产公允价值×母公司持股比例的差额］
　贷：长期股权投资 ［调整后**的母公司对子公司股权投资期末报告价值］
　　　少数股东权益 ［调整后*的子公司股东权益期末报告价值×少数股东持股比例］
　　　未分配利润（期初）［合并成本小于合并日子公司可辨认净资产公允价值×母公司持股比例的差额］

②将母公司当年来自子公司的股权投资收益与子公司利润分配进行抵销，并确认少数股东享有的损益：

借：投资收益 ［调整后*的子公司当年净利润×母公司持股比例］
　　少数股东损益 ［调整后*的子公司当年净利润×少数股东持股比例］
　　未分配利润（期初） ［调整后*的子公司期初未分配利润］
　贷：对所有者（或股东）的分配 ［子公司当年分配数］
　　　提取盈余公积 ［子公司当年提取数］
　　　未分配利润（期末） ［调整后*的子公司期末报告价值］

将上述两个抵销分录进行合并，则与内部股权投资有关的抵销分录为：

借：股本、资本公积、其他综合收益、盈余公积 ［调整后的*子公司报告价值］
　　投资收益 ［调整后*的子公司当年净利润×母公司持股比例］
　　少数股东损益 ［调整后*的子公司当年净利润×少数股东持股比例］
　　未分配利润（期初） ［调整后*的子公司期初未分配利润］
　　商誉 ［合并成本大于合并日子公司可辨认净资产公允价值×母公司持股比例的差额］

贷：长期股权投资　　　　　　　　[调整后**的母公司对子公司股权投资期末报告价值]
　　少数股东权益　　　　　　　　[调整后*的子公司股东权益期末报告价值×少数股东持股比例]
　　对所有者（或股东）的分配[子公司当年分配数]
　　提取盈余公积　　　　　　　　[子公司当年提取数]
　　未分配利润（期初）　　　　[合并成本小于合并日子公司可辨认净资产公允价值×母公司持股比例的差额]

*按合并日可辨认净资产公允价值为基础进行调整。

**按权益法进行调整。

下面举例予以说明。

[例1] 举例资料见例5-7。

2×20年年末编制合并财务报表时，A企业应在合并财务报表工作底稿中编制如下调整与抵销分录（金额单位为万元）：

①对子公司有关资产项目按合并日公允价值进行调整（递延所得税略）：

借：固定资产	30	
管理费用	10	
未分配利润（期初数）	10	
贷：资本公积		50

②将母公司对子公司的股权投资余额按权益法进行调整：

借：长期股权投资［（300-100-10+15-10+70）×80%］	212	
贷：投资收益（5×80%）		4
未分配利润（期初数）［（300-100-10）×80%］		152
其他综合收益（70×80%）		56

③将母公司对子公司的股权投资与子公司的股东权益相抵销，并确认少数股东权益：

借：股本	4 000	
资本公积	550	
其他综合收益	170	
盈余公积	130	
未分配利润（265-10-10）	245	
商誉［4 880-（4 000+550+100+100+80）×80%］	1 016	
贷：长期股权投资（4 880+212）		5 092
少数股东权益［（4 000+550+170+130+250-10+15-10）×20%］		1 019

④将母公司当年来自子公司的股权投资收益与子公司利润分配进行抵销，并确认少数股东享有的损益：

借：投资收益［（15-10）×80%］ 4
　　少数股东损益［（15-10）×20%］ 1
　　未分配利润（期初数）（250-10） 240
　贷：未分配利润（期末数） 245

⑤将上述两个抵销分录合并编制，则有：

借：股本 4 000
　　资本公积 550
　　其他综合收益 170
　　盈余公积 130
　　投资收益 4
　　少数股东损益 1
　　未分配利润（期初数） 240
　　商誉 1 016
　贷：长期股权投资 5 092
　　　少数股东权益 1 019

上述调整与抵销分录及其对合并数的影响见表1：

表1　调整到权益法下的2×20年年末合并财务报表工作底稿（局部）　单位：万元

项　目	个别财务报表		调整分录		抵销分录		合并数
	母公司（A）	子公司（B）	借	贷	借	贷	
资产负债表有关项目：							
……	……	……	①30				……
长期股权投资	4 880	0	②212			⑤5 092	0
商誉	0	0			⑤1 016		1 016
……	……	……					……
股本	5 000	4 000			⑤4 000		5 000
资本公积	0	500		①50	⑤550		0
其他综合收益	0	170		②56	⑤170		56
盈余公积	650	130			⑤130		650
未分配利润	260	265	20	156	245		416
归属于母公司所有者权益	—	—					6 122

续表

项　目	个别财务报表		调整分录		抵销分录		合并数
	母公司（A）	子公司（B）	借	贷	借	贷	
少数股东权益	—	—				⑤1 019	1 019
所有者权益合计	5 910	5 065	20	262	5 095	1 019	7 141
利润表有关项目：							
……	300	65					365
减：管理费用	100	50	①10				160
营业利润	200	15	10				205
加：投资收益	0	0		②4	⑤4		0
净利润	200	15	10	4	4		205
其中：归属于母公司股东的净利润	—	—					204
少数股东损益	—	—			⑤1		1
所有者权益变动表有关项目：							
未分配利润（期初数）	230	250	①10	②152	⑤240		382
减：提取盈余公积	20	0					20
对所有者（或股东）的分配	150	0					150
未分配利润（期末数）	260	265	20	156	245		416

将表1与表5-7比较，可以发现，按成本法直接进行抵销处理和将成本法调整到权益法之后再进行抵销处理两种做法，合并财务报表工作底稿中“合并数”栏目的数字是一样的，换句话说，合并财务报表工作底稿中无论将母公司对子公司的股权投资由成本法调整到权益法与否，都关系到如何编制相关的抵销分录，并不会对将母公司对子公司的股权投资进行抵销处理后的结果产生影响，因为正确的结果只能有一个。

追溯调整法

第六章 与内部债权、债务有关的处理

引例 三一重工：集团内部母、子公司间债权、债务信息（摘编）

根据三一重工2014年的年报，现将合并资产负债表、母公司个别资产负债表中的部分债权、债务余额资料摘编如下：

部分债权、债务余额资料 单位：千元

项目	合并资产负债表	母公司个别资产负债表
应收账款	19 851 307	345 782
应收股利	0	3 281 594
其他应收款	2 405 294	7 589 086
应付账款	4 487 936	566 067
应付股利	108 435	8 435
其他应付款	2 419 135	152 385

按欠款方归集的期末余额前五名的应收账款情况（合并资产负债表） 单位：千元

单位名称	与本公司关系	金额	占应收账款总额的比例（%）
单位A	客户	957 016	4.5
单位B	客户	485 656	2.29
单位C	客户	354 139	1.67
单位D	客户	341 970	1.61
单位E	客户	238 121	1.12
合计		2 376 902	11.19

按欠款方归集的期末余额前五名的应收账款情况（个别资产负债表） 单位：千元

单位名称	与本公司关系	金额	占应收账款总额的比例（%）
单位A	子公司	151 408	43.43
单位B	非关联方	22 500	6.45
单位C	非关联方	18 370	5.27
单位D	非关联方	18 035	5.17
单位E	非关联方	14 320	4.11
合计		224 633	64.43

按欠款方归集的期末余额前五名的其他应收款情况（个别资产负债表） 单位：千元

单位名称	与本公司关系	金额	占其他应收款期末余额合计数的比例（%）
单位A	子公司	2 544 060	33.48
单位B	子公司	1 419 417	18.68
单位C	子公司	1 334 812	17.57
单位D	子公司	797 418	10.49
单位E	子公司	362 140	4.77
合计		6 457 847	84.99

合并财务报表中的债权、债务余额是怎样确定的？它们分别代表了什么含义？本章将主要涉及合并财务报表编制过程中对企业集团内部母公司与子公司之间以及子公司互相之间的债权、债务余额的抵销处理，并在此基础上阐述相关抵销处理对合并利润表有关项目的影响。

第一节　内部债券投资与债券筹资的抵销

一、相关债券投资与债券筹资余额的抵销

在纳入合并范围的成员企业之间，如果出现一方持有另一方发行的企业债券即内部债券投、筹资情况，母公司在编制合并财务报表时，首先需要将债券持有方的相关资产价值与债券发行方的相关负债价值抵销。

（一）报告期末发行方与投资方有关债券的报告价值相等情况下的抵销处理

报告期末编制合并财务报表时，将内部债券投、筹资余额进行抵销的抵销分录为：

借：应付债券　　　　　　　　　　［发行方的相关应付债券账面价值］A

　贷：债权投资等　　　　　　　　［持有方的相关投资账面价值］　B

［例6-1］A公司是B公司的母公司。B公司2×19年年初发行一笔面值为2 000万元、票面利率为3%、发行价格为2 000万元、期限为3年、每年年末付息一次、到期还本的债券。A公司按面值全部购入B公司发行的债券，并分类为以摊余成本计量的金融资产。其他资料暂略。

2×19年年末A公司在合并财务报表工作底稿中应编制如下抵销分录（金额单位为万元）：

借：应付债券　　　　2 000

　贷：债权投资　　　　2 000

(二)报告期末发行方与投资方有关债券的报告价值不相等情况下的抵销处理

一方面，如果投资方将持有的债券作为以公允价值计量且其变动计入其他综合收益的金融资产核算，发行方并未对发行的债券按公允价值计量，前者确认的公允价值变动损益就会导致双方对相关债券的列报价值不同。从企业集团整体来看，因持有内部债券而确认的公允价值变动损益作为未实现损益应该予以抵销。相关抵销分录为：

借：应付债券　　　　　　　　　　[发行方的相关应付债券账面价值] A
借或贷：其他综合收益等　　　　　　　　　　[A与B之差]
　贷：其他债权投资等　　　　　　　　　[持有方的相关投资账面价值] B

另一方面，如果债券投资方的投资成本与债券发行方的发行价格不一致，就会导致期末双方对相关债券的列报价值有所不同。从企业集团整体来看，内部债券业务同时涉及投资与筹资，所以，在编制有关抵销分录时应将有关资产与负债报告价值之间的差额计入“投资收益”或“财务费用”项目。计入“投资收益”项目还是计入“财务费用”项目？一个简化的思路是：借差计入“财务费用”项目，贷差计入“投资收益”项目。相关抵销分录为：

借：应付债券　　　　　　　　　　[发行方的相关应付债券账面价值] A
　　财务费用　　　　　　　　　　　　　　　　[A小于B之差]
　贷：其他债权投资等　　　　　　　　　[持有方的相关投资账面价值] B
　　　投资收益　　　　　　　　　　　　　　　[A大于B之差]

[例6-2] C公司与D公司是同一母公司下的两个子公司。C公司发行的公司债报告期末账面价值为300万元；D公司当初按120万元购入这批债券中的40%，并将其分类为以公允价值计量且其变动计入其他综合收益的金融资产，报告期末该项投资的公允价值为125万元。其他资料略。

由于D公司报告期内通过“其他综合收益”确认了5万元的公允价值变动利得，所以，报告期末母公司编制合并财务报表时，应编制如下抵销分录（金额单位为万元）：

借：应付债券　　　　　　　　　　　　　　　　120
　　其他综合收益　　　　　　　　　　　　　　　5
　贷：其他债权投资　　　　　　　　　　　　　　125

[例6-3] E公司与F公司是同一母公司的两个子公司，E公司发行的公司债报告期末账面价值为3 000万元；F公司在二级市场购入这批债券中的40%，并将其分类为以摊余成本计量的金融资产，报告期末该项投资的账面价值为1 100万元。

报告期末母公司在合并财务报表工作底稿中应编制如下抵销分录（金额单位为万元）：

借：应付债券　　1 200

　贷：债权投资　　1 100

　　　投资收益（1 200-1 100）　　100

二、相关投资收益与筹资费用的抵销

与内部债券投、筹资有关的抵销处理中，除了上述将债券持有方的相关资产与债券发行方的相关负债价值进行抵销之外，还需要将双方在个别财务报表中确认的投资收益、利息收入与利息费用进行抵销。

（一）报告期内双方确认的利息收益与利息费用相等情况下的抵销处理

报告期末编制合并财务报表时，将报告期内双方确认的利息收益与利息费用进行抵销的抵销分录为：

借：投资收益等　　［持有方确认的利息收益］A

　贷：财务费用等　　［发行方确认的利息费用］B

［例6-4］资料见例6-1，假定A公司已收到2×19年的利息60万元，并确认投资收益60万元，B公司则将当年的利息费用计入“财务费用”。

2×19年年末A公司在合并财务报表工作底稿中应编制如下抵销分录（金额单位为万元）：

借：投资收益　　60

　贷：财务费用　　60

（二）报告期内双方确认的利息收益与利息费用不相等情况下的抵销处理

债券发行方与持有方可能因一方承担的负债和另一方确认资产两者的初始计量金额不同、持有方的持有期限与债券期限不同、双方采用的实际利率不同等，导致同一报告期内发行方确认的利息费用与持有方确认的利息收益不相等。按照现行的会计规范，两者之差也只能在“投资收益”或“财务费用”项目中消化，而由于利息收益和利息费用的抵销主要涉及“投资收益”和“财务费用”项目，这就产生了抵销金额采用两者孰高还是两者孰低的问题。一个简化的处理思路是：当报告期内债券持有方的实际利息收益与发行方的实际利息费用不相等时，借差计入“财务费用”项目，贷差计入“投资收益”项目，也就是相当于按利息收益和利息费用两者孰低的金额进行抵销。

［例6-5］A公司是E公司的母公司。E公司2×19年年初发行一笔面值为1 000 000元、票面利率为5%、发行价格为1 036 270元、期限为5年、每年年末付息一次、到期还本的债券。2×20年年初A公司按1 027 755元的价格购入E公司发行在外的债券，分类为以摊余成本计量的金融资产。2×20年年末收到当年利息。双方均按实际利率法确定利息收益、利息费用（实际利率为4%）。其他资料略。

（1）2×20年年末，A公司与E公司个别财务报表有关项目计算见表6-1。

表6-1 **2×20年年末个别财务报表有关项目金额** 单位：元

A公司	E公司
本期利息收益=期初账面价值×实际利率 =1 027 755×4%=41 110	本期利息费用=期初账面价值×实际利率 =1 036 270×4%=41 451
本期溢价摊销额=应收利息－利息收益 =50 000－41 110=8 890	本期溢价摊销额=应付利息－利息费用 =50 000－41 451=8 549
债权投资余额=初始投资成本－溢价摊销额 =1 027 755－8 890=1 018 865	应付债券余额=期初账面价值－本期溢价摊销额 =1 036 270－8 549=1 027 721

（2）2×20年年末A公司编制合并财务报表时有关的抵销分录为：

①抵销内部债券投、筹资的价值：

借：应付债券 1 027 721

贷：债权投资 1 018 865

投资收益 8 856

②抵销相关的利息收益与利息费用：

借：投资收益 41 110

贷：财务费用 41 110

根据上述资料编制的合并财务报表工作底稿（局部）见表6-2。

表6-2 **2×20年年末合并财务报表工作底稿（局部）** 单位：元

项目	个别报表		抵销分录		合并数
	A公司	E公司	借	贷	
资产负债表有关项目：					
债权投资	1 018 865	0		①1 018 865	0
应付债券	0	1 027 721	①1 027 721		0
利润表有关项目：					
投资收益	41 110	0	②41 110	①8 856	8 856
财务费用	0	41 451		②41 110	341

思考：

例6-3的抵销分录中100万元的差额，计入“投资收益”还是“财务费用”项目，怎样做才更合理？

表6-2中341万元的“财务费用”虽然是内部债券发行方的利息费用却没有被抵销，如何解释其合理性？如果将内部债券的利息收益41 110万元与利息费用41 451万元全额抵销，两者之差该如何处理？

是否有必要单独确认“推定赎回损益”?
知识链接：应付债券和债权投资的确认与计量中对实际利率法的应用。

第二节　其他内部债权、债务的抵销

一、其他内部债权、债务的内容

除了集团内部的债券发行与持有业务，集团成员企业之间还可能产生一些其他债权、债务，例如相互之间的商品或劳务购销产生的应收账款与应付账款、应收票据与应付票据、预收账款与预付账款等，相互之间持有股权或债权而产生的应收股利与应付股利、应收利息与应付利息等，相互之间租赁、抵押等业务产生的长期应收款与长期应付款、其他应收款与其他应付款等。

二、其他内部债权与债务的抵销

对于集团内部投资和交易产生的上述债权、债务，母公司在编制合并财务报表时应编制如下抵销分录：

（1）内部应收账款与应付账款的抵销：

借：应付账款

　贷：应收账款

（2）内部应收票据与应付票据的抵销：

借：应付票据

　贷：应收票据

（3）内部预收款项与预付款项的抵销：

借：预收账款

　贷：预付账款

（4）内部其他应收款与其他应付款的抵销：

借：其他应付款

　贷：其他应收款

（5）内部长期应收款与长期应付款的抵销：

借：长期应付款

　贷：长期应收款

实务中应比照上述原理对其他内部债权债务项目进行相应的抵销处理。

下面举例予以说明。

［例6-6］A公司是B公司和C公司的母公司，2×19年年末，3个公司的应收账款余额、应付账款余额资料见表6-3。

表6-3　　有关债权债务余额资料　　单位：万元

项目	A公司	B公司	C公司
“应收账款”期末余额	1 700 其中：应收B公司400 应收C公司300	600 其中：应收A公司200	800
“应付账款”期末余额	500 其中：应付B公司200	450 其中：应付A公司400	300 其中：应付A公司300

根据上述资料，可以计算出合并资产负债表中有关项目的报告价值如下：

（1）应收账款=（1 700+600+800）－（400+300+200）=2 200（万元）

（2）应付账款=（500+450+300）－（200+400+300）=350（万元）

如果采用工作底稿法，则在合并财务报表工作底稿中编制如下抵销分录（金额单位为万元）：

借：应付账款（200+400+300）　　900

　贷：应收账款　　900

根据上述资料和抵销分录编制的合并财务报表工作底稿（局部）见表6-4。

表6-4　　2×19年年末合并财务报表工作底稿（局部）　　单位：万元

项目	个别报表				抵销分录		合并数
	A公司	B公司	C公司	合计	借	贷	
资产负债表有关项目：							
应收账款	1 700	600	800	3 100		①900	2 200
应付账款	500	450	300	1 250	①900		350

［例6-7］资料见例6-5。如果2×20年年末E公司尚未支付当年利息，则在不考虑其他业务的情况下，A公司2×20年年末编制的合并财务报表工作底稿（局部）见表6-5。

表6-5　　2×20年年末合并财务报表工作底稿（局部）　　单位：元

项目	个别报表		抵销分录		合并数
	A公司	EF公司	借	贷	
资产负债表有关项目：					
其他应收款	50 000	0		②50 000	0
债权投资	1 018 865	0		①1 018 865	0
其他应付款	0	50 000	②50 000		0
应付债券	0	1 027 721	①1 027 721		0
利润表有关项目：					
投资收益	41 110	0	②41 110	①8 856	8 856
财务费用	0	41 451		②41 110	341

引例跟踪

（1）随着将母公司与子公司之间的应收款项、应付款项进行抵销，合并资产负债表中列报的应收款项、应付款项余额反映了纳入合并范围的成员企业与合并范围之外的主体之间的债权、债务。

所以，三一重工合并财务报表中应收账款的欠款主体不可能是纳入合并范围的子公司；而三一重工个别报表中应收款项的欠款主体则有可能是公司的子公司。

（2）将子公司对母公司的应付股利与母公司对子公司的应收股利进行抵销之后，合并报表中的应收股利反映纳入合并范围的成员企业应向合并范围之外的被投资方收取的股利，而母公司和个别资产负债表中的应收股利则代表母公司应向其所有被投资方收取的股利；合并报表中的应付股利仅反映纳入合并范围的成员企业应向合并范围之外的投资方支付的股利。

所以，2014年年末，以三一重工为母公司的企业集团，其应收股利为0；而三一重工个别资产负债表中的应收股利却为3 281 594千元；以三一重工为母公司的企业集团，其应付股利为108 435千元，应该包括三一重工应付其母公司的股利（三一重工个别资产负债表中的8 435千元）以及三一重工的子公司应向其少数股东支付的股利。

第三节 其他相关处理

一、内部债权已提减值准备的抵销

在合并财务报表工作底稿中，纳入合并范围的成员企业之间的债权、债务已经抵销，那么，与该应收债权有关的已提减值准备也应该予以抵销。

以应收账款为例。

由于编制个别报表前对应收账款计提坏账准备的账务处理为：

借：信用减值损失　　　　［报告期应计提金额］

　贷：坏账准备

编制合并财务报表时的抵销分录本来应为：

借：坏账准备

　贷：信用减值损失

但是，由于个别资产负债表中“应收账款”项目报告的是应收账款报告期末的账面价值（即账面余额与已提坏账准备之差），所以，合并财务报表工作底稿中有关内部应收账款已提坏账准备的抵销分录应为：

借：应收账款 [内部应收账款计提的坏账准备期末余额]

借或贷：信用减值损失 [内部应收账款本年冲销或计提的坏账准备]

贷：未分配利润（期初数） [内部应收账款计提的坏账准备期初余额]

下面举例予以说明。

[例6-8] A公司是B公司和C公司的母公司。2×19年年末，3个公司的应收账款余额、应付账款余额以及坏账准备余额资料见表6-6（假定A公司在报告期末为应收B公司的销货款计提了5%的坏账准备），其余应收账款均未计提坏账准备。

假定无其他应收债权。

表6-6 **有关债权债务账面价值资料** 单位：万元

项目	A公司	B公司	C公司
“应收账款”期末余额	1 700 其中：应收B公司400 应收C公司300	600 其中：应收A公司200	800
“坏账准备”期末余额	20	0	0
“应付账款”期末余额	500 其中：应付B公司200	450 其中：应付A公司400	300 其中：应付A公司300

A公司报告期末在合并财务报表工作底稿中还应编制与对内部应收账款计提的坏账准备有关的抵销分录（金额单位为万元）：

借：应收账款 20

贷：信用减值损失 20

有关合并财务报表工作底稿（局部）见表6-7。

表6-7 **2×19年年末合并财务报表工作底稿（局部）** 单位：万元

项目	个别报表				抵销分录		合并数
	A公司	B公司	C公司	合计	借	贷	
资产负债表有关项目：							
应收账款	1 680	600	800	3 080	②20	①900	2 200
应付账款	500	450	300	1 250	①900		350
利润表有关项目：							
减：信用减值损失	20					②20	0

［例6-9］A公司是B公司的母公司，A公司应收账款余额情况见表6-8；A公司对应收账款按5%的比例计提坏账准备。除B公司对A公司的应付账款外，双方无其他债权、债务。相关税费及其他资料略。

表6-8　　**A公司应收账款资料**　　单位：万元

项目	2×18年年末	2×19年年末	2×20年年末
"应收账款"期末余额	1 500 其中：应收B公司400	2 000 其中：应收B公司500	1 200 其中：应收B公司300

根据上述资料，A公司在合并财务报表工作底稿中编制的有关抵销分录如下（金额单位为万元）：

（1）2×18年年末：

①抵销内部债权、债务：

借：应付账款　　400

　贷：应收账款　　400

②抵销对内部应收账款计提的坏账准备：

借：应收账款　　20

　贷：信用减值损失　　20

（2）2×19年年末：

①抵销内部债权、债务：

借：应付账款　　500

　贷：应收账款　　500

②抵销对内部应收账款计提的坏账准备：

借：应收账款　　25

　贷：信用减值损失　　5

　　　未分配利润（期初数）　　20

（3）2×20年年末：

①抵销内部债权、债务：

借：应付账款　　300

　贷：应收账款　　300

②抵销对内部应收账款计提的坏账准备：

借：应收账款　　15

　　信用减值损失　　10

　贷：未分配利润（期初数）　　25

有关合并财务报表工作底稿（局部）见表6-9。

其他内部应收款项的坏账准备和内部债券投资的减值准备的抵销，可以比照上述处理方法。

表6-9　　**合并财务报表工作底稿（局部）**　　单位：万元

项　目	个别报表		调整与抵销分录		合并数
	母公司	子公司	借	贷	
2×18年					
利润表有关项目：					
减：信用减值损失	75	0		②20	55
所有者权益变动表有关项目：					
未分配利润（期末）	-75	0		20	-55*
资产负债表有关项目：					
应收账款	1 425	0	②20	①400	1 045*
应付账款		400	①400		0
未分配利润	-75	0		20	-55
2×19年					
利润表有关项目：					
减：信用减值损失	25	0		②5	20
所有者权益变动表有关项目：					
未分配利润（期初）	-75	0		②20	-55
未分配利润（期末）	-100	0		25	-75**
资产负债表项目：					
应收账款	1 900	0	②25	①500	1 425**
应付账款		500	①500		0
未分配利润	-100	0		25	-75
2×20年					
利润表有关项目：					
减：信用减值损失	-40	0	②10		-30
所有者权益变动表有关项目：					
未分配利润（期初）	-100	0		②25	-75
未分配利润（期末）	-60	0	10	25	-45***
资产负债表有关项目：					
应收账款	1 140	0	②15	①300	855***
应付账款		200	①300		0
未分配利润	-60	0	10	25	0

*2×18年年末集团对外应收账款余额1 100万元，当期计提坏账准备55万元，账面价值1 045万元。

**2×19年年末集团对外应收账款余额1 500万元，累计计提坏账准备75万元，账面价值1 425万元。

***2×20年年末集团对外应收账款余额900万元，累计计提坏账准备45万元，账面价值855万元。

二、相关抵销处理对少数股东损益和少数股东权益的影响

上述关于内部债权与债务的抵销处理中，不仅涉及应收账款、债权投资等有关资产项目以及应付账款、应付债券等有关负债项目，还涉及投资收益、财务费用、资产减值损失等损益项目。如果上述抵销处理涉及的是对子公司有关损益类项目的抵销，则其必将影响到少数股东损益从而影响到少数股东权益的计量。所以，应根据上述抵销处理中对子公司净利润的抵销金额中归属于少数股东的部分，编制如下调整分录：

借：少数股东权益

　贷：少数股东损益

如果前述抵销处理的结果是增加了子公司的净利润，则应将其中归属于少数股东的部分编制如下调整分录：

借：少数股东损益

　贷：少数股东权益

［例6-10］资料见例6-5以及表6-2。由于相关抵销处理中抵销了子公司的利息费用41 110元，从而导致子公司在合并净利润中的列报金额增加了41 110元，因此，少数股东权益也应相应增加。所以，应编制如下调整分录（假定A公司拥有E公司80%的股权，其他因素略）：

借：少数股东损益　　8 222

　贷：少数股东权益　　8 222

［例6-11］资料见例6-9以及表6-9。2×18年的相关抵销处理中，抵销了母公司为内部债权确认的资产减值损失20万元，并未影响到子公司在合并净利润中的列报金额，所以，对此抵销分录不必编制关于少数股东损益和少数股东权益的调整分录。

［例6-12］资料见例6-9，假定例中的债权方为子公司，且母公司拥有的子公司股权为80%。各年末编制合并财务报表工作底稿时的有关抵销分录和调整分录如下（金额单位为万元）：

（1）2×18年年末：

①抵销内部债权、债务：

借：应付账款　　400

　贷：应收账款　　400

②抵销对内部应收账款计提的坏账准备：

借：应收账款　　20

　贷：信用减值损失　　20

③调整少数股东损益和少数股东权益：

借：少数股东损益（20×20%）　　4

　贷：少数股东权益　　4

（2）2×19年年末：

①抵销内部债权、债务：

借：应付账款　　500

　贷：应收账款　　500

②抵销对内部应收账款计提的坏账准备：

借：应收账款　　25

　贷：信用减值损失　　5

　　　未分配利润（期初数）（上年资产减值损失的抵销数）　　20

③调整少数股东损益和少数股东权益：

借：未分配利润（期初）（上年少数股东损益的调整数）　　4

　　少数股东损益（本年调整数=5×20%）　　1

　贷：少数股东权益（累计调整数=25×20%）　　5

或者将上述②、③合并，则抵销对内部应收账款计提坏账准备及其对有关项目的影响：

借：应收账款　　25

　　少数股东损益　　1

　贷：信用减值损失　　5

　　　未分配利润（期初数）　　16

　　　少数股东权益　　5

（3）2×20年：

①抵销内部债权、债务：

借：应付账款　　300

　贷：应收账款　　300

②抵销对内部应收账款计提的坏账准备：

借：应收账款　　15

　　信用减值损失　　10

　贷：未分配利润（期初数）（前两年资产减值损失的抵销数）　　25

③调整少数股东损益和少数股东权益：

借：未分配利润（期初）（前两年少数股东损益的调整数）　　5

　贷：少数股东损益（本年调整数=10×20%）　　2

　　　少数股东权益（累计调整数=15×20%）　　3

或者将上述②、③合并，则抵销对内部应收账款计提坏账准备及其对有关项目的影响：

借：应收账款　　15

　　信用减值损失　　10

贷：未分配利润（期初数） 20

少数股东损益 2

少数股东权益 3

本章特别关注 推定赎回损益

如果纳入合并范围的成员企业中的一方购入其他方发行的债券，从企业集团整体来看，该发行在外的债券被赎回，这就有了“推定赎回”的概念。投资方的购入成本大于或小于发行方的账面价值，就产生了“推定赎回利得或损失”。如果采用推定赎回概念，合并利润表中就需要增设“推定赎回损益”项目。

债券推定赎回损益在合并财务报表中的会计处理包括两个方面的内容：

首先，从企业集团整体来看，债券推定赎回损益是已实现损益，应在合并财务报表中确认。用例6-5资料，2×20年年末A公司编制合并财务报表时抵销相关债权债务及其相关利息收益与利息费用，并确认推定赎回损益的分录应为：

借：应付债券 1 027 721

投资收益 41 110

贷：债权投资 1 018 865

财务费用 41 451

推定赎回损益 8 515

其次，在合并利润表中确认的推定赎回损益还有一个在购买方和发行方之间的归属问题。对此，有两种观点：面值理论和代理理论。面值理论下，债券推定赎回损益按债券面值在购买方和发行方之间进行分摊；代理理论下，债券推定赎回损益全部分配给发行方。值得注意的是，无论采用哪一种观点，在推定赎回损益归属于相关子公司的情况下，最后都要涉及将其在“归属于母公司所有者的净利润”和“少数股东损益”之间的分配问题。

内部债券业务必然涉及投资收益和筹资费用，如果两者金额不相等，则两者之差在合并财务报表中究竟是冲减投资收益还是筹资费用，似乎都有不尽人意之处。从这个意义上来说，设置“推定赎回损益”不失为一个可以考虑的选择。

资料来源 中国注册会计师教育教材编审委员会. 高级财务会计［M］. 大连：东北财经大学出版社，1996.

第七章　与内部交易资产有关的处理

引例　中国中车：子公司间产品配套

中国中车股份有限公司（A股股票代码：601766，H股股票代码：1766，公司简称：中国中车）是2015年9月28日由中国南车集团公司和中国北车集团公司合并组成的，经营范围包括铁路机车车辆（含动车组）、城市轨道交通车辆、工程机械、各类机电设备、电子设备及零部件、电子电器及环保产品的研发、设计、制造、修理、销售、租赁与技术服务等。

下面是2017年2月17日中国新闻网的一篇题为《中车大连电牵公司自制“心脑” “护嫁”土耳其地铁车辆》的专题报道：

中国中车旗下大连电牵公司17日对外披露，中国中车出口土耳其的首批11列新型贯通式六轴铰接地铁车辆近日在土耳其伊兹密尔正式投入运行。该地铁车辆的牵引系统和网络控制系统全部由大连电牵公司自主开发制造，这也是中国地铁产品首次进入欧洲市场。

中国驻伊兹密尔总领事刘增先、伊兹密尔市市长考扎奥卢、土耳其交通部有关负责人等共同为上线车辆剪彩。

据介绍，2015年年初，中车唐山公司收到伊兹密尔地铁总计19列95辆铰接式铝合金车体地铁车辆订单，该型列车设计时速80公里，最大载客量1 286人。车体宽约2.7米，车体采用轻量化、高强度、耐腐蚀的铝合金材质，车内净高约2.2米，非常适合身材较高的当地人乘坐。

在该地铁车辆的“心脏”和“大脑”——牵引系统和网络控制系统方面，则全部由大连电牵公司自主开发制造。大连电牵公司为其完全自主打造列车网络控制系统、车地无线传输系统、牵引变流器、辅助变流器及制动电阻、高压电气箱等成套牵引及控制系统产品。

值得一提的是，为适应发达国家高端市场需求，大连电牵公司在该产品配套中创新了两项新技术：与飞机“黑匣子”相同防护等级的事件记录系统和确保车地无缝通信连接的无线通信支持系统。

大连电牵公司方面表示，该系统在用户验收、调试试验、载客试运营等各阶段的突出表现，获得了土耳其用户的高度认可；大连电牵公司自主车辆牵引与网络控制系统此次成功登陆欧洲国家市场，必将为后续市场开发奠定坚实基础。

资料来源　杨毅. 中车大连电牵公司自制“心脑” “护嫁”土耳其地铁车辆［EB/OL］.［2017-02-17.］http：//www.chinanews.com/gn/2017/02-17/8 152 519.shtml.有删改.

中新网这条新闻中提到的中车唐山公司和中车大连电牵公司都是中车股份的子

公司。这条新闻让我们关注到与合并财务报表相关的一个问题：纳入合并范围的成员企业之间经常会发生商品购销交易。那么，在编制合并财务报表过程中，内部资产交易对个别财务报表的影响应该予以抵消，才能使合并财务报表反映企业集团整体的对外销售情况和从集团以外主体购进资产的信息。本章的核心内容就是编制合并财务报表时如何对集团内部成员企业之间发生的资产交易进行抵销处理。

第一节　内部存货交易未实现损益的处理

内部存货交易一般指母公司与子公司之间或子公司互相之间通过商品购销或其他方式形成存货的交易。内部存货交易按交易的实现与否分为两种情况：第一种情况，企业集团内部存货交易的买方至报告期末已将该存货销售出企业集团，即内部存货交易当期实现对外销售；第二种情况，企业集团内部存货交易的买方至报告期末未将该存货销售出企业集团，即内部存货交易当期未实现对外销售而形成买方的存货。下面以内部销售收入大于销售成本的商品销售为例，分别两种情形分析与内部存货交易相关的抵销处理。

一、对当期交易的相关抵销

（一）内部存货交易当期实现对外销售

母公司与子公司之间或子公司互相之间发生存货交易之后，如果交易当期期末内部交易的买方已将存货售出企业集团，则意味着内部交易损益随着对外销售实现，因而不存在对“内部交易的未实现销售损益”的抵销问题。但这里存在集团内销售收入、销售成本重复报告问题，所以应编制如下抵销分录：

借：营业收入　　　　　　　[内部交易卖方的对内销售收入]

　贷：营业成本　　　　　　[内部交易买方的对外销售成本]

以上抵销分录对营业利润乃至净利润、未分配利润的影响为0，所以，以后期间编制合并财务报表时也无须对“未分配利润（期初数）”进行相关处理。

[例7-1] 2×19年9月，某企业集团的母公司将成本为1 000万元的存货按1 200万元的价格出售给子公司，至2×19年年末，子公司已将该存货另加10%的毛利售出企业集团。相关税费及其他资料略。

分析：这项内部存货交易导致母公司确认营业收入1 200万元、营业成本1 000万元，从而确认营业利润200万元；而随着子公司将该存货售出企业集团，子公司确认1 320万元的营业收入、1 200万元的营业成本，确认营业利润120万元；从企业集团整体来看，则相当于母公司成本为1 000万元的存货由子公司按1 320万元售出，集团整体实现营业利润320万元（相当于内部交易的卖方母公司实现营业利润200万元，内部交易的买方子公司实现营业利润120万元）。可见，母公司1 200万元的营业收入和子公司1 200万元的营业成本从集团整体角度看是对营业收入和营业成本的重复计算，因此，应予以抵销。

母公司报告期末编制合并财务报表工作底稿时应编制的抵销分录为（金额单位为万元）：

借：营业收入　　1 200

　贷：营业成本　　1 200

根据上述资料编制的合并财务报表工作底稿（局部）见表7-1，从中可以看出这一内部存货交易对交易双方个别利润表的影响以及对合并利润表的影响。

表7-1　**2×19年合并财务报表工作底稿（局部）**　单位：万元

项目	个别报表		抵销分录		合并数
	母公司	子公司	借	贷	
利润表有关项目：					
营业收入	1 200	1 320	①1 200		1 320
营业成本	1 000	1 200		①1 200	1 000
营业利润	200	120	1 200	1 200	320

（二）内部存货交易当期未实现对外销售

母公司与子公司之间或子公司互相之间发生存货交易之后，如果交易当期期末内部交易的买方未将相关存货售出企业集团，从集团整体的立场来看存在未实现的内部交易损益。

由于企业集团内部存货交易的买方期末存货成本中包含的卖方已确认的销售损益从企业集团整体立场来看并未实现，所以，母公司于报告期末编制合并财务报表时应将该未实现损益予以抵销。

抵销存货价值中包含的未实现损益及其产生过程的抵销分录如下：

借：营业收入　　[内部交易卖方的销售收入]

　贷：营业成本　　[内部交易卖方的销售成本]

　　存货　　[内部交易的未实现利润]

[例7-2] 资料见例7-1，假定至2×19年年末，子公司尚未将购自母公司的存货售出企业集团。相关税费及其他资料略。

分析：这项内部存货交易导致母公司确认营业收入1 200万元、营业成本1 000万元，从而确认营业利润200万元；该存货仍在子公司的存货期末报告价值中。根据一体性原则，从母公司和子公司构成的企业集团整体来看，该存货的期末报告价值仍为1 000万元，该内部交易并未增加集团整体的营业收入、营业成本乃至营业利润。

母公司报告期末编制合并财务报表工作底稿时应编制的抵销分录为（金额单位为万元）：

借：营业收入　　1 200

　贷：营业成本　　1 000

　　　存货　　200

根据上述资料编制的合并财务报表工作底稿（局部）见表7-2。从中可以看出这一内部存货交易对交易双方个别利润表、资产负债表的影响以及对合并财务报表相关项目的影响。

表7-2　**2×19年合并财务报表工作底稿（局部）**　单位：万元

项目	个别报表		抵销分录		合并数
	母公司	子公司	借	贷	
利润表有关项目：					
营业收入	1 200	0	①1 200		0
营业成本	1 000	0		①1 000	0
营业利润	200	0	1 200	1 000	0
资产负债表有关项目：					
存货	0	1 200		①200	1 000

无论内部存货交易当期内部交易的买方是否将相关存货售出企业集团，也就是说无论内部存货交易当期从企业集团立场来看内部交易卖方的销售损益是否实现，在内部交易卖方个别利润表中确认的主营业务收入从合并利润表的立场来看都应予以抵销，因为这是来自于集团内部的收入。

（三）内部存货交易当期有实现对外销售也有未实现对外销售

综上所述，如果内部存货交易的当期，内部交易的存货中一部分实现了对外销售另一部分尚未实现对外销售，则期末编制合并财务报表时的有关抵销分录为：

首先，假定当年全部实现对外销售，则按内部交易卖方的销售收入抵销营业收入和营业成本的重复计价：

借：营业收入　　[内部交易卖方的对内销售收入]

　贷：营业成本　　[内部交易买方的对外销售成本]

然后，再抵销期末存货价值中包含的未实现利润，并调整营业成本：

借：营业成本

　贷：存货　　[期末存货价值中包含的未实现利润]

将以上两个抵销分录合并，则有：

借：营业收入 [按内部交易卖方的销售收入] A

贷：营业成本 [A−B]

存货 [期末存货价值中包含的未实现内部交易利润] B

[例7-3] 资料见例7-1，假定至2×19年年末，子公司将当年购自母公司的存货中的30%按400万元的价格售出企业集团。相关税费及其他资料略。

母公司2×19年年末编制合并财务报表工作底稿时应编制的抵销分录为（金额单位为万元）：

①先假定当年全部实现对外销售，则按内部交易卖方的销售收入抵销营业收入和营业成本的重复计价：

借：营业收入 1 200

贷：营业成本 1 200

②再抵销期末存货价值中包含的未实现利润，并调整营业成本：

借：营业成本 140

贷：存货（200×70%） 140

将以上两个抵销分录合并，则有：

借：营业收入 1 200

贷：营业成本（1 200−140） 1 060

存货（200×70%） 140

通过合并财务报表工作底稿（局部）（见表7-3）能清晰看出该项内部交易对个别报表和合并财务报表的影响。

表7-3 **2×19年合并财务报表工作底稿（局部）** 单位：万元

项目	个别报表		抵销分录		合并数
	母公司	子公司	借	贷	
利润表有关项目：					
营业收入	1 200	400	①1 200		400
营业成本	1 000	360*		①1 060	300
营业利润	200	40	1 200	1 060	100**
资产负债表有关项目：					
存货	0	840***		①140	700****

*360=1 200×30%，内部交易买方对外销售的销售成本。

**100=400−300；

或=400−1 000×30%，从集团整体来看的销售利润。

***840=1 200×70%，期末尚未对外销售的内部交易存货，在内部交易买方个别报表的报告价值。

****700=1 000×70%，期末尚未对外销售的内部交易存货，在合并财务报表中的报告价值。

二、对前期交易的相关抵销

在各期末连续编制合并财务报表的情况下，对于以前期间内部存货交易的未实现损益还应作相应的抵销处理。

一方面，应将内部交易卖方期初未分配利润中的前期内部存货交易未实现损益予以抵销，以便使期初未分配利润合并数与前期期末未分配利润合并数一致。

另一方面，如果该存货本期仍未售出企业集团，需抵销期末存货价值中包含的未实现损益；如果该存货本年售出企业集团，则对集团内部交易的买方依据卖方销售收入确定的销售成本中相当于卖方利润的金额予以抵销，以使合并财务报表中的销售成本能够按内部交易卖方的销售成本反映。

抵销前期内部存货交易未实现损益对期初未分配利润的影响的抵销分录为：

借：未分配利润（期初）　　　　［以前年度内部交易未实现利润］

　贷：存货　　　　　　　　　　［期末存货价值中包含的未实现利润］

　　　营业成本　　　　　　　　［本年实现的利润］

［例7-4］资料见例7-1，假定至2×19年年末，子公司将当年购自母公司的存货中的30%按400万元的价格售出企业集团；2×20年又将其余70%中的一半按440万元售出企业集团。相关税费及其他资料略。

母公司报告期末编制合并财务报表工作底稿时应编制的抵销分录为（金额单位为万元）：

（1）2×19年年末：

借：营业收入	1 200	
贷：营业成本		1 060
存货		140

（2）2×20年年末：

借：未分配利润（期初数）	140	
贷：营业成本		70
存货		70

根据上述资料编制的2×19年合并财务报表工作底稿（局部）见表7-3，2×20年合并财务报表工作底稿（局部）见表7-4。

三、综合考虑的抵销

如果将以上关于内部存货交易的各种情况综合起来考虑，则各报告期末编制合并财务报表时与内部存货交易有关的抵销分录包括：

（1）抵销以前年度内部存货交易未实现利润对期初未分配利润的影响：

借：未分配利润（期初数）　　　［以前年度内部交易未实现利润］

表7-4 2×20年合并财务报表工作底稿（局部） 单位：万元

项目	个别报表		抵销分录		合并数
	母公司	子公司	借	贷	
利润表有关项目：					
营业收入	0	440	0		440
营业成本	0	420*		①70	350**
营业利润	0	20	0	70	90***
所有者权益变动表有关项目：					
未分配利润（期初数）	200	40	①140		100
未分配利润（期末数）	200	60	140	70	190
资产负债表有关项目：					
存货	0	420*		①70	350**
未分配利润	200	60	140	70	190

*420=840×50%。

**350=700×50%。

***90=440-350，相当于母公司成本为350万元的商品由子公司按440万元的价格售出企业集团所得的销售利润。

贷：存货 [期末存货价值中包含的以前年度内部交易的未实现利润]

营业成本 [本年实现的以前年度内部交易的未实现利润]

（2）抵销当年发生的内部存货交易

借：营业收入 [按本期内部交易卖方的收入] A

贷：营业成本 [A-B]

存货 [期末存货价值中包含的本期交易的未实现利润] B

［例7-5］某企业集团的母公司和子公司都是制造业企业，母公司将其从子公司购入的商品作为存货使用和管理。2×19年12月，子公司将成本为1 000万元的A商品按1 200万元的价格出售给母公司，至2×19年年末，母公司已将该存货中的40%售出企业集团。2×20年3月，子公司将成本为600万元的B商品按690万元的价格出售给母公司；至2×20年年末，母公司已将剩余A商品中的70%和B商品中的80%售出企业集团。相关税费及其他资料略。

母公司编制合并财务报表时的有关抵销分录为：

（1）2×19年年末，抵销当年发生内部存货交易：

借：营业收入 1 200

贷：营业成本　1 080

存货（200×60%）　120

（2）2×20年年末：

①抵销以前年度内部存货交易未实现利润对期初未分配利润的影响：

借：未分配利润（期初数）　120

贷：营业成本（120×70%）　84

存货（120×30%）　36

②抵销当年发生的内部存货交易：

借：营业收入　690

贷：营业成本　672

存货（90×20%）　18

引例跟踪

从中国中车编制合并财务报表的立场来看，中国中车合并利润表中的“主营业务收入”金额中，应该包括出售给土耳其地铁车辆的销售收入，但不应包含中车大连电牵公司销售给中车唐山公司的牵引系统和网络控制系统的销售收入。

第二节　内部交易固定资产未实现损益的处理

一、内部交易固定资产与内部交易存货的异同比较

企业集团纳入合并范围的成员企业之间的固定资产交易往往是指一方将商品或固定资产出售给另一方，后者作为固定资产使用和管理，即内部交易形成固定资产。与内部存货交易相类似的是，如果交易形成的固定资产还在内部交易的买方，报告期末编制合并财务报表时就涉及对固定资产价值中包含的未实现交易损益及与之相关的营业收入、营业成本或营业外收入等项目的抵销问题。与内部存货交易不同的是，固定资产不同于存货的特征决定了内部交易固定资产不仅涉及对固定资产持有方按内部交易利润多计提折旧的抵销问题，还涉及固定资产报废当期的相关抵销处理。

二、交易当期的相关抵销

内部交易固定资产的当年，期末合并财务报表工作底稿中的有关抵销分录主要有：

（1）抵销固定资产原价中包含的未实现内部销售利润：

借：营业收入　　　　　　　　［内部交易卖方的销售收入］
　贷：营业成本　　　　　　　［内部交易卖方的销售成本］
　　　固定资产　　　　　　　　［未实现的内部交易利润］

或者：

借：资产处置收益等　　　　　　［内部交易卖方的处置固定资产利得］
　贷：固定资产　　　　　　　　［未实现的内部交易利得］

（2）抵销购买方当年对该固定资产计提的折旧额中按未实现利润计提的部分（即本年多提折旧）：

借：固定资产　　　　　　　　　［本年多提的部分］
　贷：管理费用等

三、使用期间以及处置当期的相关抵销

合并财务报表的编制依据——个别会计报表中，“未分配利润（期初数）”项目中包含以前期间成员企业内部交易的销售方销售产品或固定资产的利润——企业集团未实现利润，而在上期末合并资产负债表的“未分配利润（期末数）”项目中已经抵销了这部分未实现利润。只要内部交易的买方未将该固定资产报废、出售，即未使其退出企业集团，就需要抵销这部分未实现利润对期初未分配利润的影响数，以使本期“未分配利润（期初数）”项目的合并数与上期“未分配利润（期末数）”项目的合并数相符。同时，还应抵销本期及以前各期按未实现利润计提的折旧。

（1）抵销固定资产原价中包含的未实现利润及其对期初未分配利润的影响数：

借：未分配利润（期初数）
　贷：固定资产

（2）抵销按未实现利润计提的折旧：

借：固定资产
　贷：管理费用等　　　　　　　［当年多计提的折旧额］
　　　未分配利润（期初数）　　［以前年度累计多计提的折旧额］

> 内部交易固定资产的清理当期，被清理的固定资产已经不再包含在资产负债表中的“固定资产”项目里，所以，编制有关抵销分录时需要用“营业外收入”或“营业外支出”项目取代“固定资产”项目。

以上两个抵销分录适用于固定资产清理之前的各报告期末。固定资产到期之后至清理期这段使用期间的各期末以及报废清理的当期期末，对以上两个抵销分录的使用要注意两个问题：一方面，相关抵销处理会有所简化；另一方面，固定资产清理当期，在编制相关抵销分录时需要用“营业外收入”或“营业外支出”项目取代“固定资产”项目。

下面举例予以说明。

［例7-6］2×13年年末A公司将一台成本为60 000元的产品以70 000元的价格出售给本企业集团内的B公司，后者将其作为管理用固定资产使用，预计使用年限4年，采用直线法计提折旧（假定不考虑预计净残值）。B公司于2×19年年末将该固定资产进行报废清理。相关税费略。

要求：分别编制2×13年至2×19年每年末合并财务报表工作底稿中的有关抵销分录；并将各年的有关抵销分录填入各年度的合并财务报表工作底稿，以观察该内部交易的抵销处理对合并财务报表信息产生的影响。

分析：

第一，B公司应该在2×14年至2×17年4年间对该固定资产计提折旧，每年折旧额为17 500元；而从企业集团整体的立场来看，年折旧额应为15 000元，所以，每年按未实现内部交易利润多计提的折旧额为2 500元，应予以抵销。

第二，2×18年、2×19年该固定资产超龄使用期间不再计提折旧。

第三，2×19年年末该资产已经清理，资产负债表中的“固定资产”项目中不再含有该资产的报告价值，所以，有关抵销分录中需要用“营业外收入”等项目取代“固定资产”项目。

根据上述资料和相关分析，进行如下抵销处理：

（1）2×13年年末：

抵销固定资产原价中包含的未实现内部交易利润：

借：营业收入　　70 000

　贷：营业成本　　60 000

　　　固定资产　　10 000

（2）2×14年年末：

①抵销固定资产原价中包含的未实现利润及其对期初未分配利润的影响：

借：未分配利润（期初数）　　10 000

　贷：固定资产　　10 000

②抵销按未实现利润多计提的折旧：

借：固定资产　　2 500

　贷：管理费用　　2 500

（3）2×15年年末：

①抵销固定资产原价中包含的未实现利润及其对期初未分配利润的影响：

借：未分配利润（期初数）　　10 000

　贷：固定资产　　10 000

②抵销按未实现利润多计提的折旧：

借：固定资产　　5 000

　贷：管理费用　　2 500

　　　未分配利润（期初数）　　2 500

（4）2×16年年末：

①抵销固定资产原价中包含的未实现利润及其对期初未分配利润的影响：

借：未分配利润（期初数）　　10 000

　贷：固定资产　　10 000

②抵销按未实现利润多计提的折旧：

借：固定资产　　7 500

　贷：管理费用　　2 500

　　　未分配利润（期初数）　　5 000

（5）2×17年年末：

①抵销固定资产原价中包含的未实现利润及其对期初未分配利润的影响：

借：未分配利润（期初数）　　10 000

　贷：固定资产　　10 000

②抵销按未实现利润多计提的折旧：

借：固定资产　　10 000

　贷：管理费用　　2 500

　　　未分配利润（期初数）　　7 500

（6）2×18年年末：

①抵销固定资产原价中包含的未实现利润及其对期初未分配利润的影响：

借：未分配利润（期初数）　　10 000

　贷：固定资产　　10 000

②抵销按未实现利润多计提的折旧：

借：固定资产　　10 000

　贷：未分配利润（期初数）　　10 000

（7）2×19年年末：

①抵销期初未分配利润中的未实现部分，并将其转为本期实现的损益：

借：未分配利润（期初数）　　10 000

　贷：营业外收入　　10 000

②抵销按未实现利润多计提的折旧：

借：营业外收入　　10 000

　贷：未分配利润（期初数）　　10 000

在合并财务报表工作底稿里编制上述抵销分录，则此项内部固定资产交易对各个年度合并财务报表有关项目的影响见表7-5。

表7-5　**合并财务报表工作底稿（局部）**　单位：元

项　目	个别财务报表		抵销分录		合并数
	A公司	B公司	借	贷	
2×13年：					
营业收入	70 000		抵70 000		0
营业成本	60 000			抵60 000	0
营业利润	10 000		70 000	60 000	0
未分配利润（期末数）	10 000		70 000	60 000	0
固定资产		70 000		抵10 000	60 000
2×14年：					
管理费用		17 500		②2 500	15 000
未分配利润（期初数）	10 000		①10 000		0
未分配利润（期末数）	10 000	−17 500	10 000	2 500	−15 000
固定资产		52 500*	②2 500	①10 000	45 000
2×15年：					
管理费用		17 500		②2 500	15 000
未分配利润（期初数）	10 000	−17 500	①10 000	②2 500	−15 000
未分配利润（期末数）	10 000	−35 000	10 000	5 000	−30 000
固定资产		35 000**	②5 000	①10 000	30 000
2×16年：					
管理费用		17 500		②2 500	15 000
未分配利润（期初数）	10 000	−35 000	①10 000	②5 000	−30 000
未分配利润（期末数）	10 000	−52 500	10 000	7 500	−45 000
固定资产		17 500***	②7 500	①10 000	15 000
2×17年：					
管理费用		17 500		②2 500	15 000

续表

项　目	个别财务报表		抵销分录		合并数
	A公司	B公司	借	贷	
未分配利润（期初数）	10 000	-52 500	①10 000	②7 500	-45 000
未分配利润（期末数）	10 000	-70 000	10 000	10 000	-60 000
固定资产		0****	②10 000	①10 000	0
2×18年：					
管理费用					
未分配利润（期初数）	10 000	-70 000	①10 000	②10 000	-60 000
未分配利润（期末数）	10 000	-70 000	10 000	10 000	-60 000
固定资产		0	②10 000	①10 000	0
2×19年：					
管理费用					
营业外收入			②10 000	①10 000	0
未分配利润（期初数）	10 000	-70 000	①10 000	②10 000	-60 000
未分配利润（期末数）	10 000	-70 000	20 000	20 000	-60 000
固定资产		0			0

*52 500=原始价值70 000-累计折旧17 500

**35 000=原始价值70 000-累计折旧17 500×2

***17 500=原始价值70 000-累计折旧17 500×3

****0=原始价值70 000-累计折旧70 000

第三节　内部交易其他资产未实现损益的处理

一、内部交易无形资产的相关抵销

纳入合并范围的成员企业之间如有内部交易形成的无形资产，母公司编制合并财务报表时，可比照内部交易形成固定资产的抵销方法进行相应的抵销处理。有关抵销处理归纳如下：

1.内部无形资产交易当年的有关抵销处理

（1）抵销无形资产价值中包含的未实现内部交易利润：

借：资产处置收益

　贷：无形资产　　　　[按内部无形资产交易的利润]

（2）抵销当年多计提的摊销：

借：无形资产

　贷：管理费用等　　　[按当年计提摊销额中相当于按未实现利润计提的部分]

2.持有期间的每年以及摊销完毕当期的抵销处理

（1）抵销无形资产价值中包含的未实现内部交易利润及其对期初未分配利润的影响：

借：未分配利润（期初数）

　贷：无形资产　　　　[按内部无形资产交易的利润]

（2）抵销当年多计提的摊销：

借：无形资产

　贷：管理费用等　　　[按当年计提摊销额中相当于按未实现利润计提的部分]

（3）抵销以前年度累计多计提的摊销：

借：无形资产

　贷：未分配利润（期初数）[按以前年度累计摊销额中相当于按未实现利润计提的部分]

下面举例予以说明。

[例7-7] A公司是B公司的母公司。2×19年年初，A公司将账面价值4 000万元的一项专利权按5 000万元的价格出售给B公司，后者按10年的摊销期限进行摊销，每年为该项专利权计提摊销费用500万元（计入管理费用）。相关税费及其他资料略。

母公司在2×19年、2×20年编制合并财务报表时，根据上述资料，在合并财务报表工作底稿中分别编制如下抵销分录以抵销内部交易的买方当期按内部交易未实现利润多计提的无形资产摊销（金额单位为万元）：

（1）2×19年年末：

①抵销无形资产价值中包含的未实现利润：

借：资产处置收益（5 000−4 000）　　　　1 000

　贷：无形资产　　　　1 000

②抵销当年多计提的摊销：

借：无形资产 [（5 000−4 000）÷10]　　　　100

　贷：管理费用　　　　100

（2）2×20年年末：

①抵销无形资产价值中包含的未实现利润：

借：未分配利润（期初数）（5 000−4 000）　　　　1 000

贷：无形资产　　1 000

②抵销上年和当年多计提的摊销：

借：无形资产　　200

贷：管理费用　　100

未分配利润（期初数）　　100

上述抵销分录在合并财务报表工作底稿（局部）中对合并数的影响见表7-6。

表7-6　**合并财务报表工作底稿（局部）**　单位：万元

项　目	个别财务报表		抵销分录		合并数
	A公司	B公司	借	贷	
2×19年：					
减：管理费用	0	500		②100	400
资产处置收益	1 000	0	①1 000		0
未分配利润（期末数）	1 000	-500	1 000	100	-400*
无形资产	0	4 500	②100	①1 000	3 600**
2×20年：					
减：管理费用		500		②100	400
未分配利润（期初数）	1 000	-500	①1 000	②100	-400***
未分配利润（期末数）	1 000	-1 000	1 000	200	-800
无形资产	0	4 000	②200	①1 000	3 200**

*相当于该无形资产在内部交易卖方的当年摊销数对期末未分配利润的影响。

**相当于该无形资产在内部交易卖方的应有报告价值。

***与上年期末未分配利润合并数相吻合。

二、内部租赁资产的相关抵销

常见的资产租赁业务包括固定资产的经营租赁或融资租赁、无形资产的租赁、包装物等存货的租赁等。不同租赁类型、不同资产的租赁业务，相关的抵销处理要有区别。

（一）经营租赁资产的相关抵销

经营租赁或临时性租赁形成的固定资产、无形资产或其他资产，不涉及租赁资产的确认变更，但可能涉及与租金有关的债权与债务以及与租金有关的收入与费用，有时还会涉及租赁资产折旧费用或摊销费用的项目变化。所以，在编制合并财务报表时，一方面需将与租金有关的影响予以抵销，另一方面还需对影响租赁资产折旧费用或摊销费用的项目进行调整。

［例7-8］B公司和C公司属于同一母公司。2×19年年初，C公司将账面价值2 000万元的一块土地使用权（每年计提摊销50万元）出让给B公司，后者每年应支付租金60万元（假定计入管理费用）。2×19年的租金如期支付，2×20年的租金至当年末尚未支付。相关税费及其他资料略。

母公司在2×19年、2×20年编制合并财务报表时，根据上述资料，在合并财务报表工作底稿中分别编制如下抵销分录以抵销该项内部资产租赁业务的影响（金额单位为万元）：

（1）2×19年年末：

①抵销租金对相关收入和费用项目的影响：

借：营业收入　60

　贷：管理费用　60

②将当期计入“营业成本”项目中的无形资产摊销费用调整计入相关项目：

借：管理费用等　50

　贷：营业成本　50

（2）2×20年年末：

①抵销租金对相关收入和费用项目的影响：

借：营业收入　60

　贷：管理费用　60

②将当期计入“营业成本”项目中的无形资产摊销费用调整计入相关项目：

借：管理费用等　50

　贷：营业成本　50

> 上期此项抵销分录对期末未分配利润的影响为0，所以，本期不必通过“未分配利润（期初数）”项目重编相关抵销分录。

③抵销与尚未支付租金有关的债权债务：

借：其他应付款　60

　贷：其他应收款　60

（二）融资租赁资产的相关抵销

采用融资租赁方式形成的内部租赁资产，不仅涉及与租金有关的债权与债务、与租金有关的收入与费用、租赁资产折旧费或摊销费的项目变化，而且还涉及租赁资产的确认变更，即租入方对租入资产的确认和租出方对租出资产的终止确认。所以，在编制合并财务报表时，相关的抵销处理可能相对复杂一些。

［例7-9］E公司和F公司属于同一母公司。2×19年年初，E公司将账面价值190万元（公允价值等于账面价值）的一项融资租赁资产采用融资租赁方式出租给F公司，租期为5年，F公司作为生产用固定资产使用，采用直线法计提折旧（预计净残值略）；每年应支付租金40万元。为简化起见，假定按实际利率确定的最低

租赁付款额的现值为199万元；最低租赁付款额等于最低租赁收款额，都是200万元；2×19年年末确认融资费用的分摊额与未实现融资收益的分配额相同，都是2万元。2×19年的租金如期支付。相关税费及其他资料略。

分析：此项内部租赁业务中，租赁双方的账务处理及其对个别报表的影响见表7–7。

表7–7　**租赁双方的有关账务处理及报表列报情况**　单位：万元

	租入方（F公司）		租出方（E公司）	
年初	租入资产： 借：固定资产 　　未确认融资费用 　贷：长期应付款	 190 10 200	租出资产： 借：长期应收款 　贷：融资租赁资产 　　　未实现融资收益	 200 190 10
年末	①支付租金： 借：长期应付款 　贷：银行存款 ②确认融资费用： 借：财务费用 　贷：未确认融资费用 ③计提折旧： 借：制造费用 　贷：累计折旧	 40 40 2 2 38 38	①收取租金 借：银行存款 　贷：长期应收款 ②确认融资收益： 借：未实现融资收益 　贷：利息收入	 40 40 2 2
	年末资产负债表有关项目报告价值： 固定资产 长期应付款［（200–40）+（10–2）］ 年度利润表有关项目的报告价值： 财务费用	 152 168 2	年末资产负债表有关项目报告价值： 长期应收款［（200–40）+（10–2）］ 年度利润表有关项目的报告价值： 利息收入	 168 2

根据表7–7，母公司在2×19年年末编制合并财务报表时，需要在合并财务报表工作底稿中编制如下抵销分录（金额单位为万元）：

（1）抵销内部债权、债务余额：

借：长期应付款　　168

　贷：长期应收款　　168

（2）抵销内部资产租赁业务确认的财务费用和利息收入：

借：利息收入　　2

　贷：财务费用　　2

> 值得一提的是，站在企业集团角度来看，此项租赁资产已经作为固定资产使用，所以，不需编制将租入方的固定资产调整为租出方的融资租赁资产的调整分录；同样道理，如果集团内一成员企业将其作为投资性房地产的大厦，出租给另一成员企业使用，则在合并财务报表中应将该资产作为固定资产反映。

第四节　其他相关处理

一、内部交易资产已提减值准备的抵销

与前述的内部权益性投资和内部债权相类似，内部交易形成的资产的已提减值准备在编制合并财务报表时也要进行抵销处理。但是，与内部权益性投资和内部债权在合并财务报表中已被全额抵销从而其已提减值准备也要全额抵销这一处理方法不同的是，对内部交易形成的资产的已提减值准备不能全额抵销，因为相关资产还列示在合并财务报表里，前述的抵销处理中只是抵销了其价值中包含的未实现内部交易损益。那么，如何抵销内部交易形成资产的已提减值准备呢?

从一体性原则出发，以内部交易形成的资产还在内部交易的卖方为假定前提，将其已提减值准备中多计提的部分抵销。

相关的抵销分录为：

借：存货、固定资产等　　　　　　　　[多计提的存货跌价准备金额]
　贷：资产减值损失　　　　　　　　　[本期多确认的存货跌价损失]
　　　未分配利润（期初数）　　　　　[前期多确认的存货跌价损失]

> “以内部交易形成的资产还在内部交易的卖方为假定前提”，这是确定内部交易形成的资产在合并财务报表中应有报告价值的关键。

下面举例予以说明。

[例7-10] 某母公司2×19年将2 000万元的商品按2 100万元的价格销售给子公司，子公司作为存货使用并管理。假定2×19年年末该存货的可变现净值为2 060万元，相关税费及其他资料略。

分析：从合并财务报表角度来看，需要假定该批存货仍在母公司，一方面，该批存货的内部交易未实现利润100万元应予以抵销；另一方面，与期末可变现净值2 060万元相比，该存货的报告价值应为2 000万元，不应计提跌价准备，所以，子公司对该存货已计提的40万元跌价准备应予以抵销。

2×19年年末母公司在编制合并财务报表时编制的与该项内部交易有关的抵销分录为（金额单位为万元）：

①抵销存货价值中包含的未实现利润及其产生过程：

借：营业收入　　　　2 100
　贷：营业成本　　　　2 000
　　　存货　　　　　　100

②抵销子公司本期计提的跌价准备：

借：存货　　　　40

贷：资产减值损失 40

如将以上两个抵销分录合并编制，则有：

借：营业收入 2 100

贷：营业成本 2 000

资产减值损失 40

存货 60

至此，合并财务报表中该存货的报告价值为2 000万元（2 100-40-60），相当于该存货如果还在内部交易的卖方其应有的报告价值。

［例7-11］资料见例7-10，假定2×19年年末该批存货的可变现净值为1 980万元，其他资料不变。

分析：从个别资产负债表来看，子公司对这项存货的报告价值为1 980万元，当期计提了120万元的存货跌价准备，从而也确认了120万元的资产减值损失。从合并财务报表来看，一方面，该批存货的内部交易未实现利润100万元应予以抵销；另一方面，该存货的报告价值应为1 980万元，即应提跌价准备20万元从而应确认资产减值损失20万元。所以，应抵销多计提的跌价准备100万元。

2×19年年末母公司在编制合并财务报表时编制的与该项内部交易有关的抵销分录为（金额单位为万元）：

①抵销存货价值中包含的未实现利润及其产生过程：

借：营业收入 2 100

贷：营业成本 2 000

存货 100

②抵销子公司本期多计提的跌价准备：

借：存货 100

贷：资产减值损失 100

如将以上两个抵销分录合并编制，则有：

借：营业收入 2 100

贷：营业成本 2 000

资产减值损失 100

至此，合并财务报表中该存货的报告价值为1 980万元，相当于该存货如果还在内部交易的卖方其应有的报告价值。

上述业务对2×19年个别财务报表以及合并财务报表的影响表7-8。

［例7-12］资料见例7-11，假定2×20年年末该存货的可变现净值为1 970万元。其他资料不变。

分析：从个别资产负债表来看，子公司对这项存货的报告价值为1 970万元，当期计提了10万元的存货跌价准备，从而也确认了10万元的资产减值损失。从合并财务报表来看，一方面，该批存货的内部交易未实现利润100万元应予以抵销；

表7-8　**2×19年合并财务报表工作底稿（局部）**　单位：万元

项　目	个别报表		调整与抵销分录		合并数
	母公司	子公司	借	贷	
利润表有关项目：					
营业收入	2 100	0	①2 100		0
减：营业成本	2 000	0		①2 000	0
……					
减：资产减值损失	0	120		①100	20
……					
净利润	100	−120	2 100	2 100	−20
所有者权益变动表有关项目：					
未分配利润（期末）	100	−120	2 100	2 100	−20
资产负债表有关项目：					
存货		1 980			1 980
未分配利润	100	−120	2 100	2 100	−20

另一方面，如果该批存货仍在母公司，其报告价值也应为1 970万元，所以，子公司当年计提的10万元跌价准备不应抵销，但上年与本年累计计提130万元的跌价准备中，从合并财务报表角度看应计提30万元（2 100−1 970），所以，应抵销多计提的100万元。

2×20年年末母公司在编制合并财务报表时编制的与该项内部交易有关的抵销分录为（金额单位为万元）：

①抵销内部存货交易的未实现利润对期初未分配利润的影响：

借：未分配利润（期初数）　100

　贷：存货　100

②抵销子公司上期多计提的跌价准备：

借：存货　100

　贷：未分配利润（期初数）　100

如将以上两个抵销分录合并编制，则可不编制抵销分录。

至此，子公司个别资产负债表中该存货的报告价值为1 970万元，合并资产负债表中该存货的报告价值也为1 970万元；该存货在子公司当年计提跌价准备并确认资产减值损失10万元，在合并财务报表中与该存货有关的当年资产减值损失也是10万元。

上述业务对2×20年个别财务报表以及合并财务报表的影响见表7-9。

表7-9 **2×20年合并财务报表工作底稿（局部）** 单位：万元

项　目	个别报表		调整与抵销分录		合并数
	母公司	子公司	借	贷	
利润表有关项目：					
营业收入	0	0			0
减：营业成本	0	0			0
……					
减：资产减值损失	0	10			10
……					
净利润	0	-10			-10
所有者权益变动表有关项目：					
未分配利润（期初数）	100	-120			-20
未分配利润（期末数）	100	-130			-30
资产负债表有关项目：					
存货		1 970			1 970
未分配利润	100	-130			-30

［例7-13］资料见例7-11，假定2×20年年末该存货的可变现净值为1 985万元。其他资料不变。

分析：2×20年年末，子公司转回已计提存货跌价准备5万元，其个别资产负债表中该存货的报告价值为1 985万元，累计已提存货跌价准备115万元（2 100-1 985）；从合并财务报表角度来看，该存货的累计已提跌价准备应为15万元（2 000-1 985）。所以，应抵销多计提的100万元。

2×20年年末母公司在编制合并财务报表时编制的与该项内部交易有关的抵销分录为（金额单位为万元）：

①抵销内部存货交易的未实现利润对期初未分配利润的影响：

借：未分配利润（期初数）　　100

　贷：存货　　100

②抵销子公司上期多计提的跌价准备：

借：存货　　100

　贷：未分配利润（期初数）　　100

如将以上两个抵销分录合并编制，则可不编制抵销分录。

二、相关抵销处理对少数股东损益和少数股东权益的影响

对内部资产交易的未实现损益以及与之相关的已提减值准备的上述抵销处理，通过“营业收入”“营业成本”“营业外收入”“营业外支出”“资产减值损失”等项目，消除内部资产交易未实现损益对合并净利润的影响。现在的问题是，在合并利润表中，“净利润”项下分别列示“归属于母公司股东的净利润”项目和“少数股东损益”项目，那么，相关抵销处理对合并净利润的影响还需具体分配到这两个项目上，而分配到少数股东损益的影响额必将对少数股东权益产生影响。

（一）顺销的情况

母公司向子公司销售商品形成的存货，其未实现损益的分配抵销原则是：母公司向子公司出售资产所发生的未实现内部交易损益，应当全额抵销“归属于母公司股东的净利润”。

［例7-14］甲公司拥有乙公司80%的控股权。2×20年两个公司各自利润表报告税前利润分别为500万元（包括内部交易未实现利润20万元）、300万元。报告期内甲公司将成本为100万元、价格为120万元的商品出售给乙公司，乙公司在报告期末尚未将有关资产售出企业集团。所得税税率为25%。其他因素略。

对未实现的内部交易利润的相关抵销处理及其对合并净利润有关项目的具体影响见表7-10。

表7-10　**2×19年合并财务报表工作底稿（局部）**　单位：万元

项目	个别报表		抵销分录		合并数
	母公司	子公司	借	贷	
利润表有关项目：					
营业收入	1 600	1 000	①120		2 480
减：营业成本	1 100	700		①100	1 700
营业利润	500*	300	120	100	780
……	0	0			0
减：所得税费用	125	75		②5	195
净利润	375	225	120	105	585
其中：归属于母公司股东的净利润	—	—			540***
少数股东损益	—	—	③45**		45
资产负债表有关项目：					
存货	1 000	800		①20	1 780
递延所得税资产	0	0	②5		5
少数股东权益	—	—		③45	45

*其中包含未实现利润20万元.

**45=225×20%。

***540=（375-20+5）+225×80%。

（二）逆销和平销的情况

子公司向母公司出售资产所发生的未实现内部交易损益，应当按照母公司对该子公司的持股比例在“归属于母公司股东的净利润”和“少数股东损益”之间进行分配；子公司之间出售资产所发生的未实现内部交易损益，应当按照母公司对出售方子公司的持股比例在“归属于母公司股东的净利润”和“少数股东损益”之间进行分配。相应的分配处理是：

逆销和平销情况下，随着对内部交易未实现损益的抵销，将其中对少数股东权益和少数股东损益的影响额进行分配的上述处理，也可以合并在与内部股权投资有关的抵销分录中。

借：少数股东权益　　　　　［抵销的未实现利润×出售方少数股东持股比例］

　贷：少数股东损益　　　　［抵销的未实现利润×出售方少数股东持股比例］

［例7-15］资料见例7-14，个别报表资料不变，只是假定内部交易的卖方是B公司，A公司期末存货价值1 000万元中有120万元存货来自于母公司当年向子公司的售货。

对未实现的内部交易利润20万元的抵销处理及其对合并净利润有关项目的具体影响见表7-11。

表7-11　　　　**2×19年合并财务报表工作底稿（局部）**　　　　单位：万元

项目	个别报表		抵销分录		合并数
	母公司	子公司	借	贷	
利润表有关项目：					
营业收入	1 600	1 000	①120		2 480
减：营业成本	1 100	700		①100	1 700
营业利润	500	300*	120	100	780
……	0	0			0
减：所得税费用	125	75		②5	195
净利润	375	225	120	100	585
其中：归属于母公司股东的净利润	—	—			543***
少数股东损益	—	—	③42**		42
资产负债表有关项目：					
存货	1 000	800		①20	1 780
递延所得税资产	0	0	②5		
少数股东权益	—	—		③42	

*其中包含未实现利润20万元。

**42=（225−20+5）×20%。

***543=375+（225−20+5）×80%。

接下来，我们再看顺销、逆销和平销各种情况的综合举例。

［例7-16］甲公司拥有乙公司80%的控股权，拥有丙公司60%的控股权。甲公司编制合并财务报表时将乙、丙两个子公司纳入合并范围。2×19年3个公司各自利润表报告净利润分别为500 000元、30 000元、20 000元。3个公司之间的内部存货交易情况为：甲公司将成本为10 000元、价格为12 000元的商品出售给乙公司；乙公司将成本为80 000元、价格为83 000元的商品出售给丙公司，丙公司将成本为6 000元、价格为7 000元的商品出售给甲公司。内部存货交易的买方本报告期末均尚未将有关资产售出企业集团。为简化起见，相关税费及其他因素略。

（1）采用合并财务报表工作底稿法：

①在工作底稿中编制抵销存货价值中包含的未实现利润的抵销分录：

借：营业收入（12 000+83 000+7 000） 102 000

　贷：营业成本（10 000+80 000+6 000） 96 000

　　存货（2 000+3 000+1 000） 6 000

②确认子公司实现的净利润对少数股东损益和少数股东权益的影响：

借：少数股东损益［（30 000−3 000）×20%+（20 000−1 000）×40%］ 13 000

　贷：少数股东权益 13 000

有关合并财务报表工作底稿（局部）见表7-12。

表7-12　**2×19年合并财务报表工作底稿（局部）**　单位：元

项目	个别报表				抵销分录		合并数
	甲公司	乙公司	丙公司	合计	借	贷	
利润表有关项目：							
营业收入	600 000	35 000	27 000	662 000	①102 000		560 000
营业成本	100 000	5 000	7 000	112 000		①96 000	16 000
营业利润	500 000	30 000	20 000	550 000	102 000	96 000	544 000
……	0	0	0	0			0
净利润	500 000	30 000	20 000	550 000	102 000	96 000	544 000
其中：归属于母公司股东的净利润	—	—	—	—			531 000*
少数股东损益	—	—	—	—	②13 000		13 000
资产负债表有关项目：							
存货	400 000	80 000	10 000	490 000		①6 000	
少数股东权益	—	—	—	—		②13 000	13 000

*531 000=544 000−13 000；

或者=（500 000−2 000）+（30 000−3 000）×80%+（20 000−1 000）×60%

=498 000+21 600+11 400=531 000（元）

（2）如果采用计算法，则本期合并财务报表有关项目的金额计算过程为：

①合并净利润

=（500 000+30 000+20 000）−［（12 000−10 000）+（83 000−80 000）+（7 000−6 000）］

=550 000−6 000=544 000（元）

或 =（500 000+30 000+20 000）−6 000

=550 000−6 000=544 000（元）

②归属于母公司股东的净利润

=（500 000−2 000）+（30 000−3 000）×80%+（20 000−1 000）×60%

=498 000+21 600+11 400=531 000（元）

③少数股东损益

=（30 000−3 000）×20%+（20 000−1 000）×40%

= 5 400+7 600=13 000（元）

本章特别关注　权益法下投资方与被投资方内部交易未实现损益的抵销

企业对合营企业、联营企业的长期股权投资采用权益法核算。权益法下，投资方不能将被投资方纳入合并范围（如果投资方需要编制合并财务报表的话），换句话说，投资方对被投资方的股权投资在其个别报表中按权益法反映，在其编制的合并财务报表中也是按权益法的结果进行反映。

权益法有简单权益法与复杂权益法之分。现行的会计准则关于长期股权投资的权益法是复杂权益法。与简单权益法相比，复杂权益法下，一方面，投资时如果投资成本低于投资方在被投资方可辨认净资产公允价值中所占份额，需要对初始投资成本进行调整；另一方面，投资后根据被投资方的净利润确认投资收益时，投资方一要考虑投资时被投资方可辨认净资产公允价值对各期净利润的影响，二要抵销投资方与被投资方之间资产交易的未实现损益对投资收益的影响。

权益法下，如果投资方与被投资方发生存货购销等资产交易，对“内部交易未实现损益”进行抵销处理的要点主要有：

（1）与将纳入合并范围的成员企业之间的资产交易视为企业集团“内部交易”相类似，权益法下将投资方与被投资方之间的资产交易视为经济联系比较紧密的双方的“内部交易”（与传统的成本法相对而言），从而导致投资方按其在被投资方净利润中享有的份额确认投资收益时要将“内部交易未实现损益”对投资收益的影响进行抵销。

（2）与纳入合并范围的成员企业之间资产交易的相关抵销处理关乎合并财务报表中有关项目的列报不同，权益法下投资方与被投资方之间内部交易未实现损益的相关抵销处理主要关乎投资方个别报表中“长期股权投资”和“投资收益”两个项目的计量。

（3）与纳入合并范围成员企业之间资产交易未实现损益在合并财务报表编制过程中按全额抵销（无论顺销还是逆销）的处理方法不同，权益法下投资方与被投资方内部交易未实现损益在账务处理过程中仅将根据投资方持股比例计算的归属于投资方的部分进行抵销。

（4）与确认投资收益的账务处理中需要对内部交易的未实现损益进行抵销相关联，在合并财务报表的编制过程中，还需要将投资方对合营企业或联营企业的长期股权投资报告价值或投资收益报告价值进行相应的调整处理，这一调整处理的方法视顺销还是逆销而异。

（5）未实现的内部交易损失，如属于所转让资产的减值损失的，不应予以抵销。

下面举例予以说明。

【例1】逆销。

A公司对B公司进行股权投资，投资成本为300万元，拥有B公司30%的股权，能够对B公司施加重大影响，从而采用权益法核算对B公司的股权投资。B公司股本为1 000万元。投资后当年B公司报告净利润200万元；报告期内B公司向A公司销售成本为30万元、价格为40万元的商品一批，至报告期末该商品仍在A公司的“存货”中列报。A公司有子公司，需要编制合并财务报表。相关税费及其他资料略。

（1）A公司有关账务处理为（金额单位为万元）：

①投资时：

借：长期股权投资　300

　贷：银行存款　300

②投资后按B公司实现的净利润中本公司应享有的份额确认投资收益时：

借：长期股权投资　57

　贷：投资收益［（200−10）×30%］　57

至此，A公司个别财务报表中对B公司长期股权投资的报告价值为357万元，当期与之相关的投资收益为57万元。

（2）A公司编制合并财务报表时，在合并财务报表工作底稿中要将存货价值中包含的未实现损益进行抵销，编制抵销分录如下（金额单位为万元）：

借：长期股权投资　10

　贷：存货　10

至此，A公司的合并财务报表中，对B公司股权投资的相关项目列报价值分别为：

来自联营企业的“投资收益”57万元；

对联营企业的“长期股权投资”列报价值是367万元，包括个别报表中按权益法确认的金额357万元加上编制合并财务报表时的调整金额10万元之和。

来自联营企业的“存货”价值为30万元（40–10）。

【例2】顺销。

资料见上例，只是将内部交易由逆销改为顺销，即报告期内A公司向B公司销售成本为30万元、价格为40万元的商品一批，至报告期末该商品仍在B公司的“存货”中列报。

（1）A公司有关账务处理为（金额单位为万元）：

①投资时：

借：长期股权投资　　300

　贷：银行存款　　300

②投资后按B公司实现的净利润中本公司应享有的份额确认投资收益时：

借：长期股权投资　　60

　贷：投资收益（200×30%）　　60

③将投资方来自于向被投资方销售商品的未实现利润10万元中的30%予以抵销（相当于按持股比例计算确归属于本企业的部分）：

借：投资收益　　3

　贷：长期股权投资　　3

至此，A公司个别报表中对B公司长期股权投资的报告价值为357万元，当期与之相关的投资收益为57万元。

（2）A公司编制合并财务报表时，不予确认未实现损益中按持股比例计算的归属于母公司的部分，并调整来自于B公司的投资收益，在合并财务报表工作底稿中编制抵销分录如下（金额单位为万元）：

借：营业收入（40×30%）　　12

　贷：营业成本（30×30%）　　9

　　　投资收益　　3

至此，A公司的合并财务报表中，对B公司股权投资的相关项目列报价值分别为：

来自联营企业的“投资收益”60万元，包括个别报表中确认的57万元与合并财务报表编制中调整的3万元之和。

对联营企业的“长期股权投资”列报价值是357万元，等于个别报表中按权益法确认的金额。

通过上面两个例题，我们发现两个值得思考的问题：

第一，例1中的（2）抵销存货价值中包含的未实现内部交易损益时为什么调整“长期股权投资”项目10万元？例2中的（2）抵销内部销售的营业收入、营业成本中按持股比例计算的归属于母公司的部分时为什么调整“投资收益”项目10万元？

因为权益法是针对长期股权投资的核算方法之一，其中与利润相关的主要涉及这两个项目。

第二，长期股权投资的权益法，其相关会计处理主要涉及投资方的个别财务报表；但若该投资方编制合并财务报表，则在其合并财务报表编制过程中，该投资方除了要处理其与子公司之间或其子公司互相之间的内部资产交易未实现损益问题，还需要处理该投资方与没有纳入合并范围的被投资方之间权益法下的“内部资产交易未实现损益”问题。

第三篇

合并日后合并财务报表的编制（下）

第八章　合并财务报表一般编制程序中的其他问题

引例　宝钢股份：合并财务报表中的其他综合收益

根据宝钢股份2015年年度报告的合并利润表、母公司个别利润表，将有关其他综合收益的信息摘编如下：

宝钢股份2015年年末其他综合收益信息

单位：元

	项　目	金　额
合并利润表	……	……
	四、净利润	714 070 175.31
	其中：归属于母公司所有者的净利润	1 012 871 715.20
	少数股东损益	−298 801 539.89
	五、其他综合收益的税后净额	1 377 822.97
	归属于母公司所有者的其他综合收益的税后净额	7 229 837.28
	（一）以后不能重分类进损益的其他综合收益	0
	1.重新计量设定受益计划净负债或净资产的变动	0
	2.权益法下在被投资单位不能重分类进损益的其他综合收益中享有的份额	0
	（二）以后将重分类进损益的其他综合收益	7 229 837.28
	1.权益法下在被投资单位以后将重分类进损益的其他综合收益中享有的份额	39 724 170.18
	2.可供出售金融资产公允价值变动损益	−111 809 711.00
	3.持有至到期投资重分类为可供出售金融资产损益	0
	4.现金流量套期损益中的有效部分	0
	5.外币报表折算差额	79 315 378.10
	6.其他	0
	归属于少数股东的其他综合收益税后净额	−5 852 014.31
	六、综合收益总额	715 447 998.28
母公司利润表	……	……
	四、净利润	3 327 407 674.42
	五、其他综合收益的税后净额	36 542 102.90
	（一）以后不能重分类进损益的其他综合收益	0
	1.重新计量设定受益计划净负债或净资产的变动	0
	2.权益法下在被投资单位不能重分类进损益的其他综合收益中享有的份额	0
	（二）以后将重分类进损益的其他综合收益	36 542 102.90
	1.权益法下在被投资单位以后将重分类进损益的其他综合收益中享有的份额	36 542 102.90
	2.可供出售金融资产公允价值变动损益	0
	3.持有至到期投资重分类为可供出售金融资产损益	0
	4.现金流量套期损益中的有效部分	0
	六、综合收益总额	3 363 949 777.32

阅读上述信息，至少应该关注到以下两个问题：第一，母公司个别报表中其他

综合收益部分不存在“外币报表折算差额”项目，而合并利润表中却有这个项目，而且金额高达7 931万元。第二，不仅净利润中要单独列报归属于少数股东享有的部分，而且公司的其他综合收益也要区别归属于母公司所有者和归属于少数股东的部分，分别列报。那么，现在的问题是，在合并财务报表中，外币报表折算差额以及子公司的其余其他综合收益，是怎样在归属于母公司所有者和归属于少数股东之间进行分配的呢？

本章不仅将就上述问题展开讨论，而且还将就合并财务报表一般编制程序中前几章未专门阐述的其他问题比如内部投资及资产交易的抵销对递延所得税的影响、子公司超额亏损、合并现金流量表等问题，进行阐述。

第一节　相关抵销处理对递延所得税的影响

一、与内部交易存货有关的递延所得税

在对内部交易的存货进行相关抵销处理时，对存货价值中包含的未实现利润的抵销，调低了该存货在合并资产负债表中的报告价值；而其计税基础仍然相当于该存货所在的内部交易买方的原计税基础（大多数情况下等于该资产的账面价值）。这就导致了合并财务报表中有关存货的账面价值（等于报告价值）低于其计税基础，由此产生的可抵扣暂时性差异①对未来的纳税影响，应在合并财务报表中予以确认。

所以，相关的调整分录为：

借：递延所得税资产　　　　［抵销的内部存货交易未实现利润×所得税税率］

借或贷：所得税费用　　　　［本期应调整递延所得税］

　　贷：未分配利润（期初数）［前期已调整递延所得税］

下面举例予以说明。

［例8-1］2×19年12月，子公司将成本为1 000万元的A商品按1 200万元的价格出售给母公司，后者作为存货使用和管理；至2×20年年末，母公司已将该存货中的40%售出企业集团。2×20年3月，子公司将成本为600万元的B商品按690万元的价格出售给母公司；至2×20年年末，母公司已将剩余A商品中的70%和B商品中的80%售出企业集团。所得税税率为25%；为简化起见，假定母公司加价10%出售来自子公司的商品。相关税费及其他资料略。

（1）2×19年年末，母公司编制合并财务报表时的有关抵销分录（金额单位为万元）为：

①抵销当年发生内部存货交易：

① 如果内部交易资产存在未实现损失，则会出现应纳税暂时性差异。

借：营业收入　　1 200

　贷：营业成本　　1 080

　　　存货（200×60%）　　120

②调整递延所得税：

借：递延所得税资产（120×25%）　　30

　贷：所得税费用　　30

此项内部存货交易对2×19年个别财务报表以及合并财务报表有关项目的影响见母公司编制的2×19年合并财务报表工作底稿（局部）（见表8-1）。

表8-1　**2×19年合并财务报表工作底稿（局部）**　单位：万元

项目	个别报表		调整与抵销分录		合并数
	母公司	子公司	借	贷	
利润表有关项目：					
营业收入	528	1 200	①1 200		528
减：营业成本	480	1 000		①1 080	400
……	0	0			0
利润总额	48	200	1 200	1 080	128
减：所得税费用	12	50		②30	32
净利润	36	150	1 200	1 110	96
所有者权益变动表有关项目：					
未分配利润（期初数）	0	0			0
未分配利润（期末数）	36	150	1 200	1 110	96
资产负债表有关项目：					
存货	720	0		①120	600
递延所得税资产	0	0	②30		30

（2）2×20年年末，母公司编制的有关抵销分录为：

①抵销以前年度内部存货交易未实现利润对期初未分配利润的影响：

借：未分配利润（期初数）　　120

　贷：营业成本（120×70%）　　84

　　　存货（120×30%）　　36

②抵销当年发生的内部存货交易：

借：营业收入　　690

贷：营业成本 672

存货（90×20%） 18

③调整递延所得税：

借：递延所得税资产［（36+18）×25%］ 13.5

所得税费用（30−13.5） 16.5

贷：未分配利润（期初数） 30

此项内部存货交易对2×20年个别财务报表以及合并财务报表有关项目的影响见母公司编制的2×20年合并财务报表工作底稿（局部）（见表8-2）。

表8-2 **2×20年合并财务报表工作底稿（局部）** 单位：万元

项目	个别财务报表		调整与抵销分录		合并数
	母公司	子公司	借	贷	
利润表有关项目：					
营业收入	1 161.6	690	②690		1 161.6
减：营业成本	1 056*	600		①84 ②672	900
……	0	0			0
利润总额	105.6	90	690	756	261.6
减：所得税费用	26.4	22.5	③16.5		65.4***
净利润	79.2	67.5	706.5	756	196.2
所有者权益变动表有关项目：					
未分配利润（期初数）	36	150	①120	③30	96
未分配利润（期末数）	115.2	217.5	826.5	786	292.2
资产负债表有关项目：					
存货	354**	0		①36 ②18	300
递延所得税资产	0	0	③13.5		13.5

*1 056=720×70%+690×80%。

**354=720×30%+690×20%。

***65.4=26.4+22.5+16.5或者=261.6×25%。

二、与内部交易固定资产有关的递延所得税

与前面所述的内部存货交易一样，内部交易固定资产未实现利润（或亏损）的抵销，调低（或调高）了该固定资产在合并资产负债表中的报告价值，从合并财务报表的角度来看，该固定资产的账面价值与其计税基础不相等，由此产生的可抵扣（或应纳税）暂时性差异对未来的纳税影响应在合并财务报表中确认。

与前面所述的内部存货交易相关递延所得税的调整处理不同的是，内部交易的固定资产不仅在交易当年而且在以后各使用期间，都可能会涉及递延所得税的相关调整；而且，固定资产的折旧因素也会对递延所得税的调整产生影响。

从连续编制合并财务报表的角度来看，如果存在未实现的内部交易利润，相关的调整分录为：

借：递延所得税资产［内部交易固定资产的账面价值小于计税基础之差×所得税税率］
借或贷：所得税费用　　　　　　　　［本期应调整递延所得税］
　　贷：未分配利润（期初数）　　　　［前期已调整递延所得税］

如果存在未实现的内部交易亏损，相关的调整分录则为：

借：未分配利润（期初数）　　　　　［前期已调整递延所得税］
借或贷：所得税费用　　　　　　　　［本期应调整递延所得税］
　　贷：递延所得税负债［内部交易固定资产的账面价值大于计税基础之差×所得税税率］

下面举例予以说明。

［例8-2］2×19年6月末，某企业集团的母公司将一台成本为40 000元的产品以50 000元的价格出售给子公司，后者将其作为管理用固定资产使用，预计使用年限5年，采用直线法计提折旧（假定不考虑预计净残值）。为了便于对合并财务报表有关项目的数据内在联系进行分析，假定母公司的应交所得税在2×20年尚未缴纳。假定所得税税率为25%，其他资料略。

母公司2×19年、2×20年合并财务报表工作底稿中的有关调整与抵销分录为：

（1）2×19年年末：

①抵销期末固定资产价值中包含的未实现内部交易利润

借：营业收入　　　　　　　　　　　　　　　　50 000
　　贷：营业成本　　　　　　　　　　　　　　　　　40 000
　　　　固定资产（原价）　　　　　　　　　　　　　10 000

②抵销当年多计提的折旧

借：固定资产（累计折旧）　　　　　　　　　　1 000
　　贷：管理费用（未实现内部交易利润10 000÷5÷2）　1 000

③调整内部交易固定资产相关的递延所得税

借：递延所得税资产［（50 000－5 000）－（40 000－4 000）］×25%　2 250
　　贷：所得税费用　　　　　　　　　　　　　　　　2 250

（2）2×20年年末：

①抵销上年内部固定资产交易未实现利润对期初未分配利润的影响

借：未分配利润（期初数）　10 000

　贷：固定资产（原价）　10 000

②抵销累计多计提的折旧

借：固定资产（累计折旧）　3 000

　贷：管理费用　2 000

　　未分配利润（期初数）　1 000

③调整内部交易固定资产相关的递延所得税

借：递延所得税资产［（50 000−15 000）−（40 000−12 000）］×25%　1 750

　　所得税费用（2 250−1 750）　500

　贷：未分配利润（期初数）　2 250

将上述抵销与调整分录填入工作底稿，则该内部交易对个别财务报表及合并信息的影响见表8-3、表8-4。

表8-3　**2×19年合并财务报表工作底稿（局部）**　单位：元

项目	个别财务报表		抵销与调整分录		合并数
	母公司	子公司	借	贷	
资产负债表有关项目：					
固定资产	0	45 000	②1 000	①10 000	36 000
递延所得税资产	0	0	③2 250		2 250
应交税费	3 300	0			3 300
利润表有关项目：					
营业收入	50 000	0	①50 000		0
营业成本	40 000	0		①40 000	0
管理费用	0	5 000		②1 000	4 000
利润总额	10 000	−5 000	50 000	41 000	−4 000
减：所得税费用	2 500	0		③2 250	250
净利润	7 500	−5 000	50 000	43 250	−4 250
所有者权益变动表有关项目：					
未分配利润（期初数）	0	0			0
未分配利润（期末数）	7 500	−5 000	50 000	43 250	−4 250

表 8-4　　**2×20年合并财务报表工作底稿（局部）**　　单位：元

项目	个别财务报表		抵销与调整分录		合并数
	母公司	子公司	借	贷	
资产负债表有关项目：					
固定资产	0	35 000	②3 000	①10 000	28 000
递延所得税资产	0	0	③1 750		1 750
应交税费	2 500	0			2 500
利润表有关项目：					
管理费用	0	10 000		②2 000	8 000
利润总额	0	-10 000		2 000	-8 000
减：所得税费用	0	0	③500		500
净利润	0	-10 000	500	2 000	-8 500
所有者权益变动表有关项目：					
未分配利润（期初数）	7 500	-5 000	①10 000	②1 000 ③2 250	-4 250
未分配利润（期末数）	7 500	-15 000	10 500	5 250	-12 750

第二节　子公司超额亏损的列报

一、子公司超额亏损的含义

这里所说的子公司超额亏损是指子公司报告期内发生的亏损超过子公司期初所有者权益的部分。

［例 8-3］2×19年年初，A公司的子公司B公司所有者权益1 600万元（均为股本），2×19年B公司报告净利润为-1 900万元。

此例中，B公司2×19年亏损1 900万元中，超过期初所有者权益1 600万元的300万元就是超额亏损。

母公司在编制合并财务报表时，是将子公司超额亏损全部冲减合并资产负债表中的“未分配利润”项目还是按母公司和少数股东各自应承担份额分别冲减归属于母公司所有者的权益和少数股东权益，相关会计规范也不断变化。

二、子公司超额亏损的处理

按照现行会计准则，在子公司当期亏损超过子公司期初所有者权益金额的情况下，子公司少数股东分担的亏损超过了少数股东在该子公司期初所有者权益中所享有的份额的，其余额仍应冲减少数股东权益，即使这将导致少数股东权益的金额为负[①]。在合并财务报表中将少数股东应承担的子公司超额亏损冲减少数股东权益，这一现行规定符合“未分配利润”项目是归属于母公司所有者权益的组成部分之一这一结构要求。

下面举例予以说明。

[例 8-4] A公司是B公司的母公司，拥有B公司80%的股权。2×19年年初，A公司股本3 000万元，B公司股本1 600万元，A公司对B公司长期股权投资余额1 280万元；报告期内A公司实现净利润2 000万元，B公司发生亏损1 900万元。2×20年A公司和B公司分别实现净利润300万元、400万元。其他因素略。

A公司在合并财务报表工作底稿中应编制如下抵销分录（金额单位为万元）：

（1）2×19年年末：

借：股本　　1 600

　　少数股东损益（-1 900×20%）　　-380

　贷：长期股权投资　　1 280

　　　少数股东权益［（1 600-1 900）×20%］　　-60

有关合并财务报表工作底稿见表8-5。

表8-5　　**2×19年合并财务报表工作底稿（局部）**　　单位：万元

报表项目	个别财务报表		抵销分录		合并数
	母公司	子公司	借	贷	
资产负债表有关项目：					
长期股权投资	1 280	0		①1 280	0
股本	3 000	1 600	①1 600		3 000
未分配利润	2 000	-1 900	-380		480*
归属于母公司所有者权益	—	—			3 480
少数股东权益	—	—		①-60	-60
股东权益总计	5 000	-300	1 220	-60	3 420
利润表有关项目：					
净利润	2 000	-1 900			100
其中：归属于母公司股东的净利润	—	—			480*
少数股东损益	—	—	①-380		-380

*480=2 000+（-1 900×80%）。

① 国际会计准则理事会中有人不同意这种亏损分配不以非控制性权益为限甚至有可能导致非控制性权益金额为负的做法，认为很多情况下，在非控制性权益没有承诺或连带义务增加投资以弥补子公司超额亏损时，子公司持续经营是通过母公司的增资提供资金保证，并导致非控制性权益相应被稀释。在这种情况下，准则不应该禁止将被合并子公司中超过非控制性权益的亏损分配给母公司，否则，超额亏损的分配导致的非控制性权益金额为负这种结果不能真实反映合并主体的权益。见《国际财务报告准则第10号——合并财务报表》结论基础的DO14、DO15和DO16。

根据表8-5编制的合并利润表略。根据表8-5编制的合并所有者权益变动表（局部）见表8-6。

表8-6　　**2×19年度合并所有者权益变动表（局部）**　　单位：万元

项目	本年金额									上年金额
	归属于母公司所有者权益							少数股东权益	合计	
	股本	资本公积	减：库存股	其他综合收益	盈余公积	未分配利润	小计			
一、上年年末余额	3 000	0	0	0	0	0	3 000	320	3 320	略
加：会计政策变更										
前期差错更正										
二、本年年初余额	3 000	0	0	0	0	0	3 000	320	3 320	
三、本年增减变动										
（一）综合收益						480	480	-380	100	
（二）所有者投入资本										
（三）利润分配										
（四）所有者权益内部结转								—		
四、本年年末余额	3 000	0	0	0	0	480	3 480	-60	3 420	

（2）2×20年年末：

借：股本　　1 600

　　少数股东损益（400×20%）　　80

　贷：长期股权投资　　1 280

　　　少数股东权益［（-300+400）×20%］　　20

　　　未分配利润（期初数）　　380

有关合并财务报表工作底稿（局部）见表8-7。

根据表8-7编制的2×20年度合并所有者权益变动表（局部）见表8-8。

从表8-6、表8-8可以看出子公司超额亏损是怎样在“归属于母公司所有者权益”和“少数股东权益”之间分配的，是怎样通过“未分配利润”项目影响“归属于母公司所有者权益”金额，以及这两个项目有着怎样的变动轨迹。这一切，都有助于我们对合并所有者权益的理解与把握。

表8-7 **2×20年合并财务报表工作底稿（局部）** 单位：万元

报表项目	个别财务报表		抵销分录		合并数
	母公司	子公司	借	贷	
资产负债表有关项目：					
长期股权投资	1 280	0		②1 280	0
股本	3 000	1 600	②1 600		3 000
未分配利润	2 300	-1 500	80	380	1 100
归属于母公司所有者权益	—	—			4 100
少数股东权益	—	—		②20	20
股东权益总计	5 300	100	1680	400	4 120
利润表有关项目：					
净利润	300	400			700
其中：归属于母公司股东的净利润	—	—			620
少数股东损益	—	—	②80		80
所有者权益变动表有关项目：					
未分配利润（期初数）	2 000	-1 900		②380	480
未分配利润（期末数）	2 300	-1 500	80	380	1 100

表8-8 **合并所有者权益变动表（局部）**

2×20年度 单位：万元

项目	本年金额						上年金额					
	归属于母公司所有者权益				少数股东权益	合计	归属于母公司所有者权益				少数股东权益	合计
	股本	……	未分配利润	小计			股本	……	未分配利润	小计		
一、上年年末余额	3 000	0	480	3 480	-60	3 420	3 000	0	0	3 000	320	3 320
加：会计政策变更												
前期差错更正												
二、本年年初余额	3 000	0	480	3 480	-60	3 420	3 000	0	0	3 000	320	3 320
三、本年增减变动												
（一）综合收益			620	620	80	700			480	480	-380	100
（二）所有者投入资本												
（三）利润分配												
（四）所有者权益内部结转												
四、本年年末余额	3 000	0	1 100	4 100	20	4 120	3 000	0	480	3 480	-60	3 420

第三节　子公司外币财务报表折算差额的列报

一、子公司外币财务报表折算差额的形成

外币财务报表折算，是指企业为了把境外经营反映在企业的财务报表里，将境外经营以外币表示的财务报表折算为以企业记账本位币表示的财务报表的过程。如果企业的境外经营是企业的子公司，母公司在报告期期末需将纳入合并范围的子公司的外币财务报表按照有关会计准则规定的折算方法进行折算，然后将折算后财务报表与母公司财务报表合并，编制合并财务报表。

> 境外经营是指企业在境外的子公司、合营企业、联营企业、分支机构。如果企业在境内的子公司、合营企业、联营企业、分支机构，其所采用的记账本位币与企业采用的记账本位币不同，也视同企业的境外经营。

对某一子公司的外币财务报表进行折算时，不同的报表可能采用不同的折算汇率，同一报表的不同项目也可能采用不同的折算汇率，这就导致了外币财务报表折算差额。

根据现行的企业会计准则，外币财务报表折算的方法是：

（1）资产负债表中的资产和负债项目，采用资产负债表日的即期汇率折算；除“未分配利润”项目外的其他所有者权益项目，采用发生时的即期汇率折算。

（2）利润表中的收入和费用项目，采用交易发生日的即期汇率折算，也可以采用按照系统合理的方法确定的与交易日即期汇率近似的汇率折算。

所有者权益变动表中“利润分配”项目的折算汇率，可比照收入和费用项目。

（3）折算后的资产负债表经过上述折算程序之后出现的报表左、右两方的差额，就是折算差额，该折算差额列入“其他综合收益”项目。

［例8-5］甲公司是以人民币作为记账本位币的公司，乙公司是甲公司设在美国的一家全资子公司并以美元作为记账本位币。

乙公司2×19年年末对资产负债表、利润表及所有者权益变动表有关项目的折算情况见表8-9、表8-10。

现在的问题是，在合并财务报表中，子公司外币折算差额将如何列报？

二、子公司外币财务报表折算差额的处理

首先，编制合并财务报表时，将外币财务报表折算差额列示在合并资产负债表所有者权益部分的“其他综合收益”项目中。

其次，如存在少数股权，则须将外币财务报表折算差额中归属于少数股东权益的部分，通过编制调整分录，确认为少数股东权益。

表8-9　　　　　　　　利润表、所有者权益变动表有关项目折算表

2×19年度　　　　　　　　　　　　　　　　金额单位：万元

项目	金额		
	折算前（美元）	折算汇率	折算后（人民币）
主营业务收入	3 000	5.90	17 700
……	略	5.90	略
净利润	1 100	5.90	6 490
未分配利润（期初数）	0	—	0
减：向股东支付股利	100	5.90	590
未分配利润（期末数）	1 000	—	5 900

表8-10　　　　　　　　资产负债表有关项目折算表

2×19年12月31日　　　　　　　　　　　　　　　　金额单位：万元

资产				负债和所有者权益			
项目	折算前（美元）	折算汇率	折算后	项目	折算前（美元）	折算汇率	折算后（人民币）
流动资产	2 000	5.80	11 600	负债	3 000	5.80	17 400
非流动资产	5 000	5.80	29 000	股本	3 000	5.50	16 500
				其他综合收益	0	—	800**
				未分配利润	1 000	—	5 900*
资产总计	7 000	—	40 600	负债和所有者权益总计	7 000	—	40 600

*5 900转抄自表8-5相关项目。

**800=40 600-（17 400+16 500+5 900）。

将外币财务报表折算差额中归属于少数股东权益的部分进行分配的调整分录为：

借：其他综合收益

　贷：少数股东权益　　　　[外币报表折算差额×少数股东持股比例]

外币财务报表折算差额为负数时，上述抵销分录的借贷方向相反。

[例8-6] 资料见例8-5。补充资料为：

（1）母公司报告期期末对该子公司的长期股权投资报告价值为13 200万元，所有者权益各项目报告期期末报告价值分别为：股本60 000万元，其他综合收益2 000万元，未分配利润7 000万元。母公司报告期内实现净利润3 000万元。

（2）母公司拥有该子公司80%的股权。

（3）不考虑其他项目。

根据上述资料，母公司在合并财务报表工作底稿中编制的抵销分录为（金额单位：万元）：

与母公司对子公司股权投资有关的抵销分录：

借：股本　　16 500
　　少数股东损益（6 490×20%）　　1 298
　　投资收益　　472
　贷：长期股权投资　　13 200
　　　少数股东权益［（16 500+6 490−590）×20%］　　4 480
　　　对所有者（或股东）的分配　　590

分配归属于少数股东权益的外币财务报表折算差额：

借：其他综合收益　　160
　贷：少数股东权益（800×20%）　　160

或者将上述两个抵销分录合并编制，则有：

借：股本　　16 500
　　其他综合收益　　160
　　少数股东损益　　1 298
　　投资收益　　472
　贷：长期股权投资　　13 200
　　少数股东权益［（16 500+800+6 490−5 900）×20%］　　4 640
　　对所有者（或股东）的分配　　590

有关合并财务报表工作底稿见表8-11。

表8-11　　2×19年合并财务报表工作底稿（局部）

单位：万元

项目	个别报表		调整与抵销分录		合并数
	母公司	子公司	借	贷	
资产负债表有关项目：					
长期股权投资	13 200	0		①13 200	0
股本	60 000	16 500	①16 500		60 000
其他综合收益	2 000	800	②160		2 640
未分配利润	7 000	5 900	1 770	590	11 720
归属于母公司所有者权益	—	—			74 360
少数股东权益	—	—		①4 480 ②160	4 640
所有者权益合计	69 000	23 200	18 430	5 230	79 000
利润表有关项目：					
……	……	……			
投资收益	472	0	①472		0
……	……	……			……
净利润	3 000	6 490	472		9 018
其中：归属于母公司股东的净利润	—	—			7 720
少数股东损益	—	—	①1 298		1 298
所有者权益变动表有关项目					
未分配利润（期初数）	4 000	0			4 000
对所有者（或股东）的分配	0	590		①590	0
未分配利润（期末数）	7 000	5 900	1 770	590	11 720

*本项目数字抄自资产负债表中“其他综合收益”项目。

引例跟踪

本章开头的“引例”中，宝钢股份2015年合并财务报表中归属于母公司所有者的“外币财务报表折算差额”余额为79 315 378.10元，归属于少数股东权益中的外币财务报表折算差额是多少呢？从而外币财务报表折算差额总额是多少？

以下是宝钢股份2015年合并财务报表附注中关于“其他综合收益”项目有关外币财务报表折算差额的信息：

项目	期初余额	本期所得税前发生额	减：所得税费用	税后归属于母公司	税后归属于少数股东	期末余额
外币财务报表折算差额	-651 389 551.23	71 599 777.72	0	79 315 378.10	-7 715 600.38	-572 074 173.13

也就是说，归属于少数股东的其他综合收益税后净额-5 852 014.31元当中，有-7 715 600.38元的对子公司外币财务报表进行折算产生的折算差额。值得一提的是，本期发生的外币财务报表折算差额71 599 777.72元的净利得中，之所以归属于母公司所有者的体现为利得，而归属于少数股东的则表现为损失，说明需要进行外币财务报表折算的诸子公司中，产生折算利得和折算损失的具体情况不同。

第四节 子公司综合收益的列报

一、合并财务报表中综合收益的内容

合并利润表中，“综合收益总额”项目反映“净利润”与“其他综合收益的税后净额”两个项目的合计。如同“净利润”项目一样，合并利润表中的“其他综合收益的税后净额”和“综合收益总额”两个项目下，都需要分别列示归属于母公司所有者的部分和归属于少数股东的部分。

二、子公司综合收益的处理

子公司当期其他综合收益中属于少数股东权益的份额，应当在合并利润表中“其他综合收益的税后净额”项目下以“归属于少数股东的其他综合收益的税后净额”项目列报；子公司当期综合收益中属于少数股东权益的份额，应当在合并利润表中“综合收益总额”项目下以“归属于少数股东的综合收益总额”项目列报。

［例8-7］资料见例8-6。相关税费略。增加“其他综合收益的税后净额”和“综合收益总额”项目的合并财务报表工作底稿见表8-12。

表 8-12　　2×19年合并财务报表工作底稿（局部）

单位：万元

项目	个别报表		调整与抵销分录		合并数
	母公司	子公司	借	贷	
资产负债表有关项目：					
长期股权投资	13 200	0		①13 200	0
股本	60 000	16 500	①16 500		60 000
其他综合收益	2 000	800	②160		2 640
未分配利润	7 000	5 900	1 770	590	11 720
归属于母公司所有者权益	—	—			74 360
少数股东权益	—	—		①4 480 ②160	4 640
所有者权益合计	69 000	23 200	18 430	5 230	79 000
利润表有关项目：					
……	……	……			
投资收益	472	0	①472		0
……	……	……			……
净利润	3 000	6 490	472		9 018
其中：归属于母公司股东的净利润	—	—			7 720
少数股东损益	—	—	①1 298		1 298
其他综合收益的税后净额	2 000	800			2 800
其中：归属于母公司所有者的其他综合收益的税后净额	—	—			2 640*
归属于少数股东的其他综合收益的税后净额	—	—			160**
综合收益总额	5 000	7 290	472		11 818
其中：归属于母公司所有者的综合收益总额	—	—			10 360***
归属于少数股东的综合收益总额	—	—			1 458****
所有者权益变动表有关项目					
未分配利润（期初数）	4 000	0			4 000
对所有者（或股东）分配	0	590		①590	0
未分配利润（期末数）	7 000	5 900	1 770	590	11 720

*转抄自本表资产负债表项目中的“其他综合收益”项目；

**160=2 800−2 640或=800×20%。

***10 360=7 720+2640。

****1 458=1 298+160或=（6 490+800）×20%。

根据表8-12编制的合并所有者权益变动表见表8-13。

表8-13 **合并所有者权益变动表（局部）**

2×19年度 单位：万元

项目	本年金额									上年金额
	归属于母公司所有者权益							少数股东权益	合计	
	股本	资本公积	减：库存股	其他综合收益	盈余公积	未分配利润	小计			
一、上年年末余额	60 000	0	0	0	0	4 000	64 000	3 300	67 300	略
加：会计政策变更										
前期差错更正										
二、本年年初余额	60 000	0	0	0	0	4 000	64 000	3 300	67 300	
三、本年增减变动										
（一）综合收益总额				2 640		7 720	10 360	1 458	11 818	
（二）所有者投入资本										
（三）利润分配								-118*	-118	
（四）所有者权益内部结转								—		
四、本年年末余额	60 000	0	0	2 640	0	11 720	74 360	4 640	79 000	

*118=590×20%（子公司分配利润，减少未分配利润从而减少子公司所有者权益，进而减少少数股东权益）。

第五节 持有待售的子公司列报

根据《企业会计准则第42号——持有待售的非流动资产、处置组和终止经营》，企业专为转售而取得的子公司，如果符合持有待售类别的划分条件，应当按照持有待售的处置组和终止经营的有关规定进行列报，但可适当简化附注披露。

企业会计准则第42号——持有待售非流动资产、处置组和终止经营

在合并财务报表中，对于专为转售而取得的子公司，采用如下方法进行处理：在合并资产负债表中，将企业专为转售而取得的持有待售子公司的全部资产、负债，分别作为持有待售资产、持有待售负债项目列示。在合并利润表中，企业专为转售而取得的持有待售子公司的列示，要与其他终止经营一致，即将该子公司净利润与其他终止经营净利润合并列示在“终止经营净利润”项目中。

合并利润表部分项目见表8-14。

表8-14　　合并利润表中“净利润”等项目的具体列报形式

项目	上年数	本年数
……		
五、净利润（净亏损以“-”号填列）		
（一）按持续经营分类：		
1.持续经营净利润（净亏损以“-”号填列）		
2.终止经营净利润（净亏损以“-”号填列）		
（二）按所有权归属分类：		
1.归属于母公司股东的净利润（净亏损以“-”号填列）		
2.少数股东损益（净亏损以“-”号填列）		
六、其他综合收益的税后净额		
（一）归属于母公司所有者的其他综合收益的税后净额		
……		
（二）归属于少数股东的其他综合收益的税后净额		
……		
七、综合收益总额		
（一）归属于母公司所有者的综合收益总额		
（二）归属于少数股东的综合收益总额		

第六节　合并现金流量表的编制

一、基本原理

合并现金流量表是由母公司编制的反映企业集团整体报告期内现金流入、现金流出数量及其增减变动情况的合并报表。从理论上讲，合并现金流量表有两种编制方法：一种方法是根据合并资产负债表、合并利润表和合并利润分配表及其他有关资料，按个别现金流量表的编制方法编制；另一种方法是根据集团内部成员企业（母公司及纳入合并范围的子公司，下同）的个别现金流量表，通过抵销成员企业之间的现金流入和现金流出，采用合并财务报表的一般编制程序编制。

毫无疑问，上述任何一种方法都不能直接根据现有资料进行简单合并，都需要有关母、子公司提供比较详细的合并资产负债表、合并利润表及合并利润分配表或个别现金流量表以外的有关记录。但是两种方法的编表思路不同，所需资料不同。就合并现金流量表主表而言，第二种方法比第一种方法更合理、简便，而且操作性更强。

在采用第二种方法的情况下，有关成员企业在提供个别现金流量表的基础上，主要提供与其他成员企业的现金流动记录资料；母公司将个别现金流量表的数据加总以后，合并现金流量表编制程序中的关键就是抵销内部现金流动。

二、主要抵销处理

按母、子公司个别现金流量表编制合并现金流量表时，同合并资产负债表、合并利润表及合并利润分配表的编制程序一样，也要在工作底稿中编制抵销分录。

合并现金流量表工作底稿中抵销分录的借、贷方项目均是现金流量表项目，不涉及其他报表项目，因为这里的抵销分录解决的是成员企业之间现金流入与现金流出的抵销。正是从这个意义上来说，合并现金流量表的工作底稿可以单独开设。

合并现金流量表工作底稿中编制抵销分录的规律是：(1) 贷方抵销有关收现项目，借方抵销有关付现项目。(2) 对经营活动现金流量的抵销分录中，一方经营活动现金流入往往与另一方经营活动现金流出抵销，但个别情况下可能要求一方经营活动现金流入（或流出）与另一方投资活动（或筹资活动）现金流出（或流入）抵销。如抵销固定资产内部交易的现金流动时，可能需要将卖方的“销售商品、提供劳务收到的现金”与买方的“购建固定资产、无形资产和其他长期资产支付的现金”或将卖方的“处置固定资产、无形资产和其他长期资产收回的现金净额”与买方的“购买商品、接受劳务支付的现金”抵销。(3) 对投资活动和筹资活动现金流量的抵销分录中，一般情况下集团内一方的投资业务往往涉及另一方的筹资业务，所以抵销分录的借、贷方分别是投资活动产生的现金流出（或流入）、筹资活动产生的现金流入（或流出），但个别情况下可能要求一方的投资活动产生的现金流入与另一方的投资活动产生的现金流出抵销，如对固定资产内部交易的双方均涉及固定资产的业务，抵销分录中将一方“购建固定资产、无形资产和其他长期资产支付的现金”与另一方“处置固定资产、无形资产和其他长期资产收回的现金净额”抵销；对集团内部转让有价证券投资业务，抵销分录中将一方“收回投资收到的现金”与另一方“投资支付的现金”抵销。

合并现金流量表工作底稿中的抵销分录主要有：

(1) 成员企业间现销业务、赊销业务本期的货款（不含增值税）收付的抵销

借：经营活动产生的现金流量——购买商品、接受劳务支付的现金

　贷：经营活动产生的现金流量——销售商品、提供劳务收到的现金

如果上述业务在交易双方中一方涉及经营活动而另一方涉及非经营活动，则抵销分录为：

借：经营活动产生的现金流量——购买商品、接受劳务支付的现金

　贷：投资活动产生的现金流量——处置固定资产、无形资产和其他长期资产收回的现金净额

或　借：投资活动产生的现金流量——购建固定资产、无形资产和其他长期资产支付的现金

　贷：经营活动产生的现金流量——销售商品、提供劳务收到的现金

（2）成员企业间其他与经营活动有关的现金收付（如罚款、捐赠）的抵销分录

借：经营活动产生的现金流量——支付其他与经营活动有关的现金

　贷：经营活动产生的现金流量——收到的其他与经营活动有关的现金

（3）成员企业间筹资本金与投资成本的现金收付的抵销。

借：投资活动产生的现金流量——投资支付的现金

　贷：筹资活动产生的现金流量——吸收投资收到的现金

（4）成员企业间投资收益与筹资费用的现金收付的抵销。

借：筹资活动产生的现金流量——分配股利、利润或偿付利息支付的现金

　贷：投资活动产生的现金流量——取得投资收益收到的现金

（5）收回投资收现与增加投资付现、收回投资收现与减少筹资付现的抵销分录。现金流量表中的企业收回投资主要指出售、转让或到期收回现金等价物以外的投资。

如果是出售或转让投资给集团内其他成员企业，则后者为之付出的现金属于投资活动付现，前者因此收到的现金属于投资活动收现。这时的抵销分录为：

借：投资活动产生的现金流量——投资支付的现金

　贷：投资活动产生的现金流量——收回投资收到的现金

如果企业到期收回投资，对方单位一般是筹资方。双方均是集团内部成员企业时，抵销分录为：

借：筹资活动产生的现金流量——偿还债务支付的现金

　　筹资活动产生的现金流量——支付其他与筹资活动有关的现金

　贷：投资活动产生的现金流量——收回投资收到的现金

（6）固定资产、无形资产、其他资产交易双方现金收付的抵销。固定资产、无形资产、其他资产交易的双方均为集团内部成员企业时，相关的现金流入与现金流出属于投资活动的现金流动，其抵销分录为：

借：投资活动产生的现金流量——购建固定资产、无形资产和其他长期资产支付的现金

　贷：投资活动产生的现金流量——处置固定资产、无形资产和其他长期资产收回的现金净额

［例8-8］表8-15是某企业集团母公司及其子公司2×19年个别现金流量表资料。

假定各公司提供的有关资料表明：母公司本年度“销售商品、提供劳务收到的现金”中有120 000元是销售商品给子公司（子公司将购自母公司的资产中的100 000元作为原材料使用，另20 000元作为固定资产使用）而收到的现金；母公司取得投资收益收到的现金中有10 000元来自于子公司的利润分配。其他资料略。

编制合并现金流量表时的有关抵销分录为：

表 8-15　　**现金流量表（简）**　　会企 03 表

2×19 年度　　单位：元

项目	母公司	子公司
一、经营活动产生的现金流量		
销售商品、提供劳务收到的现金	1 221 200	280 000
收到的税费返还	0	0
收到其他与经营活动有关的现金	0	0
经营活动现金流入小计	1 221 200	280 000
购买商品、接受劳务支付的现金	624 000	170 000
支付给职工及为职工支付的现金	430 000	30 000
支付的各项税费	205 000	20 000
支付其他与经营活动有关的现金	90 000	10 000
经营活动现金流出小计	1 349 000	230 000
经营活动产生的现金流量净额	-127 800	50 000
二、投资活动产生的现金流量		
收回投资收到的现金	0	5 000
取得投资收益收到的现金	20 000	1 000
处置固定资产、无形资产和其他长期资产收回的现金净额	14 200	500
处置子公司及其他营业单位收到的现金净额	0	0
收到其他与投资活动有关的现金	0	0
投资活动现金流入小计	34 200	6 500
购建固定资产、无形资产和其他长期资产支付的现金	197 000	20 000
投资支付的现金	250 000	0
取得子公司及其他营业单位支付的现金净额	0	0
支付其他与投资活动有关的现金	0	0
投资活动现金流出小计	447 000	20 000
投资活动产生的现金流量净额	-412 800	-13 500
三、筹资活动产生的现金流量		
吸收投资收到的现金	875 000	30 000
取得借款收到的现金	880 000	80 000
收到其他与筹资活动有关的现金	0	0
筹资活动现金流入小计	1 755 000	110 000
偿还债务支付的现金	700 000	80 000
分配股利、利润或偿付利息支付的现金	70 000	10 000
支付其他与筹资活动有关的现金	0	0
筹资活动现金流出小计	770 000	90 000
筹资活动产生的现金流量净额	985 000	20 000
四、汇率变动对现金及现金等价物的影响	0	0
五、现金及现金等价物净增加额	444 400	-16 500
加：期初现金及现金等价物余额	1 500 000	126 500
六、期末现金及现金等价物余额	1 944 400	110 000

①借：经营活动产生的现金流量
　　——购买商品、接受劳务支付的现金　100 000
　　投资活动产生的现金流量
　　——购建固定资产、无形资产和其他长期资产支付的现金　20 000
　贷：经营活动产生的现金流量
　　——销售商品、提供劳务收到的现金　120 000
②借：筹资活动产生的现金流量
　　——分配股利、利润或偿付利息支付的现金　10 000
　贷：投资活动产生的现金流量
　　——取得投资收益收到的现金　10 000

第七节　报告期内增减子公司

一、报告期内增加子公司

报告期内因同一控制下的企业合并增加的子公司，编制合并财务报表的原则是：第一，编制合并资产负债表时，一方面，应当调整合并资产负债表的期初数；另一方面，合并资产负债表的留存收益项目应当反映母子公司作为一个整体运行之合并日应实现的盈余公积和未分配利润情况。第二，编制合并利润表时，应当将该子公司自合并当期期初至报告期期末的收入、费用、利润纳入合并利润表，并单列“其中：被合并方在合并前实现的净利润”项目进行反映。第三，编制合并现金流量表时，应当将该子公司自合并当期期初至报告期期末的现金流量纳入合并现金流量表。第四，应当对比较报表的相关项目进行调整，视同合并后的报告主体自最终控制方开始控制时点起一直存在。

报告期内因非同一控制下的企业合并增加的子公司，应当自购买日开始编制合并报表。第一，在编制合并资产负债表时，不需要调整合并资产负债表的期初数。但是为了提高会计信息的可比性，应在附注中披露本期取得的子公司对合并财务报表的财务状况的影响。第二，编制合并利润表时，应当将本期取得的子公司自购买日至报告期期末的收入、费用和利润纳入合并利润表中，并在相关附注中披露本期增加子公司对合并财务报表中的经营成果产生的影响。第三，编制合并现金流量表时，应将本期取得的子公司自购买日至报告期期末的现金流量信息纳入合并现金流量表中，并将取得子公司所支付的现金扣除子公司于购买日持有的现金及现金等价物后的净额，在有关投资活动产生的现金流量“取得子公司及其他营业单位支付的现金净额”项目中进行反映。

直面上市公司

➢格力电器报告期内增加子公司

珠海格力电器股份有限公司（简称格力电器）2015年合并范围发生变化的唯一原因是设立了6个子公司。以下是格力电器2015年度财务报表附注中关于合并范围变更情况的注释摘编：

八、合并范围变更

……

（四）合并范围变更情况

1.设立子公司

公司名称	股权取得方式	股权取得时点	认缴出资额（万元）	实缴出资额（万元）	出资比例（%）	期末净资产（万元）	本期净利润（万元）
芜湖格力精密制造有限公司	设立	2015年3月	3 000	3 000	100.00	2 711.13	-288.87
珠海格力智能装备有限公司	设立	2015年9月	10 000	10 000	100.00	9 821.45	-178.55
珠海横琴格力商业保理有限公司	设立	2015年12月	5 000	5 000	100.00	5 000.00	
格力暖通制冷设备（武汉）有限公司	设立	2015年12月	4 000		100.00		
格力智能装备（武汉）有限公司	设立	2015年12月	8 000		100.00		
珠海格力智能装备技术研究院有限公司	设立	2015年12月	5 000		100.00		

2.处置子公司

本期本公司无处置子公司的情况。

3.其他原因导致的合并范围变动

本期本公司无其他原因导致的合并范围变动。

——引自格力电器2015年年度报告

➢中国重工报告期内减少子公司

中国重工（601989）2015年年度报告中披露，该公司的长期股权投资中有对19家联营企业的股权投资，其中的西安竞奈尔能源科技有限公司就是2015年由子公司变为联营企业的。中国重工2015年年报中这样描述报告期内减少子公司的原因：

本公司下属子公司陕西柴油机重工有限公司对于西安竞奈尔机电设备有限公司持股比例为40.00%，对西安竞奈尔机电设备有限公司持股比例为30.00%的另一股东力汇利科（北京）人力资源管理有限公司以前年度将其表决权委托陕西柴油机重工有限公司代为行使，陕西柴油机重工有限公司以前年度将其作为子公司进行核算。2015年1月，力汇利科（北京）人力资源管理有限公司不再委托陕西柴油机重工有限公司代其行使表决权，故本公司自2015年起无法对该公司实施控制，自不能实施控制之日起，本公司将对该公司股权投资作为对联营企业的投资进行核算。

——引自中国重工2015年年度报告

二、报告期内减少子公司

报告期内由于出售、转让子公司部分股权或全部股权导致丧失对该子公司控制权使其成为非子公司，应将其排除合并财务报表的编制范围。

编制合并资产负债表时，不需要对该原子公司进行合并。但是为了提高会计信息的可比性，应在财务报表附注中披露本期该子公司成为非子公司对合并财务报表的财务状况的影响。

编制合并利润表时，应当将该子公司自本期初至丧失控制权日的收入、费用和利润纳入合并利润表中，并在相关附注中披露本期减少的该子公司对合并财务报表中的经营成果产生的影响。

编制合并现金流量表时，应将该子公司自本期初至丧失控制权日的现金流量信息纳入合并现金流量表中，并将出售该子公司所收到的现金扣除子公司持有的现金及现金等价物以及相关处置费用后的净额，在有关投资活动产生的现金流量“处置子公司及其他营业单位收到的现金净额”项目中反映。

本章特别关注　外币财务报表折算

外币财务报表折算是指企业为了把境外经营反映在企业的财务报表里，将境外经营以外币表示的财务报表折算为以企业记账本位币表示的财务报表的过程。如果企业的境外经营是企业的子公司，对其外币财务报表进行折算是将其纳入企业合并财务报表的需要;如果企业的境外经营是企业的合营企业、联营企业和分支机构，对其外币财务报表进行折算则是满足企业按权益法反映相关投资的需要。

外币财务报表折算的关键问题是折算汇率的选择以及折算差额的处理。

外币财务报表折算的方法主要有流动与非流动性项目法、货币与非货币性项目法、时态法和现行汇率法等四种方法。在不同的方法下，对折算汇率的选择和折算差额的列报方式都有所区别。

现行的外币折算会计准则对外币财务报表的折算采用的基本上是现行汇率法，其基本规范如下：

1.一般情况下的外币财务报表折算原则

（1）资产负债表中的资产和负债项目，采用资产负债表日的即期汇率折算;除“未分配利润”项目外的其他所有者权益项目，采用发生时的即期汇率折算。

（2）利润表中的收入和费用项目，采用交易发生日的即期汇率折算，也可以采用按照系统合理的方法确定的与交易日即期汇率近似的汇率折算。

所有者权益变动表中利润分配项目的折算汇率，可比照收入和费用项目。

（3）外币财务报表折算中产生的外币财务报表折算差额，按照《企业会计准则第19号——外币折算》，应当在合并资产负债表中的所有者权益部分，以“外币报表折算差额”单项列示；根据2014年修订的《企业会计准则第30号——财务报表列报》，“外币报表折算差额”构成“其他综合收益”项目的组成内容之一。

2.对处于恶性通货膨胀环境中的境外经营财务报表的折算原则

企业对处于恶性通货膨胀环境中的境外经营的财务报表进行折算时，面临一个两难选择：先消除通货膨胀的影响再进行外币报表的折算还是先进行外币报表的折算然后再消除通货膨胀的影响？现行的外币折算会计准则选择了前者，即企业对处于恶性通货膨胀环境中的境外经营的财务报表进行折算时，首先，需要遵循以下原则对其财务报表进行重述：对资产负债表项目运用一般物价指数予以重述，对利润表项目运用一般物价指数变动予以重述；然后，再按资产负债表日的即期汇率对资产负债表和利润表项目进行折算。

第四篇

合并财务报表编制中的特殊问题

第九章　分步实现合并、控股比例变动、丧失控制权

引例　中信证券：分步实现企业合并

中信证券2013年、2014年、2015年的年度报告中，分别披露了若干项通过多次投资实现企业合并的交易或事项。下面是从年报中摘录的部分相关信息。

一、2013年：分步投资实现对华夏基金的控股合并

中信证券从2006年开始陆续增持华夏基金，并于2007年全资持有华夏基金。由于违反了当时“内资基金公司不得高于49%，合资基金不得高于75%”的规定，中信证券不得不在2011年出售华夏基金51%的股权，其中无锡国联受让华夏基金10%的股权。在2013年9月30日之前，中信证券已持有华夏基金49%的股权。2013年8月，中信证券从无锡国联回购华夏基金10%的股权，至此对华夏基金的持股比例达到59%，华夏基金成为中信证券的子公司。

中信证券2013年年度报告中披露的相关资料如下：

（1）中信证券于2013年8月19日收到中国证监会《关于核准华夏基金管理有限公司变更股权的批复》（证监许可〔2013〕1089号），核准本集团收购无锡市国联发展（集团）有限公司持有的华夏基金10%的股权。本次股权取得时点为2013年9月30日。该股权收购以2012年12月31日为评估基准日，确定对华夏基金10%股权的收购价格为人民币16亿元，并按据此计算的最终交易对价重新计量原持有的华夏基金49%股权的公允价值，59%股权的公允价值为9 282 532 105.56元，与59%股权应享有的华夏基金截至2013年9月30日净资产的差额7 418 586 708.87元确认为商誉。

（2）原持有股权在购买日的账面价值为7 720 753 874.56元，公允价值为7 709 221 579.19元。按照公允价值重新计量的利得或损失为11 532 295.37元，原持有股权其他综合收益转入投资收益的金额为51 516 252.07元。

（3）华夏基金的可辨认资产和负债在购买日的公允价值和账面价值资料：资产的公允价值为4 059 447 466.43元，账面价值为4 059 447 466.43元；负债公允价值为873 044 397.24元，账面价值为873 044 397.24元。

二、2014年：分步投资实现对China AMC Capital Management Limited的控股合并

本集团的子公司华夏基金（香港）有限公司于2014年5月30日收购PGI Management Limited持有的China AMC Capital Management Limited 50%的股权，对其持股比例由50%增加至100%。该股权收购以2014年5月30日为评估基准日。

确定收购价格折合人民币8 036 774.49元。2014年5月30日，China AMC

Capital Management Limited 可辨认净资产的公允价值折合人民币30 053 566.21元，50%股权的公允价值折合人民币15 026 783.11元。收购价格与50%股权应享有的China AMC Capital Management Limited截至2014年5月30日可辨认净资产的差额人民币6 990 008.62元确认为营业外收入。

China AMC Capital Management Limited的可辨认资产和负债于购买日的公允价值和账面价值资料（未经审计）：资产的公允价值为34 569 933.23元，账面价值为34 569 933.23元；负债公允价值为4 516 367.02元，账面价值为4 516 367.02元。

这里提供上述资料，是期望能够引起读者对分步投资实现企业合并业务的关注。分步投资实现企业合并与一次投资实现企业合并在合并财务报表方面有什么不同的处理原则？除此之外，与合并财务报表有关的比较特殊的业务还有不少，例如母公司在控制权不变的情况对子公司增持、减持股份的业务有哪些？母公司在哪些情况下会丧失对子公司控制权？这些业务对合并财务报表会产生什么影响？本章将就这些与合并财务报表相关的特殊交易进行阐述。

第一节　多次交易分步实现合并

一、多次交易分步实现合并的主要会计问题

企业通过多次投资取得对被投资方的控股权时，不仅需要对达到合并的投资业务在个别财务报表里进行确认与计量，而且还要编制合并日的合并财务报表。其中，就个别财务报表而言，主要的会计问题是投资方对达到合并前原持有投资是否进行追溯调整，对原持有投资已确认的其他综合收益及其他权益变动如何处理；而就合并财务报表而言，主要的会计问题则是如何确定合并成本、如何确定合并商誉等。同国际会计准则一样，我国相关会计准则在此类问题上经历不断修订完善的过程。下面按现行会计准则进行阐述。

二、多次交易分步实现非同一控制下企业控股合并

（一）与个别财务报表有关的会计处理

1.初始投资成本的确定

企业通过多次投资交易分步实现非同一控制下企业合并的，应当按照原持有的股权投资的账面价值加上新增投资成本之和，作为成本法核算的初始投资成本。具体包括以下两种情况：

（1）合并日之前持有的原股权投资作为长期股权投资并采用权益法核算的，不对其账面价值进行调整，直接将该账面价值与新增投资成本之和作为合并日长期股权投资的初始成本。

(2) 合并日之前持有的原股权投资作为以公允价值计量的金融资产核算的，将该投资的账面价值按合并日的公允价值进行调整，按调整后的账面价值与新增投资成本之和作为合并日长期股权投资的初始成本。

2.原持有投资确认的其他综合收益的处理

原持有投资确认的其他综合收益是否予以结转以及如何结转，取决于新增投资是导致股权投资的核算方法改变还是导致资产的重分类。具体包括两种情况：

(1) 合并日之前持有的原股权投资作为长期股权投资并采用权益法核算的，相关其他综合收益应当在处置该项投资时采用与被投资单位直接处置相关资产或负债相同的基础进行会计处理。

(2) 合并日之前持有的原股权投资作为以公允价值计量的金融资产核算的，原持有股权的公允价值与账面价值之间的差额以及相关其他综合收益应当全部转入合并当期的投资收益。

3.原持有投资的其他相关内容的处理

原采用权益法核算的合并日之前持有的股权投资，因被投资方除净损益、其他综合收益和利润分配以外的其他所有者权益变动而确认的所有者权益，应当在处置该投资时转入处置当期的投资收益。

多次交易分阶段完成的企业合并中，如果原持有股权在合并日的公允价值与当时被合并方可辨认净资产公允价值中相应的份额相等，则由于合并方对合并日前原持有股权投资已经按其在合并日的公允价值进行了重新计量，所以，合并成本中与这一部分股权投资相关的金额与其公允价值相等，从而合并商誉的初始计量实际上与该部分投资无关，而仅与导致企业合并的追加投资有关。值得注意的是，大多数情况下原持股权在合并日的公允价值与当时被合并方可辨认净资产公允价值并不一定相等。

(二) 与合并财务报表有关的会计处理

企业通过多次交易分步实现非同一控制下企业合并的，在合并财务报表上，首先要结合相关协议条款，以及各步骤中分别取得的股权比例、取得对象、取得方式、取得时点及取得对价等信息，判断分步交易是否属于“一揽子交易”。属于“一揽子交易”的，应当将各项交易作为一项取得子公司控制权的交易，并区分企业合并的类型分别进行会计处理。不属于“一揽子交易”的，在合并财务报表中也应区分企业合并的类型进行会计处理。

1.合并日（购买日）的确定

如果企业合并是通过多次交易分阶段完成的，交易日是各单项投资在购买方财务报表中确认之日，合并日则是获得控制权之日。也就是说，每一单项交易发生之日并不一定就是合并日，合并日应在多次交易之后实现控制权转移之日。

2.原持有股权的重新计量

依据现行会计准则，对合并日之前已经持有的对被合并方的股权投资按照其在合并日的公允价值进行重新计量，并将公允价值与账面价值之差计入当期投资收益①。

3.合并成本的确定

按合并日之前持有的被合并方股权于合并日的公允价值与合并日新购入股权所支付对价的公允价值之和，作为合并日的合并成本。

4.合并商誉的计量

将合并成本与合并日被合并方可辨认净资产公允价值中合并方应享有份额的差额，作为合并商誉进行确认或计入当期损益。

5.原持有股权累积的其他综合收益以及其他所有者权益变动的结转

原持有股权按权益法核算的其他综合收益以及除净损益、其他综合收益和利润分配以外的其他所有者权益变动，应当转为合并当期投资收益（由于被投资方重新计量设定受益计划净负债或净资产的变动而产生的其他综合收益除外）。

［例9-1］甲公司于2×19年7月初用银行存款1 100万元取得乙公司10%的股权，当日乙公司可辨认净资产账面价值为10 000万元、公允价值为10 000万元。取得投资后甲公司派人参与乙公司的生产经营决策，对该投资采用权益法核算。2×19年下半年，乙公司实现净利润500万元，未宣告发放现金股利或利润；2×19年年末乙公司确认公允价值变动利得200万元。甲公司确认投资收益50万元、其他综合收益20万元。2×20年1月末，甲公司支付6 100万元进一步购入乙公司50%的股权，从而取得乙公司的控股权。合并日乙公司可辨认净资产的账面价值12 000万元、公允价值为12 000万元。另假定合并日前原持有的股权投资在2×19年年末和2×20年1月末的公允价值分别为1 190万元、1 200万元。不考虑相关税费及其他会计事项。假设甲公司与乙公司在实现合并前为非同一控制下的两个公司。

（1）根据上述资料，甲公司与个别财务报表相关的会计处理如下（金额单位为万元）：

①2×19年7月初始投资时：

借：长期股权投资——投资成本	1 100	
贷：银行存款		1 100

②2×19年年末，确认投资收益：

借：长期股权投资——损益调整	50	
贷：投资收益		50

③2×19年年末，按比例确认其他综合收益：

借：长期股权投资——其他综合收益	20	
贷：其他综合收益		20

至此，此项长期股权投资的账面价值为1 170万元。

④2×20年1月末，追加投资时：

---

① 国际会计准则理事会的Garnett先生对此持有不同意见。按照现行国际财务报告准则，只有当投资被出售（而非减值）时，成本法与权益法计量的投资之间的利得或损失才能确认为损益，所以，Garnett先生希望将这些重新计量所产生的影响确认为其他综合收益——而不是利得或损失——的一部分。——引自财政部会计司.国际财务报告准则2008［M］. 北京：中国财政经济出版社，2008：435.

借：长期股权投资　　6 100

　贷：银行存款　　6 100

⑤2×20年1月末，将权益法下的股权投资按成本法进行转账：

借：长期股权投资　　1 170

　贷：长期股权投资——投资成本　　1 100

　　　　　　　　——损益调整　　50

　　　　　　　　——其他综合收益　　20

至此，合并日按成本法核算的长期股权投资的初始成本为7 270万元；“其他综合收益”科目余额中待处置该项投资时方可结转的其他综合收益金额为20万元。

（2）2×20年1月末合并日编制合并财务报表时，有关计算如下：

原投资公允价值=1 200万元

原投资账面价值=1 170万元

应调整金额=1 200-1 170=30（万元）

合并成本=1 200+6 100=7 300（万元）

合并商誉=7 300-12 000×60%=100（万元）

　或者=6 100-12 000×50%=100（万元）

（3）在合并财务报表工作底稿中进行的会计处理如下（金额单位为万元）：

①对原持有股权投资按合并日公允价值重新计量：

借：长期股权投资　　30

　贷：投资收益　　30

② 编制有关抵销分录：

借：股本等所有者权益项目　　12 000

　　商誉　　100

　贷：长期股权投资　　7 300

　　　少数股东权益（12 000×40%）　　4 800

③结转累积的其他综合收益：

借：其他综合收益　　20

　贷：投资收益　　20

［例9-2］资料见例9-1，假定实现合并之前的原持有股权（10%）在合并日即2×20年1月末的公允价值为1 240万元。则合并日有关计算和会计处理如下（金额单位为万元）：

（1）有关计算：

合并成本=1 240+6 100=7 340（万元）

合并商誉=7 340-12 000×60%=140（万元）

（2）在合并财务报表工作底稿中进行的会计处理如下（金额单位为万元）：

①对原持有股权投资按合并日公允价值重新计量：

借：长期股权投资（1 240−1 170）　70
　贷：投资收益　70

② 编制有关抵销分录：

借：股本等所有者权益项目　12 000
　　商誉　140
　贷：长期股权投资　7 340
　　　少数股东权益（12 000×40%）　4 800

③结转累积的其他综合收益：

借：其他综合收益　20
　贷：投资收益　20

［例9-3］资料见例9-1，假定甲公司合并前原持有股权投资是作为以公允价值计量且其变动计入其他综合收益的金融资产核算的。其他条件不变。

（1）根据上述资料，甲公司与个别财务报表相关的会计处理如下（金额单位为万元）：

①2×19年7月初始投资时：

借：其他权益工具投资——成本　1 100
　贷：银行存款　1 100

②2×19年年末，确认公允价值变动：

借：其他权益工具投资——公允价值变动　90
　贷：其他综合收益　90

③2×20年1月末，追加投资时：

借：长期股权投资　6 100
　贷：银行存款　6 100

④2×20年1月末，将原持有投资重分类：

借：长期股权投资　1 200
　贷：其他权益工具投资——成本　1 100
　　　　　　　　　　　——公允价值变动　90
　　　投资收益　10

⑤2×20年1月末，将原投资累积的其他综合收益予以结转：

借：其他综合收益　90
　贷：投资收益　90

至此，合并日按成本法核算的长期股权投资的初始成本为7 300万元，相当于原股权投资在合并日的公允价值1 200万元与新增投资成本6 100万元之和；合并当期确认的投资收益100万元，为原持有股权自投资日至合并日的公允价值变动累计数。

（2）合并日合并财务报表工作底稿中编制如下抵销分录（金额单位为

万元）：

借：股本等所有者权益项目　　12 000

　商誉　　100

　贷：长期股权投资　　7 300

　　少数股东权益（12 000×40%）　　4 800

与上例相比，由于在个别财务报表中原持有股权投资已经按合并日公允价值计量了，而且相关的其他综合收益累积数也已经转入投资收益了，所以，2×20年1月末合并日编制合并财务报表时，只需在合并财务报表工作底稿中编制上项抵销分录即可。

引例跟踪

一、关注合并日合并财务报表中对投资收益的确认

以中信证券2013年分步投资实现对华夏基金控股合并为例。

在编制2013年度的合并财务报表过程中，首先要将原持有股权在购买日按照公允价值重新计量的损失11 532 295.37元通过如下调整分录计入“投资收益”项目：

借：投资收益　　11 532 295.37

　贷：长期股权投资　　11 532 295.37

其次，对华夏基金的长期股权投资与华夏基金股东权益进行抵销并确认商誉和少数股东权益。

最后，需将原持有股权投资采用权益法确认的其他综合收益51 516 252.07元通过编制如下抵销分录转入投资收益：

借：其他综合收益　　51 516 252.07

　贷：投资收益　　51 516 252.07

二、关注合并日合并商誉的计算

分步投资实现控股合并时，在合并财务报表的编制过程中，需根据实现合并日确定的合并成本与合并日被合并方可辨认净资产公允价值中合并方所占份额两者之间的差额，计算确定合并商誉。

分步投资实现控股合并时，在合并财务报表的编制过程中，由于已将原持有投资的账面价值调整至合并日的公允价值，所以，如果合并日原持有股权的公允价值按被投资方可辨认净资产公允价值的相应比例计算，则合并商誉实际上只相当于合并日追加投资的成本与追加持股在合并日被投资方可辨认净资产公允价值中所占份额的差额。

2014年分步投资实现对China AMC Capital Management Limited控股合并就是这种情况。5月30日的追加投资成本为8 036 774.49元，追加持股在合并日被投资方可辨认净资产公允价值中所占份额为15 026 783.11元［（34 569 933.23－4 516 367.02）×50%］，所以：

合并商誉=8 036 774.49-15 026 783.11=-6 990 008.52（元）

中信证券应将6 990 008.52元计入营业外收入。

三、关注年度合并财务报表中对报告期内分步投资实现合并的被投资方动态信息的披露

在报告期内通过非同一控制下的分步投资实现企业合并的情况下，报告期末合并财务报表中应披露相关子公司自购买日起至期末的动态信息。而中信证券正是这样做的，其分别在2013年和2014年年度报告中披露的相关信息如下：

1.2013年年报中的相关披露：

华夏基金自购买日（9月30日）起至本年末的经营成果和现金流量列示如下：

2013年9月30日至2013年12月31日

营业收入	827 446 759.22
净利润	257 804 591.93
现金及现金等价物净增加额	620 585 610.34

2.2014年年报中的相关披露：

China AMC Capital Management Limited 自购买日起至本年末的经营成果和现金流量列示如下：

2014年5月30日至2014年12月31日

营业收入	37 293 562.41
净利润	18 674 033.55
现金及现金等价物净增加额	4 666 614.76

三、多次交易分步实现同一控制下企业控股合并

企业通过多次交易分步实现同一控制下企业合并的，也要判断分步交易是否属于“一揽子交易”。属于“一揽子交易”的，应当将各项交易作为一项取得子公司控制权的交易进行会计处理。不属于“一揽子交易”的，取得控制权日进行如下会计处理：

多次投资分阶段完成的同一控制下企业合并，合并日初始投资成本的计量方法、初始投资成本与合并对价账面价值之差的确认方法，与一次投资实现的同一控制下企业合并的相关处理方法，两者应该遵循相同的基本原理。

（一）与个别报表有关的确认与计量

1.初始投资成本的确定

企业通过多次投资交易分步实现同一控制下企业合并的，应当按照合并后应享有被合并方净资产在最终控制方合并财务报表中的账面价值的份额，作为合并日长期股权投资初始投资成本。

2.初始投资成本与合并对价账面价值之间的差额的处理

“合并对价的账面价值”是指达到合并前的原持有股权投资的账面价值与合并日进一步取得股份而新支付对价的账面价值之和。合并日长期股权投资的初始投资成本与合并对价的账面价值两者之间的差额，应调整资本公积（资本溢价或股本溢价），资本公积不足冲减的则冲减留存收益。

3.原持有投资累积的其他综合收益、其他所有者权益变动的处理

原持有投资采用权益法核算时确认的其他综合收益和其他所有者权益变动，以及原持有投资分类为以公允价值计量的金融资产而确认的其他综合收益，在合并日都暂不进行会计处理，而是直至处置该投资时再转入处置当期的投资收益。

原持有投资累积的其他综合收益的这种处理思路，符合同一控制下企业合并“视同参与合并各方在最终控制方开始控制时即以目前状态存在”这一认识。

（二）与合并财务报表有关的会计处理

多次交易完成的同一控制下控股合并，合并方在合并日合并财务报表工作底稿中的调整与抵销处理，与第四章所述的一次投资实现的同一控制下企业合并情况下合并日编制合并报表时的处理原则基本相同。

多次交易完成的同一控制下控股合并，如果合并日不是在期初，则与第十章所述报告期内增加子公司的相关处理原则相同，即也要考虑对比较报表的相关项目进行调整。

值得一提的是，作为分阶段完成的同一控制下企业合并，合并之前原持股权投资，在取得日与合并方和被合并方同处于同一方最终控制之日两者孰晚日与合并日之间已确认的有关损益、其他综合收益以及其他所有者权益变动，应分别冲减比较报表期间的期初留存收益或当期损益。

［例9-4］资料见例9-1，假定甲公司和乙公司在2×19年年初就受同一方最终控制，合并日乙公司可辨认净资产在最终控制方合并财务报表中的账面价值为12 000万元。

根据上述资料，进行甲公司的有关会计处理（金额单位为万元）。

（1）甲公司与个别财务报表相关的会计处理如下：

①2×19年7月初始投资时：

借：长期股权投资——投资成本　　1 100

　贷：银行存款　　1 100

②2×19年年末，确认投资收益：

借：长期股权投资——损益调整　　50

　贷：投资收益　　50

③2×19年年末，按比例确认其他综合收益：

借：长期股权投资——其他综合收益　　20

　贷：其他综合收益　　20

至此，此项长期股权投资的账面价值为1 170万元。

④2×20年1月末，追加投资时：

借：长期股权投资　　6 100

　贷：银行存款　　6 100

⑤2×20年1月末，将权益法下的股权投资按成本法进行转账：

借：长期股权投资　　1 170

　贷：长期股权投资——投资成本　　1 100

　　　　　　　　——损益调整　　50

　　　　　　　　——其他综合收益　　20

⑥计算合并日的初始投资成本：

初始投资成本=12 000×60%=7 200（万元）

⑦按初始投资成本调整长期股权投资账面价值：

借：资本公积　　70

　贷：长期股权投资　　70

至此，合并日按成本法核算的长期股权投资的账面价值为7 200万元；已确认待处置投资时才能结转的其他综合收益20万元。

（2）甲公司合并日与合并财务报表有关的抵销处理如下：

借：股本等所有者权益项目　　12 000

　贷：长期股权投资　　7 200

　　　少数股东权益（12 000×40%）　　4 800

四、多次交易分步实现吸收合并

在多次交易分步实现吸收合并的情况下，不应涉及报告期末合并财务报表的具体处理，但是在财务报表附注中应将相关企业合并交易或事项的有关内容予以披露。

至于个别财务报表方面，合并方应在合并日比照吸收合并的会计原则进行处理。一方面，要区分同一控制下吸收合并还是非同一控制下吸收合并；另一方面，要将实现合并前的原持有股权从长期股权投资转出。

［例9-5］资料见例9-1。修改并补充资料如下：（1）假定2×20年1月末，甲公司向乙公司控股股东支付11 000万元将乙公司吸收合并，乙公司注销其法人资格。（2）合并日乙公司资产账面价值为20 000万元；负债账面价值为8 000万元；所有

者权益账面价值为：股本10 000万元，资本公积1 300万元，其他综合收益200万元、盈余公积50万元、未分配利润450万元。其他资料不变。

下面分别同一控制下吸收合并和非同一控制下吸收合并两种情况进行相关会计处理（金额单位为万元）。

（1）甲公司与个别财务报表有关的账务处理：

①2×19年7月初始投资时：

借：长期股权投资——成本　　1 100

　贷：银行存款　　1 100

②2×19年年末，确认投资收益：

借：长期股权投资——损益调整　　50

　贷：投资收益　　50

③2×19年年末，按比例确认其他综合收益：

借：长期股权投资——其他综合收益　　20

　贷：其他综合收益　　20

至此，此项长期股权投资的账面价值为1 170万元。

④2×20年1月末，追加投资，确认吸收合并乙公司（假定是同一控制下的企业合并）：

首先，确认企业合并：

借：有关净资产（按子公司有关资产、负债的账面价值入账）　12 000

　　资本公积（12 000−11 000−1 100−50−20）　170

　贷：银行存款　　11 000

　　　长期股权投资——成本　　1 100

　　　　　　　　　——损益调整　　50

　　　　　　　　　——其他综合收益　　20

同时，调整留存收益：

借：资本公积　　500

　贷：盈余公积　　50

　　　利润分配　　450

⑤2×20年1月末，追加投资，确认吸收合并乙公司（假定是非同一控制下的企业合并）：

借：有关净资产（按子公司有关资产、负债的公允价值入账）　12 000

　　商誉（12 000−11 000−1 100−50−20）　170

　贷：银行存款　　11 000

　　　长期股权投资——成本　　1 100

　　　　　　　　　——损益调整　　50

　　　　　　　　　——其他综合收益　　20

（2）2×20年1月末，乙公司注销资产、负债、所有者权益：

借：股本	10 000
资本公积	1 300
其他综合收益	200
盈余公积	50
利润分配	450
有关负债	8 000
贷：有关资产	20 000

直面上市公司 中信证券分步投资实现对新际期货的吸收合并

中信证券2014年年度报告“第十一节 财务报告”中的合并财务报表附注部分的第九条“合并范围的变动”中，披露了一项分步投资实现吸收合并的交易，有关信息摘录如下：

2014年10月，本集团的子公司中信期货与新际经纪香港有限公司（以下简称“新际香港”）签署《股权转让协议》，以现金人民币165 413 747.10元收购新际香港所持有的中信新际期货有限公司（以下简称“新际期货”）42%的股权（该交易简称“现金收购交易”）；2014年11月，中信期货与中信证券、中信兴业投资集团有限公司（以下简称“中信兴业投资”）签署《股权出资协议》，向中信兴业投资定向增发股份104 792 982股以购买中信兴业投资所持有的新际期货58%的股权（该交易简称“换股交易”），该换股交易成本为人民币298 316 852.00元；另外，于2014年10月，中信期货与新际期货签署了《吸收合并协议》，对新际期货进行吸收合并，吸收合并完成后，中信期货作为存续方继续存续，新际期货作为被合并方完成注销登记（该交易简称“吸收合并”）。截至2014年12月29日，上述交易已经取得中国证监会等相关监管机构的批准，中信期货以该日作为购买日。

其他资料如下：

新际期货的可辨认资产和负债于购买日的公允价值和账面价值

项目	购买日公允价值*	购买日账面价值
资产总额	2 075 006 720.08	1 948 097 172.14
负债总额	1 631 598 456.29	1 631 598 456.29

*上述新际期货可辨认资产及负债于购买日的公允价值乃根据独立评估师报告确定。

新际期货自购买日起至本年末（2014年12月29日至2014年12月31日）的经营成果和现金流量列示如下：

营业收入	—
净利润	—
现金及现金等价物净增加额	36 267 169.84

五、信息披露

以上通过多次投资分步实现企业合并的交易或事项发生后，投资方通过上述与个别财务报表有关的会计处理，将有关交易或事项在个别财务报表层面进行了确认与计量。那么，上述与合并财务报表有关的会计处理的目的是什么？

同第二章合并日合并财务报表更多地服务于集团内部信息分析一样，报告期内追加投资实现企业合并的合并日，根据上述与合并财务报表有关的会计处理思路，可以编制反映合并日合并双方整体相关财务信息的合并财务报表，以利于对合并信息的分析。

从对外报告的层面来看，报告期内发生的各类企业合并交易或事项，合并日的相关财务信息在年报或中期报告中要按规定方式进行披露。比如，本章所涉及的各类交易或事项，上市公司一般都是在年度报告的财务报表附注中有关“合并范围的变动”部分，进行披露。

第二节　控股比例变动

一、控股比例变动的业务种类及其主要会计问题

母公司对子公司控股比例变动是指在保持对子公司控制权前提下的母公司对子公司持股比例变动，主要有以下四种情形：一是母公司收购子公司少数股权；二是母公司处置子公司部分股份但未丧失控制权；三是其他方增资导致母公司持股比例稀释但并未丧失控制权；四是其他方减资导致母公司增持子公司股份。前两种类型属于母公司持股的主动变化，第三、四种情况则导致母公司控股比例被动地发生变动。无论是主动还是被动的控股比例变动，这四种类型的业务有一个共同点，那就是它们都是未丧失控制权的母公司对子公司持股比例变动。

> 值得注意的是，收购少数股权当期按收购溢价（或折价）对资本公积的调整处理，在此后各期末编制合并财务报表时也要进行相应调整。

国际会计准则理事会在2008年修订的《国际会计准则第27号——合并财务报表和单独财务报表》以及2011年取而代之的《国际财务报告准则第10号——合并财务报表》中都明确规定：在获得了对某一主体的控制权之后，母公司在子公司中所有者权益的变动，如不能导致其丧失控制权，则应当按照权益性交易（与所有者以其所有者身份进行的交易）进行会计处理。这意味着这些变动的利得或损失均不能计入损益，而是直接计入权益；同样意味着子公司资产（包括商誉）和负债账面金额的任何变动都不能确认为上述交易的结果。具体而言，对于企业合并中的权益交易，在合并财务报表的会计处理上，一方面，应对控制性权益和非控制性权益（少数股权）账面

金额进行调整，以反映它们在子公司中相对权益的变化；另一方面，非控制性权益的调整金额与所支付对价（收购少数股权）或收到对价（处置部分股权）的公允价值之间的差额——收购溢（折）价或处置损益——应当直接在权益中确认（而不是计入损益），并归属于母公司的所有者。

我国现行的合并财务报表准则中也有类似规范。

二、收购少数股权

根据现行的合并财务报表准则，母公司在已经取得对子公司的控制权之后，发生收购少数股东拥有的子公司部分或全部股权交易时，应遵循以下原则进行处理：

（1）在个别财务报表中，母公司应将自子公司少数股东处新取得的长期股权投资，按照《企业会计准则第2号——长期股权投资》的规定确定其入账价值。

（2）在合并财务报表中，子公司的资产、负债应以合并日开始持续计算的金额反映；购买子公司少数股权的交易日，母公司新取得的长期股权投资与按照新增持股比例计算应享有子公司自合并日开始持续计算的净资产份额之间的差额，应当调整合并财务报表中的资本公积（资本溢价或股本溢价），资本公积（资本溢价或股本溢价）余额不足冲减的，调整留存收益。

下面举例说明收购少数股权的会计处理。

［例9-6］甲公司成为乙公司的母公司以及收购少数股权的资料如下：

（1）甲公司于2×18年12月31日用银行存款19 000万元取得乙公司70%的股权，当日乙公司净资产账面价值为19 500万元、公允价值为25 000万元，公允价值超过账面价值的5 500万元，系某项固定资产评估增值，该资产预计使用年限为11年，按直线法计提折旧（预计净残值略）；股本19 500万元。

（2）2×19年乙公司实现净利润3 000万元，在此期间，乙公司未宣告发放现金股利或利润。

（3）2×19年12月30日，甲公司又支付7 500万元取得乙公司20%的股权，当日乙公司净资产的账面价值为22 500万元，2×19年年末净资产按合并日公允价值持续计算的价值为27 500万元（25 000+3 000−5 500/11）。

（4）2×20年乙公司实现净利润2 000万元，宣告发放现金股利3 500万元；年末净资产按合并日公允价值持续计算的价值为25 500万元（25 000+3 000+2 000−3 500−5 500÷11×2）。

不考虑相关税费及其他会计事项。

根据上述资料，甲公司有关会计处理如下（金额单位为万元）：

（1）甲公司与个别报表有关的账务处理

①2×18年12月30日取得70%的股权时：

借：长期股权投资	19 000	
贷：银行存款		19 000

②2×19年12月31日取得20%的股权时：

借：长期股权投资　　7 500

　贷：银行存款　　7 500

③2×20年年末确认股利收益时：

借：应收股利　　3 150

　贷：投资收益　　3 150

（2）与合并财务报表有关的调整与抵销处理

①2×18年12月31日合并财务报表工作底稿中的有关调整与抵销分录：

借：股本等　　19 500

　固定资产　　5 500

　商誉（19 000−25 000×70%）　　1 500

　贷：长期股权投资　　19 000

　　少数股东权益（25 000×30%）　　7 500

②2×19年12月30日合并财务报表工作底稿中的有关调整与抵销分录：

借：股本等　　19 500

　资本公积　　2 000*

　固定资产　　5 000

　管理费用等　　500

　商誉　　1 500

　少数股东损益［（3 000−5 500/11）×30%］　　750

　贷：长期股权投资　　26 500

　　少数股东权益（27 500×10%）　　2 750

*2 000=新取得的长期股权投资7 500−按照新增持股比例计算应享有子公司自合并日开始持续计算的净资产份额（少数股权的调减金额）5 500（27 500×20%）

③2×20年12月31日合并财务报表工作底稿中的有关调整与抵销分录：

借：股本等　　19 500

　资本公积　　2 000

　固定资产　　4 500

　管理费用等　　500

　投资收益　　3 150

　期初未分配利润（上年抵销500+750）　　1 250

　商誉　　1 500

　少数股东损益［（2 000−5 500/11）×10%］　　150

　贷：长期股权投资　　26 500

　　少数股东权益（25 500×10%）　　2 550

　　对所有者（或股东）的分配　　3 500

通常情况下，动态指标“少数股东损益”和静态指标“少数股东权益”的计量所采用的非控制性股东持股比例是相同的，但是，在特定时点的合并财务报表中，计量这两个指标所采用的非控制性股东持股比例却不相同。比如，例9-5中收购少数股权日的合并财务报表中，“少数股东损益”按收购少数股权之前报告期内少数股东持股比例30%计算，而“少数股东权益”则按收购少数股权之后少数股东持股比例10%计算。下面的例9-6、例9-7、例9-8和例9-9也将出现类似情况。如果类似导致控制性权益和非控制性权益发生此消彼长的交易发生在报告期内，则整个报告期的少数股东损益需按交易前后不同比例分段计算，应该也是客观的。

直面上市公司 宝钢股份：收购少数股权

据宝钢股份2014年年报的披露，宝钢股份2014年度内发生两起收购少数股权的交易：

（1）2014年8月20日，本公司与莱钢集团烟台钢管有限公司签署了《关于烟台鲁宝钢管有限公司股权收购协议》。根据该协议，本公司以人民币111 080 000元受让莱钢集团烟台钢管有限公司所持有的烟台鲁宝钢管有限公司（以下简称“鲁宝钢管”）20.18%的股权，从而拥有鲁宝钢管100%股权。公司已于本年完成了上述股权转让交易。本公司由于购买鲁宝少数股权而调减资本公积人民币13 846 067.48元。

（2）2014年8月25日，本公司以人民币6 000 000 000元对宝钢湛江钢铁有限公司增资。增资完成后，公司持股比例由85.71%变更为90%。本公司由于该等增资而调减资本公积人民币44 903 347.09元。

三、未丧失控制权的处置部分股权

母公司在已经取得子公司控制权之后，发生处置子公司部分股权但并未丧失对子公司控制权的交易时，应遵循以下原则进行处理：

（1）在个别财务报表中，母公司应将处置的长期股权投资，按照《企业会计准则第2号——长期股权投资》的规定，将处置价款与处置投资对应的账面价值的差额确认为当期投资收益。

（2）在合并财务报表中，母公司应将处置价款与处置投资相对应的应享有该子公司自合并日开始持续计算的净资产份额的差额，计入资本公积（资本溢价），资本公积不足冲减的，调整留存收益。

下面举例予以说明。

［例9-7］甲公司于2×18年12月30日用银行存款8 800万元取得乙公司80%的股权，当日乙公司可辨认净资产账面价值等于公允价值10 000万元。2×19年乙公司实现净利润2 000万元，尚未进行利润分配。2×20年6月30日，甲公司以1 400

万元的价格出售了对乙公司投资中的10%，当日乙公司可辨认净资产按取得80%的股权之日持续计算的公允价值为13 000万元，2×20年上半年和下半年乙公司分别实现净利润1 000万元、2 000万元。不考虑相关税费及其他会计事项。

甲公司有关会计处理如下（金额单位为万元）：

（1）与个别报表有关的账务处理

①2×18年12月30日取得80%的股权时：

借：长期股权投资　　8 800

　贷：银行存款　　8 800

②2×20年6月30日出售10%的股权时：

借：银行存款　　1 400

　贷：长期股权投资（8 800÷8）　　1 100

　　　投资收益（1 400−1 100）　　300

（2）合并财务报表工作底稿中的有关调整与抵销处理

①2×18年12月30日合并财务报表工作底稿中的抵销分录：

借：股本等　　10 000

　　商誉（8 800−10 000×80%）　　800

　贷：长期股权投资　　8 800

　　　少数股东权益（10 000×20%）　　2 000

②2×19年12月30日合并财务报表工作底稿中的抵销分录：

借：股本等　　10 000

　　商誉　　800

　　少数股东损益（2 000×20%）　　400

　贷：长期股权投资　　8 800

　　　少数股东权益（12 000×20%）　　2 400

③2×20年6月30日出售10%股权日的调整与抵销分录：

借：股本等　　10 000

　　商誉　　800

　　少数股东损益（1 000×20%）　　200

　　未分配利润（期初）（2 000×20%）　　400

　　投资收益　　300

　贷：长期股权投资　　7 700

　　　少数股东权益（13 000×30%）　　3 900

　　　资本公积（1 400−13 000×10%）　　100

④2×20年12月31日合并财务报表工作底稿中的调整与抵销分录：

借：股本等　　10 000

　　商誉　　800

　　少数股东损益（1000×20%+2000×30%）

　　　　800

　　未分配利润（期初）（2 000×20%）

　　　　400

　　投资收益　　300

　贷：长期股权投资　　7 700

　　　少数股东权益（15 000×30%）　　4 500

　　　资本公积　　100

> 2×20年合并利润表中的“少数股东损益”需按交易前后不同比例分段计算，800=1 000×20%+2 000×30%。

四、其他方增资稀释母公司股比但并未丧失对子公司控制权

子公司定向增发或少数股东向子公司增资等交易之后，如果仅仅稀释了母公司对子公司的股比而并未改变母公司的控股地位，则母公司在个别财务报表中对该子公司的股权投资仍采用成本法核算；在合并财务报表中应进行如下处理：将按母公司原持股比例计算的在子公司增资前账面净资产中的份额与按新持股比例计算的母公司在子公司增资后账面净资产中的份额的差额，计入资本公积，资本公积不足冲减的调整留存收益。

下面举例予以说明。

［例9-8］A公司与B公司于2×19年年初分别出资800万元和200万元设立甲公司，A公司和B公司分别持有甲公司80%和20%的股权，A公司是甲公司的母公司。2×19年，甲公司实现净利润500万元。2×19年年末，B公司对甲公司增资300万元，增资后按协议持有甲公司的股权比例为30%。其他影响净资产的业务略。

分析：少数股东增资前，A公司在甲公司账面净资产中所占份额为1 200万元（1 500×80%）；少数股东增资后，A公司在甲公司账面净资产中所占份额为1 260万元（1 800×70%），两者之差60万元应增加资本公积。

根据上述资料，A公司编制合并财务报表的有关抵销处理如下（金额单位为万元）：

（1）2×19年年初，合并日合并财务报表工作底稿中的有关抵销处理：

借：股本　　1 000

　贷：长期股权投资　　800

　　　少数股东权益　　200

（2）2×19年年末，合并财务报表工作底稿中的有关抵销处理：

借：股本　　1 300

　　少数股东损益（500×20%）　　100

　贷：长期股权投资　　800

　　贷：少数股东权益［（1 000+500+300）×30%］　　540
　　　　资本公积　　60

可见，增资当期因子公司少数股东增资导致母公司对资本公积调增60万元，在此后各期末编制合并财务报表时都要进行这一调整。

［例9-9］资料见例9-8，假定2×20年甲公司实现净利润400万元，分配现金股利250万元，其他影响净资产的业务略。则2×20年年末A公司编制合并财务报表时的有关抵销分录中要按上年调增的60万元对本报告期末资本公积进行调整处理：

借：股本　　1 300
　　投资收益（250×70%）　　175
　　少数股东损益（400×30%）　　120
　　未分配利润（期初数）（500×20%）　　100
　贷：长期股权投资　　800
　　　少数股东权益［（1000+500+300+400−250）×30%］　　585
　　　对所有者（或股东）的分配　　250
　　　资本公积　　60

直面上市公司　　三一重工：因其他方增资而减持子公司股权

据三一重工2014年年度报告披露，2013年9月，三一重工与奥地利帕尔菲格集团就进一步拓展双方战略合作伙伴关系签署一份合作备忘录，并约定：奥地利帕尔菲格集团将通过其全资子公司Palfinger SLS Holding Pte Ltd出资109 977 562欧元增资三一重工全资子公司三一汽车起重机械有限公司。2014年5月，Palfinger SLS Holding Pte Ltd完成出资并办理了变更登记。本次增资完成后，Palfinger SLS Holding Pte Ltd持有三一汽车起重机械有限公司10%股份，三一重工间接持有三一汽车起重机械有限公司剩余90%的股份。

此项交易中，子公司10%股权的处置对价折合人民币939 813 000元，按处置的股权比例计算的子公司净资产份额为262 587 000元，两者之差677 226 000元在合并财务报表中调整计入资本公积。

五、其他方减资间接增加母公司持股比例

从业务实质及其对合并财务信息的影响来看，其他方减资导致母公司对子公司持股比例升高与母公司收购少数股权导致母公司对子公司的持股比例升高两者有相似之处，所以，相关会计处理可借鉴收购少数股权的处理原则。

在子公司少数股东或其他方减少了对子公司的股权投资从而间接增加了母公司的持股比例的情况下，母公司无须进行相应的账务处理，而且在个别财务报表中对该子公司的股权投资仍采用成本法核算；在合并财务报表中，将按母公司原持股比例计算的在子公司减资前账面净资产中的份额与按新持股比例计算的母公司在子公司减

资后账面净资产中的份额的差额，计入资本公积，资本公积不足冲减的调整留存收益。

下面举例予以说明。

［例9-10］对例9-8的资料进行修改：将B公司的增资300万元改为减资150万元并导致持股比例降至10%，假定此项减资操作符合相关法规要求。另假定2×20年甲公司实现净利润400万元，分配现金股利250万元。

除此之外，其他条件不变。

分析：少数股东减资前，A公司在甲公司账面净资产中所占份额为1 200万元（1 500×80%）；少数股东减资后，A公司在甲公司账面净资产中所占份额为1 215万元（1 350×90%），两者之差15万元应调整增加资本公积。

根据上述资料，A公司编制合并财务报表的有关抵销处理如下（金额单位为万元）：

（1）2×19年年初，合并日合并财务报表工作底稿中的有关抵销处理：

借：股本　　1 000

　贷：长期股权投资　　800

　　少数股东权益　　200

（2）2×19年年末，合并财务报表工作底稿中的有关抵销处理：

借：股本　　850

　少数股东损益（500×20%）　　100

　贷：长期股权投资　　800

　　少数股东权益［（1 000+500-150）×10%］　　135

　　资本公积　　15

（3）2×20年年末A公司编制合并财务报表时的有关抵销分录为：

借：股本　　850

　投资收益（250×90%）　　225

　少数股东损益（400×10%）　　40

　未分配利润（期初数）（500×20%）　　100

　贷：长期股权投资　　800

　　少数股东权益［（1 000+500-150+400-250）×10%］　　150

　　对所有者（或股东）的分配　　250

　　资本公积　　15

由上例可见，同他方增持导致母公司减持的情况一样，他方减持导致母公司增持的当期母公司对资本公积调增的15万元，在此后各期末编制合并财务报表时也要进行相应调整。

六、信息披露

母公司对上述引起其对子公司控股比例发生变化但并未影响其控制的交易或事

项进行与个别财务报表和与合并财务报表有关的会计处理之后，不仅更新了母公司个别财务报表信息，而且能据以梳理出股权变动日以及报告期末合并财务报表相关项目的数据。

值得一提的是，上市公司需要在年度报告的合并财务报表附注中，就公司对子公司控股比例变动的交易或事项进行必要说明。

第三节　丧失控制权的处置股权交易

一、丧失控制权的原因及其主要会计问题

导致母公司丧失对子公司控制权的交易、事项或原因比较多，例如母公司处置对子公司的股权投资并丧失控制权，其他方增加对子公司投资导致母公司对子公司持股比例下降并丧失控制权，子公司受到政府、法院、管理当局或监管机构的控制从而母公司丧失对子公司控制权，或者控制协议到期等。还有一种业务也可导致丧失控制权：拆产易股，即母公司将其在子公司中持有的股份转移给母公司自己的股东从而丧失对该子公司的控制权[①]。

直面上市公司　精华制药因甲子公司向乙子公司增资丧失对子公司控制权

精华制药（002349）在2016年年度报告合并财务报表附注中有关“合并范围的变动”部分，披露了该公司报告期内因子公司向另一公司增资，本公司对该另一子公司丧失控制权的业务内容。

八、合并范围的变更

1.非同一控制下企业合并

……

2.同一控制下企业合并

……

3.反向购买

……

4.处置子公司

……

5.其他原因的合并范围变动

（1）公司于2015年10月13日将子公司精华制药集团南通有限公司分立设立南通森萱药业有限公司（简称“南通森萱”），注册资本200万元，出资比例100%。根据公司2016年4月26日第三届董事会第三十七次会议及子公司江苏森萱医药化

① 国际会计准则理事会尚未将其纳入合并会计研究的议程。

工股份有限公司（简称江苏森萱）2016年第二次临时股东大会决议，同意子公司江苏森萱对公司全资子公司南通森萱以公开挂牌方式按不低于净资产评估价值进行增资，增资后公司持有南通森萱股权比例为35.18%，江苏森萱持有南通森萱股权比例为64.82%，并于2016年11月15日完成了变更登记。

（2）……

上述各种导致母公司丧失对子公司控制权的业务中，尤以处置子公司（即处置子公司股权导致丧失控制权）为多见。处置子公司是指通过出售等方式处置对子公司的股权投资从而丧失了对子公司的控制权，包括两种形式：一是一次交易一步处置子公司；二是多次交易分步处置子公司。其中，多次交易分步处置子公司又分为属于“一揽子交易”和不属于“一揽子交易”两种情形。

母公司丧失对子公司的控制权时，就个别财务报表而言，既要对导致控制权丧失的业务进行相应的确认与计量，又要对剩余投资（如有）按其归属的资产类别进行相应的处理；就合并财务报表而言，该前子公司已不应再纳入合并范围，主要的会计问题就是是否需要调整合并财务报表相关项目期初金额，对剩余投资（如有）应如何确认与计量，丧失控制权之前的处置损益是计入其他综合收益还是计入当期损益。

接下来就以处置子公司业务为主分析相关丧失控制权的会计处理问题。母公司处置子公司时，要分别根据《企业会计准则第2号——长期股权投资》和《企业会计准则第33号——合并财务报表》，对个别财务报表和合并财务报表分别进行相应的会计处理。而现行的会计准则又对处置子公司分别一次交易和分次交易两种情况进行相应规范。

二、一次交易丧失对子公司控制权

（一）与个别财务报表有关的会计处理

按处置投资的比例结转应终止确认的长期股权投资成本。对剩余投资分别依据如下原则进行处理：

（1）比较剩余长期股权投资的成本与按照剩余持股比例计算原投资时应享有被投资单位可辨认净资产公允价值的份额，前者大于后者的，属于投资作价中体现的商誉部分，不调整长期股权投资的账面价值；前者小于后者的，在调整长期股权投资成本的同时，调整留存收益。

（2）对能具有重大影响或与其他方实施共同控制的剩余投资由成本法转为权益法，并进行追溯调整；对不能再对被投资单位实施控制、共同控制或重大影响的剩余投资，改按金融工具确认与计量的准则进行处理，重分类为以公允价值计量的金融资产，并将丧失控制权之日的公允价值与账面价值之间的差额计入当期投资收益。

（二）与合并财务报表有关的会计处理

投资方由于处置部分股权丧失对原有子公司控制权后，就不再将该被投资方纳入合并财务报表范围。现在的问题是，在投资方合并财务报表中，对于该项剩余投资应如何列报？

我国《企业会计准则第33号——合并财务报表》规定：企业因处置部分股权投资等原因丧失了对被投资方的控制权的，在编制合并财务报表时，对于剩余股权，应当按照其在丧失控制权日的公允价值进行重新计量。处置股权取得的对价与剩余股权公允价值之和，减去按原持股比例计算应享有原子公司自购买日或合并日开始持续计算净资产份额与商誉之和的差额，计入丧失控制权当期的投资收益。与原有子公司股权投资相关的其他综合收益、其他所有者权益变动等，应当在丧失控制权时转为当期投资收益（由于被投资方重新计量设定受益计划净负债或净资产变动而产生的其他综合收益除外）。

由上述规范可见，丧失控制权日的合并财务报表中，一方面，该前子公司不再纳入合并范围；另一方面，母公司对该前子公司的剩余投资在合并财务报表中按丧失控制权日的公允价值报告，与之相关的利得或损失在合并财务报表中确认为归属于母公司的损益[①]。

下面举例予以说明。

［例9-11］A公司处置部分股权丧失对B公司控制权的资料如下：

（1）2×19年6月30日，A公司以现金6 000万元取得了B公司60%的股权，并控制B公司。当日B公司可辨认净资产账面价值为10 000万元，公允价值为10 000万元。

（2）B公司在2×19年7月1日至2×21年6月30日之间实现的净利润为600万元，因持有的以公允价值计量且其变动计入其他综合收益的金融资产发生公允价值变动而确认的其他综合收益为100万元。

（3）2×21年6月30日，A公司以4 280万元的对价将其持有的B公司股权的三分之二出售给第三方公司，处置后对B公司的持股比例降为20%，其公允价值为2 140万元，至此A公司对B公司能够施加重大影响。当日，B公司可辨认净资产账面价值为10 700万元，自购买日起持续计算的可辨认净资产账面价值也是10 700万元。

其他因素略。

根据上述资料，A公司相关的会计处理如下（金额单位为万元）：

（1）与个别财务报表有关的确认与计量：

①2×19年6月30日初始投资时：

借：长期股权投资	6 000	
贷：银行存款		6 000

① 2008年修订《国际会计准则第27号——合并财务报表和单独财务报表》时，国际会计准则理事会的Garnet先生不同意将剩余投资公允价值与账面价值之间的差额确认为损益。他认为，丧失对子公司控制权时导致不合并原子公司的重要经济事项，然而母公司并未出售剩余投资，所以，应该将剩余投资以公允价值计量，所产生的影响作为一项其他综合收益而不是直接计入损益。

②2×21年6月30日处置部分股权时：

借：银行存款 4 280

  贷：长期股权投资 4 000

    投资收益 280

③调整剩余长期股权投资账面价值：

剩余股权投资成本2 000万元，小于按照剩余持股比例计算原投资时应享有被投资单位可辨认净资产公允价值的份额2 140万元，故需做账务处理：

借：长期股权投资 140

  贷：盈余公积 14

    利润分配——未分配利润 126

④将剩余投资转为按权益法核算：

借：长期股权投资——成本 2 140

  ——损益调整 120

  ——其他综合收益 20

  贷：长期股权投资 2 140

    盈余公积 12

    利润分配——未分配利润 108

    其他综合收益 20

至此，A公司对B公司的剩余长期股权投资账面价值为2 280万元。

（2）与合并财务报表有关的会计处理（丧失控制权日）：

①将对B公司的剩余投资按公允价值进行重新计量：

借：投资收益 140*

  贷：长期股权投资 140

*140=剩余股权投资的账面价值2 280−剩余股权投资的公允价值2 140。

至此，A公司对B公司的剩余长期股权投资在其合并财务报表中的报告价值为公允价值2 140万元。

②处置股权取得的对价与剩余股权公允价值之和6 420万元（4 280+2 140），减去按原持股比例计算应享有原子公司自购买日或合并日开始持续计算净资产份额6 420万元（10 700×60%）和商誉之和，差额为0，故不做账务处理。

将与对B公司股权投资相关的其他综合收益重分类转入投资收益：

借：其他综合收益 20

  贷：投资收益 20

三、多次交易丧失对子公司控制权

（一）“一揽子交易”与否的判断

在企业通过多次出售股权交易分步处置子公司的情况下，无论对于个别财务报表还是合并财务报表，都需要区别多步处置交易是否属于“一揽子交易”而进行相应的会计处理。

国际财务报告准则规定，处置对子公司股权投资的各项交易的条款、条件以及经济影响符合下列一种或多种情况，通常表明应将多次交易事项作为一揽子交易进行会计处理：

（1）这些交易是同时或者在考虑了彼此影响的情况下订立的。

（2）这些交易整体才能达成一项完整的商业结果。

> 由于前期处置损益计入其他综合收益而不是相关的期间损益，考虑到损益调整的需要，这种规范在某些情况下有可能导致企业对处置子公司的故意多步骤安排。

（3）一项交易的发生取决于其他至少一项交易的发生。

（4）一项交易单独考虑时是不经济的，但是和其他交易一并考虑时是经济的。例如，以低于市价的价格处置股份，而以高于市价的价格处置后续的股份以补偿之前的损失。

我国现行会计准则也有类似规定。

（二）多次交易属于“一揽子交易”

在导致丧失控制权的多次处置股权交易属于“一揽子交易”的情况下，个别财务报表和合并财务报表的处理原则是一致的，即应当将各项交易作为一项处置子公司股权投资并丧失控制权的交易进行会计处理，但在丧失控制权之前每一次处置交易的处置价款与所处置股权对应的长期股权投资账面价值之间的差额，应先确认为其他综合收益，待丧失控制权时一并转入丧失控制权的当期损益。

［例9-12］资料见例9-7，补充资料为：2×20年12月末，甲公司以9 000万元的价格又出售了持有的乙公司60%的股权，并将剩余股权重分类为以公允价值计量且其变动计入其他综合收益的金融资产。当日剩余股权的公允价值为1 500万元。不考虑相关税费及其他会计事项。

如果2×20年6月30日和12月31日的两次处置交易属于“一揽子交易”，则甲公司有关会计处理如下（金额单位为万元）：

（1）与个别报表有关的账务处理

①2×18年12月30日取得80%的股权时：

借：长期股权投资	8 800	
贷：银行存款		8 800

②2×20年6月30日出售10%的股权时：

借：银行存款	1 400	
贷：长期股权投资（8 800÷8）		1 100
其他综合收益（1 400-1 100）		300

③2×20年12月31日出售60%股权时：

借：银行存款　9 000
　贷：长期股权投资　6 600
　　投资收益　2 400

④2×20年12月31日将前次处置股权的交易利得结转：

借：其他综合收益　300
　贷：投资收益　300

⑤2×20年12月31日将剩余投资重分类时：

借：其他权益工具投资——成本　1 500
　贷：长期股权投资　1 100
　　投资收益　400

至此，甲公司对乙公司剩余投资的账面价值为1 500万元，累计处置利得2 700万元已全部计入投资收益。

（2）合并财务报表工作底稿中的有关调整与抵销处理

①2×18年12月30日合并财务报表工作底稿中的抵销分录：

借：股本等　10 000
　商誉（8 800−10 000×80%）　800
　贷：长期股权投资　8 800
　　少数股东权益（10 000×20%）　2 000

②2×19年12月30日合并财务报表工作底稿中的抵销分录：

借：股本等　10 000
　商誉　800
　少数股东损益（2 000×20%）　400
　贷：长期股权投资　8 800
　　少数股东权益（12 000×20%）　2 400

③2×20年6月30日出售10%股权日的调整与抵销分录：

借：股本等　10 000
　商誉　800
　少数股东损益（1 000×20%）　200
　未分配利润（期初）（2 000×20%）　400
　其他综合收益　300
　贷：长期股权投资　7 700
　　少数股东权益（13 000×30%）　3 900
　　资本公积（1 400−13 000×10%）　100

④2×20年12月31日，甲公司不再将乙公司纳入合并范围；对乙公司的股权投资在甲公司的个别财务报表以及合并财务报表中按其公允价值1 500万元报告为其他权益工具投资。

（三）多次交易不属于“一揽子交易”

在导致丧失控制权的多次处置股权交易不属于“一揽子交易”的情况下，对于丧失控制权之前的各项处置股权交易，应按照前面关于“未丧失控制权的处置部分股权”的相关阐述，对丧失控制权前的每一次处置股权交易，在个别财务报表中分别将处置损益计入处置股权的当期损益，在合并财务报表中则按“权益性交易”进行处理。丧失控制权日按前述“一次交易丧失对子公司控制权”的原则处理。

［例9-13］资料见例9-12。

如果2×20年6月30日和12月31日的两次处置交易不属于“一揽子交易”，则甲公司有关会计处理如下（金额单位为万元）：

（1）丧失控制权之前的处置交易的会计处理见例9-7。

（2）丧失控制权日甲公司的有关会计处理如下：

①与个别报表有关的账务处理

2×20年12月31日出售60%股权时：

借：银行存款	9 000	
贷：长期股权投资		6 600
投资收益		2 400

2×20年12月31日将剩余投资重分类时：

借：其他权益工具投资——成本	1 500	
贷：长期股权投资		1 100
投资收益		400

至此，甲公司对乙公司剩余投资的账面价值为1 500万元，累计处置利得2 700万元已于每次处置交易当期计入投资收益。

②合并财务报表工作底稿中：

2×20年12月31日，不再将乙公司纳入合并范围；对乙公司的股权投资按其公允价值1 500万元报告为其他权益工具投资。

四、信息披露

处置子公司部分股权丧失控制权业务发生之后，被处置子公司就不包括在母公司的合并范围之内。母公司在报告期末编制合并财务报表时，除了合并财务报表附注中对有关“合并范围的变动”进行披露之外，为了提高会计信息的可比性，还需在合并财务报表中进行如下列报与披露：

（1）披露该子公司成为非子公司对合并资产负债表财务状况以及对前期相关金额的影响。

（2）将该子公司自期初至丧失控制权日止的收入、费用、利润纳入合并利润表，并在合并利润表附注中披露该子公司成为非子公司对合并利润表的经营成果以及对前期相关金额的影响。

（3）应将该子公司自期初至丧失控制权日止的现金流量信息纳入合并现金流量表，并在投资活动产生的现金流量的“处置子公司及其他营业单位收到的现金净额”项目中，反映出售该子公司所收到的现金和现金等价物以及相关处置费用后的净额。

本章特别关注

权益性交易

一、相关会计准则对权益性交易的界定

国际会计准则理事会早在2008年1月修改后的《国际会计准则第27号——合并财务报表和单独财务报表》第30段中提到“权益性交易”时就指出：“不会导致丧失对子公司控制权的母公司所有权份额的变动，应作为权益性交易（equity transactions）进行会计处理”，该准则还将权益性交易界定为“与所有者以其所有者身份进行的交易（transactions with owners in their capacity as owners）”。2011年5月发布的取代了第27号国际会计准则的《国际财务报告准则第10号——合并财务报表》第23段明确延续了这一规定。

美国财务会计概念公告第5号第55段则这样定义“资本性交易”：资本性交易是指与所有者进行的影响主体权益的交易。美国注册会计师协会下属的PITF（职业问题任务小组）在2000年第1号实务提示公告“特定的权益性交易会计“中，有将资本性交易作为权益性交易的不同表述。

根据以上概念界定，从合并财务报表来看，母公司收购子公司非控制性权益、母公司未丧失控制权的处置子公司部分股权的交易、甚至非控制性权益持有者向子公司增资或减资导致母公司减持或增持子公司股份（但未丧失控制权）等业务，均属于权益性交易。与合并财务报表有关的权益性交易中，交易主体是子公司的权益持有者，交易的对象是子公司的权益，交易的结果要么是子公司的权益存量不变只是结构发生变化（控制性股东和非控制性股东之间的重新分配），要么是子公司的权益存量和结构同时发生变化，总之导致控制性权益和非控制性权益的此消彼长。

上述与合并财务报表相关的“权益性交易”概念，意味着母公司与非控制性权益持有者之间关于子公司权益的交易，属于企业集团的权益交易。换句话说，将非控制性权益分类为合并股东权益的一部分，从而将涉及非控制性权益的交易确认为一项权益性交易，这实际上与将非控制性权益与归属于母公司股东的权益同等视为合并股东权益的组成部分的“实体理念”相吻合。相较之下，导致母公司丧失控制权的处置对子公司股权交易，从母公司编制的合并财务报表这一报告主体的角度来看，不属于权益性交易。

二、相关会计准则对权益性交易会计处理的规范

《国际财务报告准则第10号——合并财务报表》应用指南第96段规定：“当非控制性权益持有的权益份额发生变动时，主体应调整控制性权益与非控制性权益的账面金额，以反映它们在子公司中相对权益的变动。主体应在权益中直接确认非控

制性权益的调整金额与支付或收到对价的公允价值之间的差额，并将这一差额归属于母公司的所有者。”这就意味着：权益性交易中的利得或损失均不能计入损益，权益性交易也不能确认子公司资产（包括商誉）或负债账面金额的任何变动。

我国财政部在《财政部关于做好执行会计准则企业2008年年报工作通知》（财会函〔2008〕60号）中规定：企业购买上市公司，被购买的上市公司不构成业务的，购买企业应按照权益性交易的原则进行处理，不得确认商誉或确认计入当期损益。

从合并财务报表来看，处理权益性交易时：（1）不确认合并商誉。例9-5中收购少数股权日合并财务报表中确认的合并商誉与合并日一样仍为1 500万元，将收购少数股权的“超额支付”2 000万元直接计入权益（资本公积）；例9-6中处置部分股权日合并财务报表中确认的合并商誉也与合并日一样仍为800万元，并未转销与处置部分相关的商誉。两种情况下股权变动日确认的商誉均与合并日确认的商誉相等（假定商誉未发生减值）。（2）不确认损益。权益性交易的“差额”（包括收购少数股权的溢（折）价、处置部分股权的处置损益等）在合并财务报表中不作为利得或损失确认，而是直接计入权益（资本公积）。例9-5中将“差额”2 000万元计入资本公积，例9-6中将个别报表中原已确认的投资收益300万元予以抵销，而将从合并财务报表来看的“利得”100万元直接计入权益（资本公积）。

值得一提的是，母公司收购子公司非控制性权益是否应全部作为权益性交易处理，也有不同观点。在“《国际财务报告准则第10号——合并财务报表》结论基础”中，就披露了Danjou先生等四位理事的不同意见。这些理事认为，尽管已经取得了控制权，但是在子公司权益中更高的份额可能给母公司带来更多的协同效应，从而可能会使母公司因收购非控制性权益而获得额外收益。如果额外权益份额的取得是通过熟悉情况的双方自愿通过公平交易达成的，这些额外的收益在购买额外所有者权益的价格中体现，所以，母公司购买非控制性权益应将所支付的对价超过归属于所取得的额外权益的子公司净资产账面价值的金额确认为商誉。另外，还有两位理事注意到《国际财务报告准则第3号——企业合并》（2008年修订）中对企业合并中非控制性权益的计量提供了选择，即以其在被购买方可辨认净资产中所占的权益份额而不是公允价值进行计量，这种选择意味着：在取得控制权日，归属于非控制性权益的子公司商誉份额是一项资产，而且对非控制性权益进行后续购买时，没有概念性原因届时商誉不再作为一项资产。

可见，究竟怎样明确界定权益性交易的概念、范围，怎样确立权益性交易会计处理的理论依据、确认与计量规范，还有进一步探讨的必要。

三、从个别财务报表角度来看权益性交易

从个别财务报表来看，企业与其所有者之间的交易比如所有者向企业投资、企业向所有者分配利润等，也都属于“影响主体权益的交易”，从而具有权益性交易的性质。这些交易当中，交易的主体是企业与其所有者，交易的对象是企业的权益，交易的结果是企业所有者权益存量发生增减变动（所有者投资增加所有者权益，向所有者分配利润则减少所有者权益）。对这些交易的会计确认与计量，无论是所有者向会计主体投资还是主体向其所有者分配利润，都不会也不应该影响到会计主体的当期损益。

在这个基础上，还可以进一步探讨股东捐赠、政府补助等相关业务的会计确认原则。

第十章 复杂持股、反向购买

引例 中信证券：分步实现企业合并

中宝山钢铁股份有限公司（股票代码60001，公司简称：宝钢股份）在2015年年度报告中披露的一项对子公司的股权变动业务如下：

“本公司以持有的东方钢铁电子商务有限公司17%股权作为投资设立欧冶云商股份有限公司（简称“欧冶云商”），直接持有其8.67%的股权；同时本公司全资子公司宝钢国际以持有的东方钢铁电子商务有限公司83%股权作为投资设立欧冶云商，持有其42.33%股权。”

根据以上信息，我们可以梳理出与宝钢股份相关的两组复杂持股结构。

1.设立欧冶云商之前，宝钢股份与相关企业之间的股权关系如下：

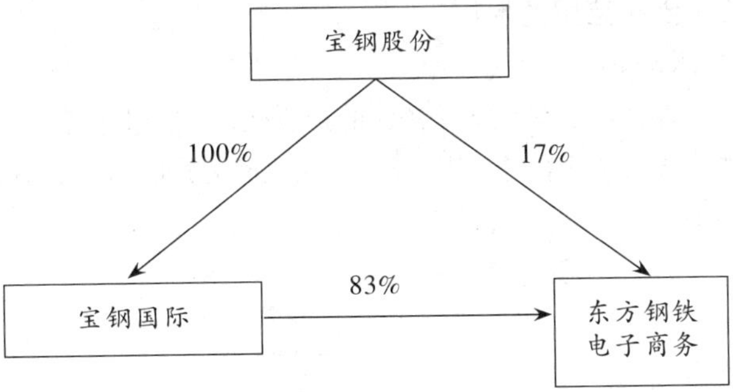

2.设立欧冶云商之后，宝钢股份与相关企业之间的股权关系如下：

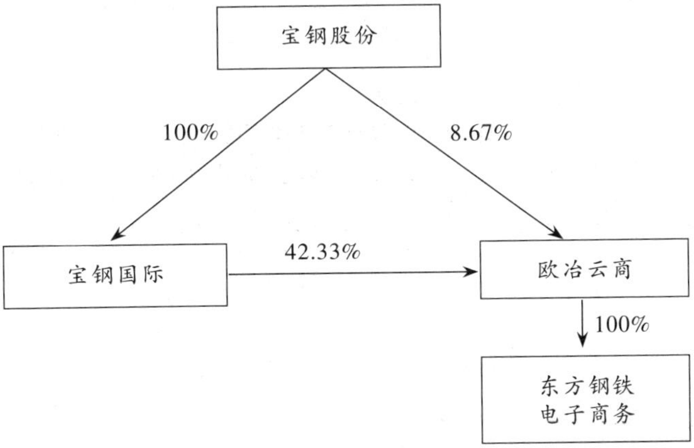

现在的问题是，以上两个股权结构图有什么区别？设立欧冶云商之前，东方钢铁电子商务有限公司是否应纳入宝钢股份的合并范围？设立欧冶云商之后，欧冶云商、东方钢铁电子商务有限公司是否应纳入宝钢股份的合并范围？如果纳入合并范

围，少数股东权益应按什么比例进行计算？本章将对这些问题进行探讨。

另外，本章还将就反向购买交易的合并财务信息呈报问题进行梳理。

第一节　复杂持股情况下的合并财务报表

一、间接持股

间接持股主要指两种情形：第一种是母公司通过子公司间接持有另一主体股权，也称母子孙结构；第二种是母公司以直接和间接方式合计持有某主体股权，也称联属结构（或关联附属结构）。如果间接持股达到控股，也称多层控股。多层控股情况下合并财务报表的问题主要有两个：第一，是按“加法”还是按“乘法”确定间接持股的被投资方是否被纳入合并范围；第二，对纳入合并范围的间接持股公司如何计量少数股东权益和少数股东享有的收益。

（一）确定是否纳入合并范围的原则

首先来看两个例子。

［例10-1］假设A公司拥有B公司80%的控股权，B公司拥有C公司60%的控股权，从而B、C公司都纳入A公司的合并范围。3个公司之间的控股关系如图10-1所示。

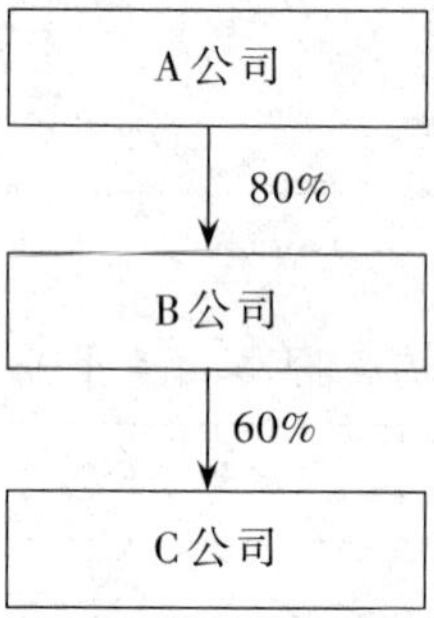

图10-1　母子孙结构示意图

［例10-2］甲公司拥有乙公司80%的股权，拥有丙公司20%的股权；乙公司拥有丙公司40%的股权。甲、乙、丙3个公司之间的股权关系如图10-2所示。

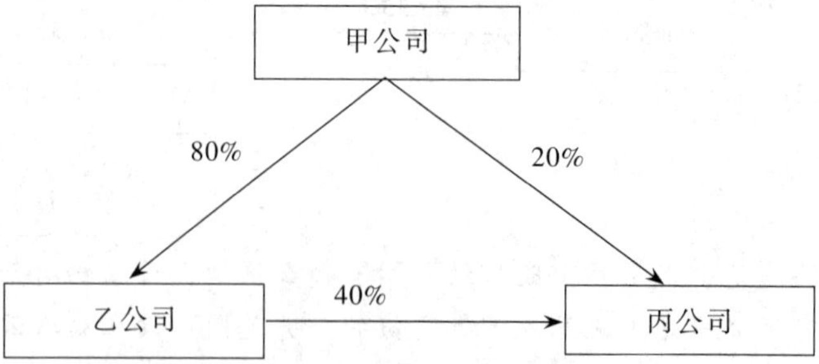

图10-2　直接加间接合计持股关系图

对于母公司间接持股的被投资方，确定其是否纳入合并范围的方法有“加法”和“乘法”两种方法。

采用“加法”原则，例10-1中母公司通过子公司拥有对C公司60%的股权，例10-2中母公司拥有的丙公司股权为60%（直接持有20%加上通过乙公司间接持有40%）。所以，C公司和丙公司都应纳入其母公司的合并范围。

采用“乘法”原则，例10-1中母公司通过子公司拥有C公司48%（80%×60%）的股权，例10-2中母公司拥有的丙公司股权为52%（20%+80%×40%）。所以，丙公司应纳入其母公司合并财务报表的合并范围。如果甲公司直接持有丙公司的股权比例为15%，则“乘法”原则下甲公司拥有的丙公司股权为47%（15%+80%×40%），从而丙公司就不能被纳入甲公司合并财务报表的合并范围。

根据现行的合并财务报表会计规范，在存在间接持股的情况下，按照“加法”原则确定被投资方是否应纳入合并范围。

引例跟踪

设立欧冶云商之前，宝钢股份持有东方钢铁电子商务有限公司的股权比例应为100%（17%+83%）。

设立欧冶云商之后，宝钢股份持有欧冶云商的股权比例为51%（8.67%+42.33%），持有东方钢铁电子商务有限公司的股权比例应为100%。

（二）多层控股情况下合并财务报表的编制

1.母子孙结构下的合并财务报表

在母子孙结构下，如何抵销母公司对孙公司间接享有的权益、如何计量少数股东权益和少数股东享有的收益，可以选择两步法或一步法。

两步法也称分层合并法，就是编制合并财务报表时，先将子公司、孙公司的财务报表进行合并；在此基础上，再将母公司和子公司的财务报表进行合并。两步法的关键点：第一步合并处理中，将孙公司实现的净利润在归属于子公司所有者的净利润和少数股东损益之间进行分配；经过第一步合并处理后，按归属于子公司所有者的净利润作为第二步合并处理中的子公司净利润，并将其在归属于母公司所有者的净利润和少数股东损益中进行分配。

一步法也称一次合并法，就是编制合并财务报表时，直接将母公司、子公司、孙公司的财务报表进行合并。

下面以内部股权投资的抵销处理为例进行说明。

［例10-3］A公司拥有B公司80%的控股权，B公司拥有C公司60%的控股权，3个公司2×19年报告净利润以及内部长期股权投资期末余额、所有者权益期末余额资料见表10-1。

表10-1 **有关资料** 单位：万元

项目	A公司	B公司	C公司
本期净利润	400	300	100
对所有者（或股东）的分配	180	100	70
长期股权投资期末余额	2 000 （其中对B公司股权投资为800）	300 （为对C公司的股权投资）	0
所有者权益期末余额：			
股本	2 300	1 000	500
未分配利润	220	200	30

（1）采用“两步法”，A公司编制合并财务报表的思路如下：

第一步，先对B、C两公司的财务报表进行合并，编制如下抵销分录（金额单位为万元）：

①将B公司对C公司的初始投资与相关股本抵销，并确认少数股东权益：

借：股本 500
　贷：长期股权投资 300
　　少数股东权益 200

②确认C公司的少数股东享有的收益及其对少数股东权益的影响：

借：少数股东损益（100×40%） 40
　贷：少数股东权益 40

③将C公司的股利分配与B公司的投资收益抵销，并确认股利分配对少数股东权益的影响：

借：投资收益（70×60%） 42
　　少数股东权益（70×40%） 28
　贷：对所有者（或股东）的分配 70

若将以上3个抵销分录合并，则与B公司对C公司股权投资有关的抵销处理为：

借：股本 500
　　投资收益 42
　　少数股东损益 40
　贷：长期股权投资 300
　　少数股东权益 212
　　对所有者（或股东）的分配 70

根据上述资料编制的第一步的合并财务报表工作底稿（局部）见表10-2。

表10-2 **合并财务报表工作底稿（B、C合并）（局部）** 单位：万元

项　目	个别报表		抵销分录		合并数
	子公司（B）	孙公司（C）	借	贷	
资产负债表有关项目：					
……					
长期股权投资	300	0		300	0
……	……	……			……
股本	1 000	500	500		1 000
未分配利润	200	30	82	70	218
归属于母公司所有者权益	–	–			1 218
少数股东权益	–	–		212	212*
所有者权益合计	1 200	530	582	282	1 430
利润表有关项目：					
……	258	100			358
投资收益	42	0	42		0
……					
净利润	300	100	42		358
其中：归属于B公司股东的净利润	—	—			318*
少数股东损益	—	—	40		40*
所有者权益变动表有关项目：					
未分配利润（期初数）	0	0			0
对所有者（或股东）的分配	100	70		70	100
未分配利润（期末数）	200	30	82	70	218*

*212=（500+30）×40%；

318=B公司净利润（300−42）+C公司净利润（100×60%）；

40=C公司净利润（100×40%）；

218：纵向：218=318−100，横向：218=200+30+70−82。

第二步，根据A公司的个别财务报表数据和表10-2中“合并数”栏的数字，对A、B两公司的财务报表进行合并，编制如下抵销分录：

①将A公司对B公司的初始投资与相关股本抵销，并确认少数股东权益：

借：股本　1 000

　贷：长期股权投资　800

　　　少数股东权益（1 000×20%）　200

②确认B公司净利润中少数股东享有的份额及其对少数股东权益的影响：

借：少数股东损益（318×20%）　63.6

　贷：少数股东权益　63.6

③将B公司的股利分配与A公司的投资收益抵销，并确认股利分配对少数股东权益的影响：

借：投资收益（100×80%）　80

　　少数股东权益（100×20%）　20

　贷：对所有者（或股东）的分配　100

若将以上三个抵销分录进行合并，则与A公司对B公司股权投资有关的抵销处理为：

借：股本 1 000

投资收益 80

少数股东损益 63.6

贷：长期股权投资 800

少数股东权益 243.6

对所有者（或股东）的分配 100

根据上述资料编制的第二步的合并财务报表工作底稿（局部）见表10-3。

表10-3 **合并财务报表工作底稿（局部）** 单位：万元

项　目	个别报表		抵销分录		合并数
	母公司（A）	子公司（B）*	借	贷	
资产负债表有关项目：					
……					
长期股权投资	2 000	0		800	1 200
……		……			……
股本	2 300	1 000	1 000		2 300
未分配利润	220	218	143.6	100	394.4
归属于母公司所有者权益	—	—			2 694.4
少数股东权益	—	212		243.6	455.6**
所有者权益合计	2 520	1 430	1 143.6	343.6	3 150
利润表有关项目：					
……	320	358			678
投资收益	80	0	80		0
……					……
净利润	400	358	80		678**
其中：归属于母公司股东的净利润	—				574.4**
少数股东损益	—	40	63.6		103.6**
所有者权益变动表有关项目：					
未分配利润（期初数）	0	0			0
对所有者（或股东）的分配	180	100		100	180
未分配利润（期末数）	220	218	143.6	100	394.4**

*此栏数字转抄自表10-2中“合并数”栏。

**验算：

少数股东权益=孙公司、子公司股东权益中非控制性权益股东享有的部分，即：455.6=（500+30）×40%+（1 000+218）×20%=212+243.6；

合并净利润=剔除了内部股权投资收益之后的净利润，即：678=400−80+300−42+100；

归属于母公司股东的净利润=母公司净利润+子公司、孙公司净利润中归属于母公司所有者的部分，即：574.4=（400−80）+（300−42）×80%+100×48%，或者574.4=（400−80）+318×80%；

少数股东损益=剔除了内部股权投资收益之后的子公司、孙公司净利润中非控制性权益股东享有的部分，即：103.6=（300−42）×20%+100×52%，52%=100%−60%×80%。

经过以上两步抵销处理之后，A公司根据表10-3中的“合并数”栏填列合并资产负债表、合并利润表以及合并所有者权益变动表。此处略。

（2）采用“一步法”，A公司编制合并财务报表时相关项目合并数据的生成过程如下（金额单位为万元）：

①将内部初始投资与相关股本抵销，并确认少数股东权益：

借：股本　　1 500

　贷：长期股权投资　　1 100

　　　少数股东权益（1 000×20%+500×40%）　　400

②确认少数股东享有的收益及其对少数股东权益的影响：

借：少数股东损益［（300−42）×20%+100×52%］　　103.6

　贷：少数股东权益　　103.6

③将内部股利分配与投资收益相抵销，并确认其对少数股东权益的影响：

借：投资收益（100×80%+70×60%）　　122

　　少数股东权益（100×20%+70×40%）　　48

　贷：对所有者（或股东）的分配（100+70）　　170

若将以上三个抵销分录进行合并，则与内部股权投资有关的抵销分录为：

借：股本　　1 500

　　投资收益　　122

　　少数股东损益　　103.6

　贷：长期股权投资　　1 100

　　　少数股东权益　　455.6*

　　　对所有者（或股东）的分配　　170

*验算：455.6=［（1 000+300−42−100+100×60%）×20%+（500+30）×40%］。

根据上述资料编制合并财务报表工作底稿（局部）见表10-4。

表10-4　**合并财务报表工作底稿（局部）**　单位：万元

项　目	个别报表			抵销分录		合并数
	母公司（A）	子公司（B）	孙公司（C）	借	贷	
资产负债表有关项目：						
……						
长期股权投资	2 000	300	0		1 100	1 200
……		……	……			……
股本	2 300	1 000	500	1 500		2 300
未分配利润	220	200	30	225.6	170	394.4
归属于母公司所有者权益	—	—	—			2 694.4
少数股东权益	—	—	—		455.6	455.6

续表

项　目	个别报表			抵销分录		合并数
	母公司（A）	子公司（B）	孙公司（C）	借	贷	
所有者权益合计	2520	1200	530	1725.6	625.6	3150
利润表有关项目：						
……	320	258	100			678
投资收益	80	42	0	122		0
……						
净利润	400	300	100	122		678
其中：归属于母公司股东的净利润	—	—	—			574.4
少数股东损益	—	—	—	103.6		103.6
所有者权益变动表有关项目：						
未分配利润（期初数）	0	0	0			0
对所有者（或股东）的分配	180	100	70		170	180
未分配利润（期末数）	220	200	30	225.6	170	394.4

根据表10-4中的“合并数”栏填列合并资产负债表、合并利润表以及合并所有者权益变动表。此处略。

比较“一步法”下表10-4的“合并数”和“两步法”下表10-3的“合并数”，两者完全相等。

无论是“两步法”还是“一步法”，将孙公司的净利润在“归属于母公司所有者的净利润”和“少数股东损益”两者之间分配时，母公司享有比例实际上是按母公司对子公司持股比例与子公司对孙公司持股比例之乘积确定的。

特别提示：

根据现行合并财务报表准则，纳入合并范围的成员企业之间的内部资产交易的未实现损益，应当百分之百抵销。所以，在母子孙结构下，母公司或子公司与孙公司之间存在内部资产交易的未实现损益，应将其全部抵销，而不需要考虑母公司对孙公司的控股比例。

例如：A公司拥有B公司80%的控股权，B公司拥有C公司60%的控股权，从而B、C公司都纳入A公司的合并财务报表范围。A公司、B公司2×19年分别将成本为200万元和300万元的存货按250万元和360万元的价格出售给C公司，并形成C公司的期末存货。相关税费略。

A公司在编制合并财务报表时的有关抵销分录为（金融单位为万元）：

借：营业收入　610

　贷：营业成本　500

　　　存货　110

2.联属结构下的合并财务报表

在直接加间接合计控股的情况下，母公司编制合并财务报表过程中的关键问题也是如何确定少数股东权益的计算比例和少数股东损益的计算比例。

与母子孙结构下确定母公司对孙公司净利润分享比例的计算方法一样，将联属公司净利润在“归属于母公司股东的净利润”和“少数股东损益”两者之间分配时，也采用直接和间接方式持有的表决权比例之乘积来确定母公司的分享比例。

［例10-4］联属结构下各公司之间股权关系如图10-2所示。在个别财务报表中，甲对乙的股权投资按成本法核算、对丙公司的股权投资分类为以公允价值计量且其变动计入其他综合收益的金融资产，乙公司对丙公司的股权投资则按权益法核算。三个公司2×19年报告净利润以及期末所有者权益账面价值资料见表10-5。

表10-5　**有关资料**　单位：万元

项目	甲公司	乙公司	丙公司
本期净利润	500	300	100
对所有者（或股东）的分配	400	180	70
长期股权投资期末余额	1 900 （其中对乙公司股权投资为800）	200 （为对丙公司的股权投资）	0
其他权益工具投资	100 （为对丙公司的股权投资）	0	0
所有者权益期末余额			
股本	3 000	1000	500
未分配利润	100	120	30

（1）甲公司编制合并财务报表时应编制与内部股权投资有关的抵销分录（金额单位为万元）

①将内部初始投资与相关股本抵销，并确认少数股东权益：

借：股本　1 500

　贷：长期股权投资　1 000

　　　其他权益工具投资　100

　　　少数股东权益　400

②确认少数股东享有的收益及其对少数股东权益的影响：

借：少数股东损益［（300−70×40%）×20%+100×48%］　102.4

　贷：少数股东权益　102.4

③将子公司股利分配与内部投资收益抵销，并确认其对少数股东权益的影响：

借：投资收益（180×80%+70×60%）　186

　　少数股东权益（180×20%+70×40%）　64

　贷：对所有者（或股东）的分配　250

将上述三个抵销分录进行合并，则与内部股权投资有关的抵销分录为：

借：股本　1 500

　　投资收益　186

　　少数股东损益　102.4

　贷：长期股权投资　1 000

　　　其他权益工具投资　100

　　　少数股东权益　438.4

　　　对所有者（或股东）的分配　250

（2）根据上述资料编制合并财务报表工作底稿，见表10-6。

表10-6　**合并财务报表工作底稿（局部）**　单位：万元

项　目	个别报表			抵销分录		合并数
	母公司（甲）	子公司（乙）	孙公司（丙）	借	贷	
合并资产负债表有关项目：						
……						
长期股权投资	1 900	200	0		1 000	1 100
其他权益工具投资	100	0	0		100	0
股本	3 000	1000	500	1 500		3 000
未分配利润	100	120	30	288.4	250	211.6
归属于母公司所有者权益	—	—	—			3 211.6
少数股东权益	—	—	—		438.4	438.4
所有者权益合计	3 100	1120	530	1 788.4	688.4	3 650
利润表有关项目：						
……	342	272	100			714
投资收益	158	28	0	186		0
……						
净利润	500	300	100	186		714
其中：归属于母公司股东的净利润	—	—	—			611.6
少数股东损益	—	—	—	102.4		102.4
所有者权益变动表有关项目：						
未分配利润（期初数）	0	0	0			0
对所有者（或股东）的分配	400	180	70		250	400
未分配利润（期末数）	100	120	30	288.4	250	211.6

表10-6中“合并数”栏有关合并净利润、少数股东权益、少数股东损益等项目的计算，也可见表10-7。

表 10-7　　合并财务报表中有关项目的计算　　单位：万元

项目	计算过程
合并净利润	（500−180×80%−70×20%）+（300−70×40%）+100 =342+272+100 =714
归属于母公司股东的净利润	（500−180×80%−70×20%）+（300−70×40%）×80%+100×52%* =342+217.6+52 =611.6 *52%=20%+80%×40%
少数股东损益	（300−70×40%）×20%+100×48%* =54.4+48 =102.4 *48%=100%−52%
少数股东权益	（1 000+120−28）×20%+500×40%+100×48%−70×40% =218.4+200+48−28 =438.4

二、交叉持股[①]

企业集团内部成员企业之间有的时候会存在以下两种交叉持股的情形：一是子公司持有母公司股份；二是子公司之间互相持股。

（一）基本处理方法

合并财务报表中如何处理交叉持股，会计上有两种不同的处理方法：库藏股法和交互分配法。

在库藏股法（Treasury Stock Method）下，将子公司持有母公司的股份在合并财务报表中列为库藏股，子公司取得或出售母公司的股份在编制合并财务报表时应视为母公司本身的行为。

交互分配法（Reciprocal Allocation Approach），将互相持有的股份视为推定赎回，在采用权益法进行调整的基础上，将子公司持有的对母公司或其他子公司的股权投资与被投资方相应的所有者权益抵销。

库藏股法与交互分配法的显著区别有两点：一是库藏股法将子公司持有的母公司股份列作库藏股，作为所有者权益的减项；交互分配法则将子公司持有的母公司或其他子公司股份推定为发行公司赎回注销，从而不再反映在合并所有者权益当中。二是交互分配法下进行相关抵销处理之前要对交叉持股双方的长期股权投资采用权益法进行调整。

① 从合并财务报表角度观察的“交叉持股”仅指企业集团内部成员企业之间的互相持有股份。

（二）现行会计规范

1. 子公司持有母公司股份

按照现行会计准则，在合并财务报表中，将子公司持有的母公司股份列作库存股①，在合并资产负债表中作为所有者权益的减项。可见，对子公司持有母公司的股份是采用库藏股法进行处理的。具体的会计处理原则如下：

（1）子公司所持有的母公司股权作为长期股权投资核算的，应当按照子公司取得母公司股权日所确认的长期股权投资的初始投资成本，将其转为合并财务报表中的库存股。

（2）对于子公司持有母公司股权所确认的投资收益（如利润分配或现金股利），应当进行抵销处理。

（3）子公司将所持有的母公司股权分类为以公允价值计量且其变动计入其他综合收益的金融资产，按照公允价值计量的，同时冲销子公司累计确认的公允价值变动。

综上所述，与子公司对母公司权益性投资有关的抵销分录为：

借：库存股［A+B］

借或贷：其他综合收益［子公司对母公司投资确认的公允价值变动损益］ B

贷：长期股权投资
其他权益工具投资等 ［子公司对母公司的权益性投资报告价值］ A

［例10-5］2×19年年末A公司出资9 000万元取得B公司90%的股权，成为B公司的控股股东。投资后，A公司的股本为15 000万元，“长期股权投资”余额为12 000万元；B公司的股本为10 000万元。2×20年年初，B公司按2 000万元投资成本取得对A公司的股权投资并分类为以公允价值计量且其变动计入其他综合收益的金融资产，2×20年年末，该项投资的公允价值为2 100万元。假定不考虑其他因素。

A公司2×20年年末编制合并财务报表时，在合并财务报表工作底稿中应编制的抵销分录如下（金额单位为万元）：

（1）将母公司对子公司的股权投资与子公司的股东权益抵销，并确认少数股东权益：

借：股本	10 000	
贷：长期股权投资		9 000
少数股东权益		1 000

（2）将子公司对母公司的权益性投资进行抵销，并确认为企业集团的库存股。

借：库存股	2 000	
其他综合收益	100	

① 现行企业会计准则采用“库存股”。

贷：其他权益工具投资 2 100

根据上述资料编制的合并财务报表工作底稿（局部）见表10-8。

表10-8 2×20年年末合并财务报表工作底稿（局部） 单位：万元

项 目	个别报表		抵销分录		合并数
	母公司（A）	子公司（B）	借	贷	
资产负债表有关项目：					
其他权益工具投资	0	2 100		②2 100	0
长期股权投资	12 000	0		①9 000	3 000
……	……	……			……
股本	15 000	10 000	①10 000		15 000
减：库存股	0	0	②2 000		2 000
其他综合收益	0	100	②100		0
归属于母公司所有者权益	—	—			13 000
少数股东权益	—	—		①1 000	1 000
所有者权益合计	15 000	10 100	12 100	1 000	14 000

引例跟踪

特别提示：

回顾第五章的“引例”。从宝钢股份编制的合并资产负债表及其个别资产负债表中可以看出，两个报表中“减：库存股”项目的金额相同，都是0.89287亿元。而通过观察母公司所有者权益变动表，可知母公司本期库存股期初余额为0，本期增加0.89287亿元，期末结余0.89287亿元。这就意味着该集团不存在子公司持有母公司股权的情况，合并资产负债表中的“减：库存股”就是母公司宝钢股份的库存股。

2.子公司间相互持股

按照现行会计准则，在合并财务报表中，企业集团内部子公司互相之间持有的股权投资，比照母公司对子公司的股权投资的抵销方法，将长期股权投资与其对应的子公司所有者权益中所享有的份额互相抵销。可见，对子公司间相互持股采用的不是库藏股法，但也不完全是交互分配法，因为并未明确要求将双方互相持有的股权投资按权益法进行调整。

［例10-6］A公司拥有B公司60%的股权，拥有C公司80%的股权；B公司拥有C公司10%的股权。2×19年年末，A公司对这两个子公司的长期股权投资账面价值分别为600万元、400万元，B公司对C公司的股权投资（假定分类为长期股权投资）账面价值为50万元；三个公司本期报告净利润以及期末所有者权益账面价值资料见表10-9。

表10-9 **其他有关资料** 单位：万元

项目	A公司	B公司	C公司
本期净利润	400	300	100
对所有者（或股东）的分配	180	100	70
所有者权益期末余额：			
股本	2 300	1 000	500
未分配利润	220	200	30

根据上述资料，A公司报告期末编制合并财务报表时，需要进行如下抵销处理（金额单位为万元）：

（1）与母公司对B公司股权投资有关的抵销处理：

借：股本 1 000

投资收益 60

少数股东损益［（300-7）×40%］ 117.2

贷：长期股权投资 600

对所有者（或股东）的分配 100

少数股东权益［（1 200-7）×40%］ 477.2*

*B公司所有者权益1 193万元中少数股东所占份额，这里的所有者权益中没有包含来自于内部的股权投资收益7万元。

（2）与母公司对C公司股权投资有关的抵销处理：

借：股本 450

投资收益（70×80%） 56

少数股东损益（100×10%） 10

贷：长期股权投资 400

对所有者（或股东）的分配 63

少数股东权益（530×10%） 53

（3）与B公司对C公司的股权投资有关的调整与抵销处理：

借：股本 50

投资收益（70×10%） 7*

贷：长期股权投资 50

对所有者（或股东）的分配 7

*属于内部投资的未实现损益，随着内部投资的抵销，该未实现损益应全部抵销。

（4）如果将（2）、（3）的处理合并进行，则与母公司、B公司对C公司股权投资有关的抵销处理为：

借：股本 500

投资收益（70×90%） 63

少数股东损益（100×10%） 10

　　贷：长期股权投资　　450
　　　　对所有者（或股东）的分配　　70
　　　　少数股东权益（530×10%）　　53

［例10-7］资料见例10-6，假定B公司将其所持有的C公司10%股权投资分类为以公允价值计量且其变动计入其他综合收益的金融资产，其账面价值为52万元，其中2万元为公允价值变动。其他资料不变。

（1）A、B、C三个公司的个别财务报表中相关项目的报告价值见表10-10中“个别报表”栏。

（2）根据上述资料，A公司报告期末编制合并财务报表时，需要进行的抵销处理如下（金额单位为万元）：

①与母公司对B公司股权投资有关的抵销处理：

借：股本　　1 000
　　投资收益　　60
　　少数股东损益［（300-7）×40%］　　117.2
　　贷：长期股权投资　　600
　　　　对所有者（或股东）的分配　　100
　　　　少数股东权益　　477.2*

*B公司所有者权益1 193万元中少数股东所占份额，这里的所有者权益中没有包括来自于内部的7万元股权投资收益，也没有包含2万元其他综合收益，因其属于内部投资的未实现损益，将被抵销。

②与母公司对C公司股权投资有关的抵销处理：

借：股本　　450
　　投资收益（70×80%）　　56
　　少数股东损益（100×10%）　　10
　　贷：长期股权投资　　400
　　　　对所有者（或股东）的分配　　63
　　　　少数股东权益（530×10%）　　53

③与B公司对C公司的股权投资有关的调整与抵销处理：

借：股本　　50
　　投资收益（70×10%）　　7
　　其他综合收益　　2*
　　贷：其他权益工具投资　　52
　　　　对所有者（或股东）的分配　　7

*属于内部投资的未实现损益，随着内部投资的抵销，该未实现损益应全部抵销。

④如果将②、③的处理合并进行，则与母公司、B公司对C公司股权投资有关的抵销处理为：

借：股本　500
　　投资收益（70×90%）　63
　　少数股东损益（100×10%）　10
　　其他综合收益　2
　贷：长期股权投资　400
　　　其他权益工具投资　52
　　　对所有者（或股东）的分配　70
　　　少数股东权益（530×10%）　53

在不考虑其他因素的情况下，上述业务以及抵销处理对合并财务报表数据的影响见表10-10。

表10-10　**2×19年年末合并财务报表工作底稿（局部）**　单位：万元

项　目	个别报表			抵销分录		合并数
	母公司（A）	子公司（B）	子公司（C）	借	贷	
资产负债表有关项目：						
其他权益工具投资	0	52	0		④52	0
长期股权投资	1 000	0	0		①600 ④400	0
……	……		……			……
股本	2 300	1 000	500	①1 000 ④500		2 300
其他综合收益	0	2	0	④2		0
未分配利润	220	200	30	250.2	170	369.8
归属于母公司所有者权益	—	—	—			2 669.8
少数股东权益	—	—	—		①477.2 ④53	530.2
所有者权益合计	2 520	1202	530	1 755	703	3 200
利润表有关项目：						
……	284	293	100			677
投资收益	116	7	0	①60 ④63		0
净利润	400	300	100	123		677
其中：归属于母公司股东的净利润	—	—	—			549.8
少数股东损益	—	—	—	①117.2 ④10		127.2
其他综合收益	0	2	0	2*		0
综合收益总额	400	302	100	252.2		677
所有者权益变动表有关项目：						
未分配利润（期初数）	0	0	0			0
综合收益	400	302	100	252.2		677
对所有者（或股东）的分配	180	100	70		①100 ④70	180
未分配利润（期末数）	220	200	30	250.2	170	369.8

关注表10-10中“合并数”栏几个数字及其内在关系：

合并净利润677万元为剔除了内部投资收益对净利润的影响之后的当期净利润，即：400-116+300-7+100=677（万元））。

归属于母公司股东的净利润549.8万元为677万元中归属于母公司的部分，即：（400-116）+（300-7）×60%+100×90%=549.8（万元）。

少数股东损益127.2万元，为两个子公司净利润（剔除内部股权投资的收益对当期净利润的影响之后）中少数股东享有的部分，即：（300-7）×40%+100×10%=127.2（万元）。

未分配利润369.8万元为剔除了内部投资收益对净利润的影响之后的母公司的未分配利润与子公司净利润中归属于母公司所有者的部分之和，即：（220-116）+（300-7）×60%+100×90%=369.8（万元）。

根据现行会计准则，子公司持有母公司股份和子公司互相之间持有股份两种情形在合并财务报表中的处理方法的异同点如下：

（1）两者的相同点：都需要将子公司持有的对母公司股权投资或对其他子公司的股权投资进行抵销，同时相应地减少被投资方的所有者权益。

（2）两者的不同点：抵销对内股权投资时所减少被投资方所有者权益的方式不同，将子公司持有的母公司股份单项列为企业集团的库存股，作为所有者权益的减项；而将对一子公司持有的另一子公司股份则直接抵销被投资方的所有者权益。

第二节　反向购买日的合并资产负债表

一、反向购买的相关概念界定

根据《国际财务报告准则第3号——企业合并》，出于会计处理的目的将发行权益性工具的主体认定为被购买方时，就发生了“反向购买”。为了正确理解反向购买的这个概念，就要从合并对价的形式以及购买方的认定两个方面进行梳理。

企业合并以及合并财务报表的首要问题是确定企业合并中的“购买方”（合并方），因其是对企业合并进行确认与计量并在控股合并情况下编制合并财务报表的主体。《国际财务报告准则第3号——企业合并》中对购买方的认定有明确的规定：在主要通过转移现金、其他资产或承担负债的企业合并中，转移现金、其他资产或承担负债的主体通常就是购买方；在主要通过交换权益实现的企业合并中，发行自身权益性工具的主体通常就是购买方。但是，在认定通过权益交换实现的企业合并中的购买方时，还应当考虑如下相关因素：（1）参与合并主体中，其所有者集体保留或获得了最大比例的表决权时，该方通常是购买方；（2）在没有其他所有者或组织的所有者集体拥有重大表决权的情况下，参与合并主体中，单独的所有者或组织的所有者集体拥有合并后主体最大份额的少数表决权，该方就是购买方；（3）参与合并主体中，其所有者有权选举、任命或解除合并后主体治理机构的大多数成员，则该方就是购买方；（4）参与合并主体中其（前）管理层控制合并后主体的管理层，则该方就是购买方；（5）参与合并主体中，其支付的金额高于其他参与合并主体的权益在合并前的公允价值，则该方就是购买方。除此之外，《国际财务报告准则第3号——企业合并》还从相对规模上为购买方的认定提供了指南：参与合并主体中，其相对规模（例如以资产、收入或利润来计量）显著大于其他参与合并主体的规模时，则该方通常是购买方。

根据认定购买方的上述指南，该准则将下面这个例子当中的发行权益工具方认定为被购买方：一家私营企业想成为上市公司，但又不想就其权益进行登记注册，就与一家上市公司进行安排，购买其权益证券以换取上市公司的权益。此例中，上市公司是法律上的购买方，因其发行了权益工具，私营企业是法律上的被购买方，因其权益被购买。出于会计处理的目的，该上市公司被认定为被购买方（即会计上的被购买方），私营企业被认定为购买方（即会计上的购买方）。

综上所述，反向购买中，发行权益性证券实施合并的一方虽然从法律形式上应定位为购买方，但因其生产经营决策在合并后被参与合并的另一方所控制，所以，会计上却将其认定为被购买方。换句话说，反向购买中，发行权益性证券的一方为法律意义上的母公司，会计意义上的子公司、被购买方；参与合并的另一方则为法律意义上的子公司，会计意义上的母公司、购买方。

二、会计处理要点

法律主体与会计主体的“错位”，是反向购买会计思路的源头，同时也是正确解读反向购买情况下合并财务报表的立足点。

（一）合并财务报表的“主体交叉”

根据现行会计准则，反向购买之后编制的合并财务报表应以法律上母公司（会计上子公司）的名义发布，但在附注中要说明合并财务报表是法律上子公司（会计上母公司）财务报表的延续。换句话说，反向购买日编制的合并财务报表，从发布名义上看，法律上母公司是主体；而从内容实质上看，法律上子公司是主体。

这种“主体交叉”的影响是显而易见的：第一，决定了合并财务报表的比较信息也应当是法律上子公司的比较信息（即法律上子公司的前期合并财务报表）；第二，决定了法律上子公司（会计上母公司）的“合并成本”；第三，决定了参与合并双方资产、负债、所有者权益在合并财务报表中的报告价值和方式；第四，决定了合并财务报表中的“少数股东权益”是法律上子公司（会计上母公司）的非控制性权益。

（二）会计上母公司合并成本的确定

反向购买中，出于编制合并财务报表的需要，要确定会计上母公司（法律上子公司）的合并成本。

会计上母公司的合并成本，是指如果其以发行权益性证券的方式获取在合并后报告主体的股权比例（相当于反向购买后其原股东持有的合并主体的股比），则应以向法律上母公司（会计上子公司、被购买方）的股东发行权益性证券数量与其公允价值计算的结果为合并成本。对此，有三点需要进行说明：

第一，这里的"向法律上母公司（会计上子公司、被购买方）的股东发行权益性证券数量"只是假定的。

第二，假定增发数量的确定。反向收购后，会计上母公司原股东持有的合并后主体的股权比例（假设为A）已经确定，现在假定会计上母公司增发权益性证券给法律上母公司的股东从而成为购买方，这就势必降低原股东所持股份占增发股份后总股份的比重。那么，要使得原股东对本公司原持有股份（假设为B）在合并后主体所占的股权比例由原来的股比降为A，会计上母公司得向法律上母公司的股东发行权益性证券的数量（假设为X）就应该占合并后主体股权比例的1-A。由此得出X的计算公式为：X=B/A-B。

第三，公允价值的获得方法。购买方的权益性证券在购买日存在公开报价的，应以购买方的公允价值和被购买方的公允价值两者之中有更为明显证据支持的一个作为基础，确定购买方假定发行权益性证券的公允价值。

（三）合并财务报表中各主体资产、负债、权益的报告方法

1.资产、负债的报告

（1）法律上子公司的资产、负债应以其合并前的账面价值报告。

（2）法律上母公司的可辨认资产、负债应以其合并时在购买日的公允价值报告。

（3）会计上母公司合并成本大于合并中取得的法律上母公司可辨认净资产公允价值份额的差额，确认为商誉；会计上母公司合并成本小于合并中取得的法律上母公司可辨认净资产公允价值份额的差额，确认为合并当期损益。

2.权益价值与结构的报告

由于合并财务报表内容主体是法律上子公司，因此，合并财务报表中的权益性工具的金额应当反映法律上子公司合并前发行在外的股份面值以及假定在确定该项企业合并成本过程中新发行的权益性工具的金额，合并财务报表中的留存收益和其他权益余额应当反映法律上子公司在合并前的留存收益和其他权益余额。

> 反向购买之后编制的合并财务报表应以法律上母公司的名义发布，但在附注中要说明合并财务报表是法律上子公司财务报表的延续。如果说这种"名义"与"内容"的不一致是由对合并双方的法律与会计主体界定"错位"决定的，那么，这个合并财务报表就必然成为"法律上子公司除资本结构外财务报表的延续"，并顺理成章地导致了合并财务报表中股东资本结构与资本价值报告的"错配"。

由于合并财务报表发布主体是法律上母公司，因此，合并财务报表中的权益结构应

当反映法律上母公司的权益结构，即法律上母公司发行在外权益性证券的数量和种类。

（四）少数股东权益的确认与计量

对于反向购买而言，合并财务报表中的少数股东权益是指会计上母公司（而不是会计上子公司）的非控制性权益。这是因为，如果反向购买中法律上母公司没有取得法律上子公司100%的股权，则意味着法律上子公司（会计上母公司）的一部分股东并未将其持有的股份转为法律上母公司的股份，从法律上母公司发布合并财务报表的视角来看，法律上子公司该部分股东享有的权益份额在合并财务报表中应作为少数股东权益报告。

根据IFRS 3，“那些没有以其权益来交换法律上购买方的法律上被购买方的所有者，仅在法律上被购买方而非合并后主体的经营成果和净资产中拥有权益”。换句话说，法律上被购买方的持非控制性权益的股东，并没有参与反向购买交易。实际上，反向购买之后编制的合并财务报表，虽然内容上要作为法律上子公司（会计上母公司）财务报表的延续，但名义上却要由法律上母公司（会计上子公司）发布，会计上母公司的非控制性权益就成了合并财务报表中的“少数股东权益”，这就必然会导致合并财务报表中少数股东的“换位”。

反向购买日合并财务报表中少数股东的这种“换位”对合并会计信息的直接影响如下：

第一，反向购买日合并财务报表中“少数股东权益”项目金额按会计上母公司股东权益账面价值（而不是公允价值）中非控制性股东享有的份额计算。

第二，反向购买日合并商誉的计量是按“假定的转移对价”确定的合并成本减去会计上子公司的净资产公允价值（而不是“份额”）。

第三，无论法律上母公司取得法律上子公司的控股比例是否达到100%，法律上子公司（会计上母公司）确定的“假定”增发权益性证券数量都是一样的，从而合并商誉的金额都是相同的。

下面举例说明。

［例10-8］A公司、B公司合并前及合并信息等有关资料见表10-11。

表10-11 **合并前及合并信息资料** 单位：万元

项目	合并前财务状况（以账面价值列示）	
	A公司	B公司
存货、固定资产等	1 600	3 000
负债	300	400
股本		
A（225万股）	225	
B（600万股）		600
资本公积	0	0
盈余公积	275	500
未分配利润	800	1 500
股东权益合计	1 300	2 600

合并信息：

（1）2×19年9月1日，A公司向B公司原有股东发行A公司普通股900万股，以1.5：1的比例，换取B公司全部股权。

（2）换股时A公司普通股的市场报价为10元，B公司普通股的公允价值为15元。

（3）换股时A、B公司的固定资产公允价值比账面价值分别高出100万元、80万元，其他资产、负债的账面价值等于公允价值。

（4）A公司增发普通股之后，取得了B公司100%的股权。

（5）A公司增发普通股之后，B公司原股东也拥有了合并后主体80%（900÷（225+900）×100%）的股权，即合并后主体实际上是由B公司原股东控制。

相关税费略。

将表10-11中各方关系整理如图10-3所示。

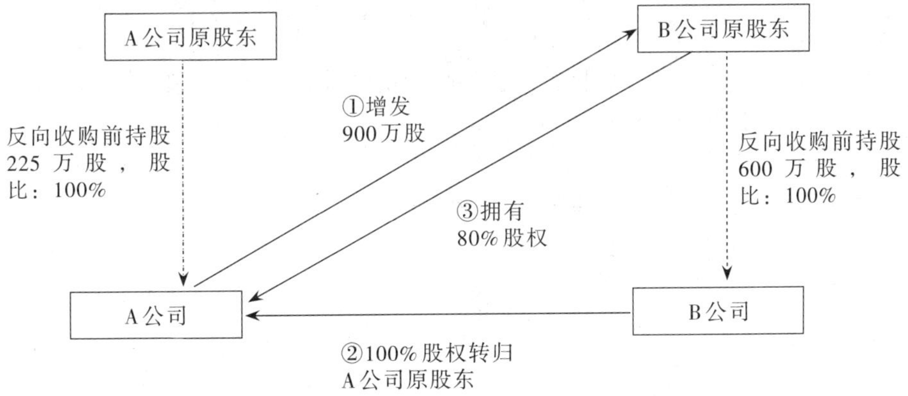

图10-3　法律上母公司A公司收购B公司

根据上述资料，进行有关会计处理如下：

（1）认定会计上的母公司（购买方）与子公司（被购买方）。

从法律形式上看，A公司是母公司，因为它是权益性证券的发行方；B公司是子公司，因为它的权益被购买；从合并财务报表角度看，A公司为子公司、被购买方，B公司为母公司、购买方。

（2）有关计算。

①计算会计上母公司“假定增发”股份数量。

图10-4是对B公司作为会计上母公司“假定增发”权益性证券应该增发证券数量的分析。

根据图10-4的分析，假定B公司为获取合并后主体80%权益而向A公司股东发行普通股，则意味着B公司原股东现有股份600万股为合并后主体的80%，B公司为使A公司股东拥有20%股比而需发行股份数为：600÷80%-600=150（万股）。

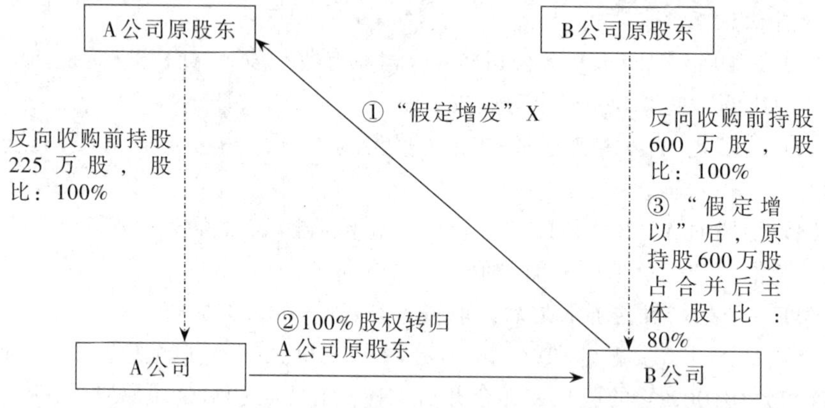

图10-4　会计上母公司B公司“假定增发”权益性证券收购A公司

②计算会计上母公司的合并成本和合并商誉。

合并成本=150×15=2 250（万元）

合并商誉=2 250-（1 300+100）=850（万元）

（3）合并财务报表工作底稿中的调整与抵销分录如下（金额单位为万元）：

①假定会计上母公司B公司增发150万股。

借：长期股权投资　2 250

　贷：股本——对合并后主体（150×1）　150

　　资本公积（150×14）　2 100

②会计上子公司资产、负债在合并财务报表中应按合并日公允价值报告，调整分录为：

借：固定资产　100

　贷：资本公积　100

③抵销内部股权投资及会计上子公司的股东权益，抵销分录为：

借：股本　1 125

　　资本公积（8 100+100）　8 200

　　盈余公积　275

　　未分配利润　800

　　商誉　850

　贷：长期股权投资（9 000+2 250）　11 250

（4）将上述调整与抵销分录填入合并财务报表工作底稿，见表10-12。

表10-12　A公司合并日合并财务报表工作底稿（局部）　单位：万元

项目	个别报表		调整与抵销分录		合并数
	A公司（会计上子公司）	B公司（会计上母公司）	借	贷	
存货、固定资产等	1 600	3 000	②100		4 700

续表

项目	个别报表		调整与抵销分录		合并数
	A公司（会计上子公司）	B公司（会计上母公司）	借	贷	
长期股权投资	9 000	0	①2 250	③11 250	0
商誉	0	0	③850		850
负债	300	400			700
股本	1 125	600	③1 125	①150	750
资本公积	8 100	0	③8 200	①2 100 ②100	2 100
盈余公积	275	500	③275		500
未分配利润	800	1 500	③800		1 500

（5）根据表10-12整理出反向购买日合并资产负债表数据，见表10-13。

表10-13　**A公司合并日合并资产负债表有关数据**　单位：万元

项目	合并数
存货、固定资产等	4 700
长期股权投资	0
商誉	850
负债	700
股本（225+900=1 125万股）	750
资本公积	2 100
盈余公积	500
未分配利润	1 500

［例10-9］资料见例10-8，假定A公司向B公司原股东增发的权益性证券不是900万股而是720万股普通股，以1.5∶1的比例，换取B公司80%的股权。其他资料同上例。

相关计算及会计处理如下：

（1）相关计算。

①根据上述资料，转移B公司80%股权的股东拥有了合并后主体76.19%（720÷（225+720）×100%）的股权。

②假定B公司为获取合并后主体76.19%权益而发行普通股，需增发的普通股为：

增发普通股=600×80%÷76.19%−600×80%=150（万股）

③B公司的合并成本=150×15=2 250（万元）

④合并商誉=2 250−（1 300+100）=850（万元）

（2）合并财务报表工作底稿中的调整与抵销分录（金额单位为万元）：

①假定会计上母公司B公司增发150万股。

借：长期股权投资　2 250

　贷：股本——对合并后主体　150

　　资本公积　2 100

②会计上子公司资产、负债在合并财务报表中应按合并日公允价值报告，其调整分录为：

借：固定资产　100

　贷：资本公积　100

③抵销内部股权投资及会计上子公司的股东权益，抵销分录为：

借：股本（945+600×20%）　1 065

　资本公积（6 480+100）　6 580

　盈余公积（275+500×20%）　375

　未分配利润（800+1 500×20%）　1 100

　商誉　850

　贷：长期股权投资（7 200+2 250）　9 450

　　少数股东权益（（600+500+1 500）×20%）　520

（3）将上述调整与抵销分录填入合并财务报表工作底稿，见表10-14。

表10-14　**A公司合并财务报表工作底稿（局部）**　单位：万元

项目	个别报表		调整与抵销分录		合并数
	A公司（会计上子公司）	B公司（会计上母公司）	借	贷	
存货、固定资产等	1 600	3 000	②100		4 700
长期股权投资	7 200	0	①2 250	③9 450	0
商誉	0	0	③850		850
负债	300	400			700
股本	945	600	③1 065	①150	630
资本公积	6 480	0	③6 580	①2 100 ②100	2 100
盈余公积	275	500	③375		400
未分配利润	800	1 500	③1 100		1 200
少数股东权益	—	—		③520	520

（4）根据表10-14，整理反向购买日合并资产负债表数据，见表10-15。

表10-15　**A公司合并资产负债表有关数据**　单位：万元

项目	合并数
存货、固定资产等	4 700
长期股权投资	0
商誉	850
负债	700
股本（225+720=945万股）	630
资本公积	2 100
盈余公积	400
未分配利润	1 200
少数股东权益	520

由表10-15可见，反向购买日合并财务报表中的股东权益各项目，体现的是会计上母公司反向购买前原有股东权益与反向购买中“假定增发”导致的股东权益的增加之和，并分别按控制性权益和非控制性权益列报，其各项目金额（单位为万元）如下：

（1）“股本”项目，结构是合并财务报表发布者（会计上子公司）的股本结构，而金额则是会计上母公司的控制性权益部分：600×80%+150=630（万元）。

（2）“资本公积”项目反映会计上母公司的控制性权益部分：0×80%+2 100=2 100（万元）。

（3）“盈余公积”项目反映会计上母公司的控制性权益部分：500×80%=400（万元）。

（4）“未分配利润”项目反映会计上母公司的控制性权益部分：1 500×80%=1 200（万元）。

（5）“少数股东权益”项目反映会计上母公司反向购买前股东权益账面价值中的非控制性权益部分：2 600×20%=520（万元）。

本章特别关注1　权益法下交叉持股时确定投资收益的“交互分配法”

交叉持股的双方如果都将所持对方股份分类为长期股权投资并采用权益法进行核算，就会出现一个难题：如何确定一方对另一方的股权投资收益？

比如：甲公司持有乙公司40%的股份，乙公司又持有甲公司50%的股份，两家公司对长期股权投资都采用权益法核算。2×19年双方不包括来自于对方的股权投资收益在内的利润总额分别为1 000万元和1 500万元，双方分别宣派现金股利200万元和500万元。甲公司和乙公司应分别确认的权益法下投资收益各为多少（相关税费略）？

这种交叉持股情况下出现的难题就像是“企图在布满镜子的房间里找到最终的反射”（常勋.财务会计四大难题［M］.3版.上海：立信会计出版社，2006：267）。为了解决权益法的这个缺陷，人们提出了通过建立联立方程计算交叉持股双方股权投资收益的“交互分配法”。

就上面例子而言，“交互分配法”的具体计算过程如下：

假设：X=甲公司的利润总额

Y=乙公司的利润总额

则有：X=1 000+40%×Y （1）

Y=1 500+50%×X （2）

将（2）代入（1），则：

X=1 000+40%×（1 500++50%×X）

=1 000+600+20%×X

X=2 000

Y=1 500+50%×2 000

=2 500

所以：

甲公司的来自于乙公司的股权投资收益=2 500×40%=1 000（万元）

乙公司的来自于甲公司的股权投资收益=2 000×50%=1 000（万元）

本章特别关注 2

在子公司中权益的披露

《企业会计准则第41号——在其他主体中权益的披露》中，对母公司在子公司中权益的披露内容进行了详尽的规范，主要条款摘录如下：

第八条　企业应当在合并财务报表附注中披露企业集团的构成，包括子公司的名称、主要经营地及注册地、业务性质、企业的持股比例（或类似权益比例，下同）等。

子公司少数股东持有的权益对企业集团重要的，企业还应当在合并财务报表附注中披露下列信息：

（一）子公司少数股东的持股比例。子公司少数股东的持股比例不同于其持有的表决权比例，企业还应当披露该表决权比例。

（二）当期归属于子公司少数股东的损益以及向少数股东支付的股利。

（三）子公司在当期期末累计的少数股东权益余额。

（四）子公司的主要财务信息。

第九条　使用企业集团资产和清偿企业集团债务存在重大限制的，企业应当在合并财务报表附注中披露下列信息：

（一）该限制的内容，包括对母公司或其子公司与企业集团内其他主体相互转移现金或其他资产的限制，以及对企业集团内主体之间发放股利或进行利润分配、发放或收回贷款或垫款等的限制。

（二）子公司少数股东享有保护性权利、并且该保护性权利对企业使用企业集团资产或清偿企业集团负债的能力存在重大限制的，该限制的性质和程度。

（三）该限制涉及的资产和负债在合并财务报表中的金额。

第十条　企业存在纳入合并财务报表范围的结构化主体的，应当在合并财务报表附注中披露下列信息：

（一）合同约定企业或其子公司向该结构化主体提供财务支持的，应当披露提供财务支持的合同条款，包括可能导致企业承担损失的事项或情况。

（二）在没有合同约定的情况下，企业或其子公司当期向该结构化主体提供了财务支持或其他支持，应当披露所提供支持的类型、金额及原因，包括帮助该结构化主体获得财务支持的情况。其中，企业或其子公司当期对以前未纳入合并财务报表范围的结构化主体提供了财务支持或其他支持并且该支持导致企业控制了该结构化主体的，还应当披露决定提供支持的相关因素。

（三）企业存在向该结构化主体提供财务支持或其他支持的意图的，应当披露该意图，包括帮助该结构化主体获得财务支持的意图。

第十一条　企业在其子公司所有者权益份额发生变化且该变化未导致企业丧失对子公司控制权的，应当在合并财务报表附注中披露该变化对本企业所有者权益的影响。

企业丧失对子公司控制权的，应当在合并财务报表附注中披露按照《企业会计准则第33号——合并财务报表》计算的下列信息：

（一）由于丧失控制权而产生的利得或损失以及相应的列报项目。

（二）剩余股权在丧失控制权日按照公允价值重新计量产生的利得或损失。

第十二条　企业是投资性主体且存在未纳入合并财务报表范围的子公司、并对该子公司权益按照公允价值计量且其变动计入当期损益的，应当在合并财务报表附注中对该情况予以说明。同时，对于未纳入合并财务报表范围的子公司，企业应当披露下列信息：

（一）子公司的名称、主要经营地及注册地。

（二）企业对子公司的持股比例。持股比例不同于企业持有的表决权比例的，企业还应当披露该表决权比例。

企业的子公司也是投资性主体且该子公司存在未纳入合并财务报表范围的下属子公司的，企业应当按照上述要求披露该下属子公司的相关信息。

第十三条　企业是投资性主体的，对其在未纳入合并财务报表范围的子公司中的权益，应当披露与该权益相关的风险信息：

（一）该未纳入合并财务报表范围的子公司以发放现金股利、归还贷款或垫款等形式向企业转移资金的能力存在重大限制的，企业应当披露该限制的性质和程度。

（二）企业存在向未纳入合并财务报表范围的子公司提供财务支持或其他支持的承诺或意图的，企业应当披露该承诺或意图，包括帮助该子公司获得财务支持的承诺或意图。

在没有合同约定的情况下，企业或其子公司当期向未纳入合并财务报表范围的子公司提供财务支持或其他支持的，企业应当披露提供支持的类型、金额及原因。

（三）合同约定企业或其未纳入合并财务报表范围的子公司向未纳入合并财务报表范围、但受企业控制的结构化主体提供财务支持的，企业应当披露相关合同条款，以及可能导致企业承担损失的事项或情况。

在没有合同约定的情况下，企业或其未纳入合并财务报表范围的子公司当期向原先不受企业控制且未纳入合并财务报表范围的结构化主体提供财务支持或其他支持，并且所提供的支持导致企业控制该结构化主体的，企业应当披露决定提供上述支持的相关因素。

本章特别关注3

如何解读合并财务报表①

一、合并财务报表的解读限制

由于信息不对称，任何局外人试图通过阅读企业财务报表来掌握企业全部的财务信息和经营状况都是不可能的。即使符合规范的财务报告，对其相对清晰的理解也需要读者具备相应的专业知识、了解企业的背景并熟悉报表的分析方法。但是，相对于个别财务报表而言，合并财务报表的解读限制会更多一些。

首先，主体多元性限制。合并财务报表提供的是多个法人主体构成的报告主体的一定期间动态的财务信息和一定时点静态的财务信息。多元化经营的企业集团，由于子公司行业不同、经营范围各异，必然影响合并财务报表信息的可理解性和相关性。如果报表使用者关心的是企业集团中某特定成员企业的情况，合并财务报表显然不能直接满足需要。例如，合并资产负债表中的流动资产与流动负债指标生成的流动比率，并不能告诉你某特定企业的短期偿债能力；同样，集团合并利润表中的营业收入并不代表你所关心的某子公司的营业收入；而当你用趋势分析法分析某集团公司的经营活动现金流量增长情况时，会担心报告期内该集团子公司的处置或增加影响比较报表可比数据的可比性。

其次，数据综合性限制。合并财务报表的数据生成过程决定合并财务报表信息的综合性，往往也会导致直接分析的困难。在科、工、贸一体化的企业集团中，其合并利润表中营业收入项目的各年比较，是否能够反映本集团在某一特定行业中的地位变化趋势？随着对子公司当年利润分配情况的抵销，合并所

①傅荣.企业合并的财务呈报研究［M］. 大连：东北财经大学出版社，2009.

有者权益变动表中反映的当年普通股股利分配数额中还包括对少数股东的分配吗？合并利润表中反映的合并净收益如果为负数，该项目下的少数股东收益项目为什么还有可能出现正数？另外，对于跨国企业集团，由于境外子公司个别报表的外币折算采用的汇率不同，加上各国通货膨胀程度各异，也使合并财务报表的相关性受到影响。

最后，还存在一些影响合并财务报表解读效果的因素。如阅读者的专业知识、合并范围的具体构成、报表编制的规范程度、企业合并的实施方式以及企业集团的股权结构等。

二、合并财务报表的解读路径

无论对个别财务报表还是对合并财务报表，在众多的背景不同、需求各异的使用者看来，不存在唯一的、统一的解读路径。与个别财务报表的分析一样，不同的信息需求者对合并财务报表的分析，也可能有不同的着眼点或不同的切入角度：想了解企业集团整体的财务状况的，可能更加关注合并资产负债表；想了解企业集团盈利水平信息的，无疑要重点阅读合并利润表；而想了解企业集团经营活动产生现金和筹资活动产生现金以及投资活动赚得现金的能力的，必然要熟悉合并现金流量表。尽管如此，合并财务报表的内容的特殊性，决定了对合并财务报表的解读与对个别财务报表的分析有不同的思路。那就是：在采用传统的报表分析方法分析集团整体的财务状况、经营成果和现金流量的现状及动态的基础上，对某些特定信息给予格外关注。

首先，关注合并范围。关注合并范围，有助于对合并财务信息总体内在含量的把握。这是因为，合并范围直接决定合并财务报表的数据来源，而合并范围的变化又直接影响到合并财务报表信息的连续性。关注合并范围的变化，至少应考虑到三个方面：第一，分析当期有关合并数据时，要注意纳入合并财务报表的成员企业所居行业不同对评价集团当期盈利能力的干扰，要注意到成员企业的盈亏各异对合并净利润数据的抵销影响；第二，在进行趋势分析的时候，要注意报告期内子公司的增减变化对比较数据的影响；第三，分析报告期内子公司的增减变化对比较数据的影响时，要注意区分子公司形成于同一控制下企业合并还是形成于非同一控制下企业合并。当然，关注合并范围的变化，在某种程度上有助于预期相关上市公司的战略意图和未来发展。

其次，关注合并商誉。一方面，合并商誉的“剩余值”计量方法决定了合并资产负债表中的合并商誉项目金额必然受制于企业合并日确定的商誉价值以及后续的减值测试。另一方面，合并商誉的初始计量是采用全部商誉法还是部分商誉法，由此导致的合并商誉初始计量与减值测试两种情况下对少数股权的考虑将会有所不同，这无疑也将影响对合并商誉金额的理解。另外，从趋势分析的角度，商誉的报告价值与合并利润表中资产减值损失的报告价值的变动，可能会构成进一步分析过程中的难点。还有，在同一控制下企业合并与非同一控制下企业合并交叉并存的复杂股权结构的企业集团里，合并资产负债表中的“商誉”项目与企业合并方式的关系，也是报表分析中需要关注的问题。

再次，关于少数股东权益与少数股东损益的信息含量。如果笼统来讲“信息含量”的话，应该同时包括有关信息的所含数量与所含质量两个方面。从数量角度来看，合并资产负债表中的少数股东权益和合并利润表中的少数股东损益，其报告价值的确定，既受到准则所采用的合并理论的制约，又受到合并商誉计量方法的影响，还受到子公司盈亏状况、超额亏损的列报方法、内部交易的未实现损益等多种因素的限制。从质量角度分析，少数股东权益和少数股东损益的性质归属取决于合并理论的限定；而少数股权信息的有用性究竟如何，则与企业集团少数股权的比例大小、少数股东的分散程度等诸多因素有关，更与少数股东的关注程度相关。

最后，合并净利润的影响因素。在分析合并利润表中的合并净利润项目时，至少要考虑到下列因素对该项目的影响：（1）合并净利润与母公司报表净利润的关系；（2）合并净利润中少数股东享有的利润或承担的损失的确定方法；（3）纳入合并范围的成员企业互相之间的盈利与亏损的抵销对合并净利润的影响；（4）内部资产交易未实现损益的抵销对合并净利润数据生成的影响；（5）内部资产交易未实现损益的抵销导致的递延所得税在合并财务报表中的确认对合并所得税费用的影响；（6）子公司超额亏损在合并财务报表中的报告方法；（7）合并商誉的减值确认对合并净利润的影响等。

值得一提的是，无论是合并资产负债表中合并商誉或其他资产、负债项目的分析，还是合并利润表合并净利润、少数股东损益、合并所得税费用等项目的分析，无论是合并所有者权益信息的静态分析还是变动情况分析，合并财务报表真正意义上的阅读，断然离不开合并财务报表的附注信息[①]。就对附注资料的依赖程度而言，合并财务报表的解读远高于对个别报表的分析。这是因为，导致合并财务报表解读限制的那些因素，必然导致合并财务报表的分析难于个别报表的分析。

由此可见，合并财务报表的编制与分析，无论是编制程序中的调整与抵销技术还是分析过程中的解读路径探寻与解读指标设计，不仅具有进一步积极研究的意义，而且更加具有深入、广泛研究的空间。

①Charles T.Horngern在他与合作者的专著《Introduction to Financial Accounting》中所引用的资料表明，投资者对上市公司提供的财务信息甚至非财务信息都很欢迎。在最佳年度报告方面甚至存在一种竞争。美国通信职业联盟（The League of American Communications Professionals, LACP）根据各家公司信息传递方式的好坏对年度报告进行分级评定。评定考虑的要素类别包括：报告的封面、致股东的信函、报告的陈述、报告的财务状况内容、报告的可读性和条理清晰程度。2002年度的前5名最佳年度报告是从900多份年度报告中选出的，它们是汉高（Henkel）、Jack In The Box、FEMSA、美国州务管理局以及洛克西德·马丁（Lockheed Martin）。某些公司的执行官利用其公司的年度报告对投资人进行咨询方面的培训。伯克希尔·哈撒韦（Berkshire Hathaway）公司的主席兼首席执行官在其公司的年度报告中经常附上一封很长的信函，详细解释他的理念和公司的运营状况。在2002年年度报告中，他在信函中用了20页的篇幅发表他富有洞察力的评论。在2001年年度报告中，他甚至将财务报告同他个人的高尔夫运动进行比较。

附： 合并财务报表编制流程示例

［资料］甲公司是乙公司的母公司。有关资料如下：

1. 内部股权投资资料。2×17年12月末，甲公司用银行存款750 000元购入非同一控制下的乙公司60%的表决权资本。乙公司当时的可辨认净资产账面价值为1 181 850元，评估的公允价值为1 231 850元，公允价值大于账面价值的50 000元为某项管理用固定资产评估增值（假定该固定资产未来折旧年限为5年，按直线法计提折旧，预计净残值因素略）。当时乙公司留存收益为0。

2. 内部债权债务资料。甲公司2×18年、2×19年年末应收账款余额中分别有50 000元、30 000元为乙公司的应付账款（甲公司按应收账款余额的5‰计提坏账准备）。

3. 内部债券投资资料。乙公司2×19年1月按面值发行5年期、一次还本付息、年利率为5%的债券300 000元，甲公司购入其中的20%，划分为以摊余成本计量的金融资产。

4. 内部存货交易资料。甲公司商品销售中有一部分是向乙公司提供配套商品。2×18年、2×19年甲公司销售收入中分别有20%、30%来自于向乙公司销货，该商品的销售毛利率为10%。乙公司来自甲公司的外购配套商品中，2×18年有30%包括在期末资产负债表"存货"项目中；2×19年期末存货成本中有200 000元是购自甲公司的配套商品。

5. 内部固定资产交易资料。2×17年12月，甲公司将一台账面原价为80 000元、累计折旧为10 000元的设备以75 000元的价格出售给乙公司，后者将其作为固定资产使用，并按5年提取折旧。

6. 乙公司2×18年利润分配方案中宣告分配现金股利40 000元（于2×19年5月支付），2×19年利润分配方案中宣告分配现金股利50 000元，尚未支付。

7. 甲公司与乙公司的有关资产负债表、利润表以及现金流量表资料见表1、表2、表3、表4和表5。

8. 为简化起见，盈余公积、每股收益、其他综合收益具体内容略。

表1 **甲公司资产负债表（简表）**

2×19年12月31日 单位：元

资产	上年年末余额	期末余额	负债和所有者权益	上年年末余额	期末余额
流动资产：			流动负债：		
货币资金	3 008 000	5 000 000	短期借款	200 000	210 000
应收账款	796 000	199 000	应付账款	950 000	1 780 000

续表

资产	上年年末余额	期末余额	负债和所有者权益	上年年末余额	期末余额
其他应收款	246 000	301 000	应付职工薪酬	820 000	800 000
存货	350 000	400 000	其他应付款	440 818	200 218
流动资产合计	4 400 000	5 900 000	应交税费	8 000	10 000
非流动资产：			流动负债合计	2 418 818	3 000 218
长期股权投资	800 000	1 000 000	非流动负债：		
其他权益工具投资	0	186 500	长期借款	3 000 000	3 600 000
债权投资	0	100 000	应付债券	0	647 000
固定资产	5 500 000	5 413 500	非流动负债合计	3 000 000	4 247 000
无形资产	200 000	200 000	所有者权益：		
递延所得税资产	100 000	200 000	股本	4 000 000	4 000 000
非流动资产合计	6 600 000	7 100 000	资本公积	155 000	171 500
			未分配利润	1 426 182	1 581 282
			所有者权益合计	5 581 182	5 752 782
资产总计	11 000 000	13 000 000	负债和所有者权益总计	11 000 000	13 000 000

表2　**乙公司资产负债表（简表）**

2×19年12月31日

单位：元

资产	上年年末余额	期末余额	负债和所有者权益	上年年末余额	期末余额
流动资产：			流动负债：		
货币资金	122 350	700 000	短期借款	220 000	340 000
应收账款	99 500	298 500	应付账款	0	110 000
其他应收款	0	0			
存货	900 000	603 000	应付职工薪酬	9 000	14 000
流动资产合计	1 121 850	1 601 500	其他应付款	42 040	88 140
非流动资产：			流动负债合计	271 040	552 140
长期股权投资	200 000	200 000	非流动负债：		
其他权益工具投资	0	0	长期借款	1 060 000	1 190 000
固定资产	1 260 000	1 500 000	应付债券	0	315 000
无形资产	0	0	流动负债合计	1 060 000	1 505 000
递延所得税资产	0	0	所有者权益：		
非流动资产合计	1 460 000	1 700 000	股本	1 000 000	1 000 000
			资本公积	181 850	181 850
			未分配利润	68 960	62 510
			所有者权益合计	1 250 810	1 244 360
资产总计	2 581 850	3 301 500	负债和所有者权益总计	2 581 850	3 301 500

表3 **甲公司利润及利润分配情况**

2×19年度 单位：元

项目	上期金额	本期金额
一、营业收入	3 000 000	4 000 000
减：营业成本	1 800 000	2 500 000
税金及附加	400 000	600 000
销售费用	180 000	121 178
管理费用	100 000	200 000
财务费用	50 000	110 000
资产减值损失	10 000	2 000
信用减值损失	10 000	6 822
加：投资收益	34 178	37 202.5
营业外收入	165 822	40 000
减：营业外支出	15 000	7 202.5
二、利润总额	635 000	530 000
减：所得税费用	209 550	174 900
三、净利润	425 450	355 100
加：期初未分配利润	1 150 732	1 426 182
减：应付普通股股利	150 000	200 000
四、期末未分配利润	1 426 182	1 581 282

表4 **乙公司利润及利润分配情况**

2×19年度 单位：元

项目	上期金额	本期金额
一、营业收入	820 000	905 000
减：营业成本	500 000	580 000
税金及附加	60 000	85 000
销售费用	20 000	40 000
管理费用	50 000	70 000
财务费用	35 000	60 000
资产减值损失	9 000	9 000
信用减值损失	1 000	1 000
加：投资收益	0	
营业外收入	5 000	8 000
减：营业外支出	2 000	3 000
二、利润总额	148 000	65 000
减：所得税费用	39 040	21 450
三、净利润	108 960	43 550
加：期初未分配利润	0	68 960
减：应付普通股股利	40000	50 000
四、期末未分配利润	68960	62 510

表5 **现金流量表（简表）**

2×19年度

单位：元

项目	甲公司	乙公司
一、经营活动产生的现金流量		
销售商品、提供劳务收到的现金	4 600 000	705 000
收到其他与经营活动有关的现金	112 000	30 650
购买商品、接受劳务支付的现金	2 910 000	173 000
支付给职工（以及为职工支付）的现金	200 000	54 000
支付的所得税	174 900	20 000
支付的其他税费	93 000	80 000
支付其他与经营活动有关的现金	122 100	3 000
经营活动产生的现金流量净额	1 212 000	405 650
二、投资活动产生的现金流量		
收回投资收到的现金	0	0
取得投资收益收到的现金	24 000	0
处置固定资产、无形资产和其他长期资产收回的现金净额	0	0
权益性投资支付的现金	104 000	0
债权性投资支付的现金	70 000	
购置固定资产、无形资产和其他长期资产支付的现金	10 000	270 000
投资活动产生的现金流量净额	−160 000	−270 000
三、筹资活动产生的现金流量		
发行债券收到的现金	600 000	300 000
取得借款收到的现金	1 500 000	295 000
偿还债务支付的现金	1 000 000	100 000
偿还利息支付的现金	10 000	13 000
分配股利或利润支付的现金	150 000	40 000
筹资活动产生的现金流量净额	940 000	442 000
四、现金及现金等价物净增加额	1 992 000	577 650

［要求］根据上述资料：

1.编制甲公司与乙公司2×18年合并财务报表工作底稿中的有关调整与抵销分录。

2.编制甲公司与乙公司2×19年的合并资产负债表、合并利润表、合并所有者权益变动表和合并现金流量表。

（注：为简化起见，对子公司可辨认净资产按合并日公允价值调整时，暂不考虑合并报表中由此导致的递延所得税问题）

［参考答案］2×18年抵销分录的编制以及2×19年合并财务报表的编制

1.2×18年合并财务报表工作底稿中的有关调整与抵销分录

（1）将子公司有关资产价值以合并日公允价值为基础进行调整：

借：固定资产 40 000
　　管理费用 10 000
　贷：资本公积 50 000

（2）与内部股权投资有关的抵销：

将母公司对子公司的股权投资直接按成本法的结果进行抵销：

借：股本 1000 000
　　资本公积（181 850+50 000） 231 850
　　商誉 10 890
　　投资收益（40 000×60%） 24 000
　　少数股东损益［（108 960-10 000）×40%］ 39 584
　贷：长期股权投资 750 000
　　　少数股东权益［（1 000 000+231 850+68 960-10 000）×40%］ 516 324
　　　应付普通股股利 40 000

（3）抵销内部债权债务：

①借：应付账款 50 000
　　贷：应收账款 50 000

②借：应收账款（50 000×5‰） 250
　　贷：信用减值损失（50 000×5‰） 250

③借：其他应付款 24 000
　　贷：其他应收款 24 000

（4）抵销内部存货交易的相关影响：

①抵销当年内部存货交易对营业收入和营业成本的影响

借：营业收入（3 000 000×20%） 600 000
　贷：营业成本 600 000

②抵销期末存货价值中包含的未实现利润

借：营业成本（600 000×10%×30%） 18 000

贷：存货 18 000

③调整递延所得税

借：递延所得税资产（18 000×25%） 4 500

贷：所得税费用 4 500

（5）抵销内部固定资产交易的相关影响

①抵销固定资产价值中包含的内部交易未实现利润及其对期初未分配利润的影响

借：未分配利润（期初）[75 000-（80 000-10 000）] 5 000

贷：固定资产 5 000

②抵销按内部交易未实现利润多计提的折旧

借：固定资产 1 000

贷：管理费用（5 000÷5） 1 000

③调整递延所得税

借：递延所得税资产［（5 000-1 000）×25%］ 1 000

贷：所得税费用 1 000

（6）抵销内部现金收付

借：经营活动产生的现金流量——购买商品、接受劳务支付的现金 550 000*

贷：经营活动产生的现金流量——销售商品、提供劳务收到的现金 550 000**

*550 000=本年内部购货成本600 000（3 000 000×20%）-内部应付账款净增加额50 000

**550 000=内部销售收入600 000（3 000 000×20%）-内部应收账款净增加额50 000

2.2×19年合并财务报表的编制流程

第一步，开设合并财务报表工作底稿，将个别报表数据过入工作底稿。见表6、表7中的“个别报表”栏。

第二步，在合并财务报表工作底稿中编制以下调整与抵销分录：

（1）将子公司有关资产价值以合并日公允价值为基础进行调整

借：固定资产 30 000

管理费用 10 000

未分配利润（期初） 10 000

贷：资本公积 50 000

（2）与内部股权投资的有关抵销

将母公司对子公司的股权投资直接按成本法的结果进行抵销，抵销分录为：

借：股本 1 000 000

资本公积（181 850+50 000） 231 850

商誉 10 890

投资收益（50 000×60%） 30 000

少数股东损益［（43 550-10 000）×40%］ 13 420

借：未分配利润（期初）[（68 960−10 000）×40%]　　23 584
　贷：长期股权投资　　750 000
　　少数股东权益［（1 244 360+50 000−20 000）×40%］　　509 744
　　应付普通股股利　　50 000

如果在合并财务报表工作底稿中先将母公司对子公司股权投资信息由成本法调整到权益法之后再编制抵销分录,则有关处理如下：

（1）将母公司对子公司的长期股权投资余额由成本法调整到权益法

借：长期股权投资　　25 506*
　投资收益　　9 870**
　贷：未分配利润（期初）　　35 376***

*25 506=（108 960−10 000−40 000）×60%+（43 550−10 000−50 000）×60%

**−9 870=（43 550−10 000−50 000）×60%

***35 376=（108 960−10 000−40 000）×60%

（2）编制抵销分录

借：股本　　1 000 000
　资本公积（181 850+50 000）　　231 850
　商誉　　10 890*
　投资收益［（43 550−10 000）×60%］　　20 130
　少数股东收益［（43 550−10 000）×40%］　　13 420
　未分配利润（期初）（68 960−10 000）　　58 960
　贷：长期股权投资（750 000+25 506）　　775 506
　　少数股东权益［（1 000 000+231 850+42 510**）×40%］　　509 744
　　应付普通股股利　　50 000

*10 890=750 000−1 231 850×60%

**42 510=按合并日可辨认净资产公允价值持续计算的子公司2×19年年末未分配利润

（3）抵销内部债权债务

①借：应付账款　　30 000
　贷：应收账款　　30 000

②借：应收账款（30 000×5‰）　　150
　　信用减值损失［（50 000−30 000）×5‰］　　100
　贷：期初未分配利润（50 000×5‰）　　250

③借：其他应付款　　30 000
　贷：其他应收款　　30 000

④借：应付债券　　63 000
　贷：债权投资　　63 000

（4）抵销内部存货交易的相关影响

① 抵销以前年度内部存货交易的未实现利润及其对期初未分配利润的影响：

借：未分配利润（期初）（3 000 000×20%×10%×30%） 18 000

贷：营业成本 18 000

②抵销当年内部存货交易对营业收入和营业成本的影响：

借：营业收入（4 000 000×30%） 1 200 000

贷：营业成本 1 200 000

③抵销期末存货价值中包含的未实现利润：

借：营业成本（200 000×10%） 20 000

贷：存货 20 000

④调整递延所得税：

借：递延所得税资产（20 000×25%） 5 000

贷：所得税费用［（20 000−18 000）×25%］ 500

未分配利润（期初）（18 000×25%） 4 500

（5）抵销内部固定资产交易的相关影响

①抵销固定资产价值中包含的内部交易未实现利润及其对期初未分配利润的影响：

借：未分配利润（期初）［75 000−（80 000−10 000）］ 5 000

贷：固定资产 5 000

②抵销按内部交易未实现利润多计提的折旧：

借：固定资产 2 000

贷：管理费用（5 000÷5） 1 000

未分配利润（期初）（5 000÷5） 1 000

③调整递延所得税：

借：所得税费用（1 000×25%） 250

递延所得税资产（（5 000−2 000）×25%） 750

贷：未分配利润（期初）［（5 000−1 000）×25%］ 1 000

（6）抵销内部债券业务的利息费用与利息收益

借：投资收益 3 000

贷：财务费用 3 000

（7）抵销内部现金收付

①借：经营活动产生的现金流量——购买商品、接受劳务支付的现金 1 220 000*

贷：经营活动产生的现金流量——销售商品、提供劳务收到的现金 1 220 000**

*1 220 000=内部应付账款年初余额 50 000+本年内部购货成本 1 200 000（4 000 000×30%）−内部应付账款年末余额 30 000

**1 220 000=内部销售收入（4 000 000×30%）+内部应收账款净减少额（50 000−30 000）

②借：筹资活动产生的现金流量——分配股利或利润支付的现金 24 000*

贷：投资活动产生的现金流量——分得股利或利润收到的现金 24 000

*当年支付的上年现金股利24 000元（40 000×60%）。

③借：筹资活动产生的现金流量——分配股利或利润支付的现金 16 000*

贷：筹资活动产生的现金流量——向少数股东支付现金股利 16 000

*当年支付的上年现金股利16 000元（40 000×40%）。

④借：投资活动产生的现金流量——债权性投资支付的现金 60 000*

贷：筹资活动产生的现金流量——发行债券收到的现金 60 000

*按面值购买子公司债券的成本。

将上述调整与抵销分录抄入工作底稿，见表6、表7中的“调整与抵销分录”栏。

第三步，在工作底稿中根据个别报表数据、调整与抵销分录数据，整理“合并数”，见表6、表7中的“合并数”栏。

表6 **合并财务报表工作底稿（局部）**

2×19年度

单位：元

项目	个别报表		调整与抵销分录		合并数
	A公司	B公司	借	贷	
资产负债表有关项目：					
货币资金	5 000 000	700 000			5 700 000
应收账款	199 000	298 500	（3）-②150	（3）-①30 000	467 650
其他应收款	301 000	0		（3）-③30 000	271 000
存货	400 000	603 000		（4）-③20 000	983 000
长期股权投资	1 000 000	200 000		（2）750 000	450 000
其他权益工具投资	186 500				186 500
债权投资	100 000	0		（3）-④63 000	37 000
固定资产	5 413 500	1 500 000	（1）30 000 （5）-②2 000	（5）-①5 000	6 940 500
无形资产	200 000	0			200 000
商誉	—	—	（2）10 890		10 890
递延所得税资产	200 000	0	（4）-④5 000 （5）-③750		205 750
短期借款	210 000	340 000			550 000
应付账款	1 780 000	110 000	（3）-①30 000		1 860 000
应付职工薪酬	800 000	14 000			814 000

续表

项目	个别报表		调整与抵销分录		合并数
	A公司	B公司	借	贷	
其他应付款	200 218	88 140	（3）-③30 000		258 358
应交税费	10 000	0			10 000
长期借款	3 600 000	1 190 000			4 790 000
应付债券	647 000	315 000	（3）-④63 000		899 000
递延所得税负债	0	0			0
股本	4 000 000	1 000 000	（2）1 000 000		4 000 000
资本公积	171 500	181 850	（2）231 850	（1）50 000	171 500
未分配利润	1 581 282	62 510	1 333 354	1 279 250	1 589 688
少数股东权益	—	—		（2）509 744	509 744
利润表及所有者权益变动表有关项目：	—	—	—	—	—
营业收入	4 000 000	905 000	（4）-②1 200 000		3 705 000
减：营业成本	2 500 000	580 000	（4）-③20 000	（4）-①18 000 （4）-②1 200 000	1 882 000
税金及附加	600 000	85 000			685 000
管理费用	200 000	70 000	（1）10 000	（5）-②1 000	279 000
销售费用	121 178	40 000			161 178
财务费用	110 000	60 000		（6）3 000	167 000
资产减值损失	2 000	9 000			11 000
信用减值损失	6 822	1 000	（3）-②100		7 922
加：投资收益	37 202.5	0	（2）30 000 （6）3 000		4 202.5
营业外收入	40 000	8 000			48 000
减：营业外支出	7 202.5	3 000			10 202.5
所得税费用	174 900	21 450	（5）-③250	（4）-④500	196 100
净利润	355 100	43 550	1 263 350	1 222 500	357 800
其中：归属于母公司所有者的净利润	—	—			344 380
少数股东损益	—	—	（2）13 420		13 420
加：未分配利润（期初）	1 426 182	68 960	（1）10 000 （2）23 584 （4）-①18 000 （5）-①5 000	（3）-②250 （4）-④ 4 500 （5）-②1 000 （5）-③1 000	1 445 308
减：应付普通股股利	200 000	50 000		（2）50 000	200 000
未分配利润（期末）	1 581 282	62 510	1 333 354	1 279 250	1 589 688

表7

合并财务报表工作底稿（局部）

2×19年度

单位：元

项目	个别报表		调整与抵销分录		合并数
	A公司	B公司	借	贷	
现金流量表有关项目：					
一、经营活动产生的现金流量					
销售商品、提供劳务收到的现金	4 600 000	705 000		（7）-①1 220 000	4 085 000
收到其他与经营活动有关的现金	112 000	30 650			142 650
购买商品、接受劳务支付的现金	2 910 000	173 000	(7) -①1 220 000		1 863 000
支付给职工以及为职工支付的现金	200 000	54 000			254 000
支付的所得税	174 900	20 000			194 900
支付的其他税费	93 000	80 000			173 000
支付其他与经营活动有关的现金	122 100	3 000			125 100
经营活动产生的现金流量净额	1 212 000	405 650	1 220 000	1 220 000	1 617 650
二、投资活动产生的现金流量	—	—			—
收回投资收到的现金	0	0			0
分得股利或利润收到的现金	24 000	0		（7）-②24 000	0
权益性投资支付的现金	104 000	0			104 000
债权性投资支付的现金	70 000	0	（7）-④60 000		10 000
购置固定资产、无形资产和其他长期资产支付的现金	10 000	270 000			280 000
投资活动产生的现金流量净额	-160 000	-270 000	60 000	24 000	-394 000
三、筹资活动产生的现金流量	—	—			—
发行债券收到的现金	600 000	300 000		（7）-④60 000	840 000
取得借款收到的现金	1 500 000	295 000			1 795 000
偿还债务支付的现金	1 000 000	100 000			1 100 000
偿还利息支付的现金	10 000	13 000			23 000
分配股利或利润支付的现金	150 000	40 000	（7）-②24 000 （7）-③16 000		150 000
其中：向少数股东支付现金股利	—			（7）-③16 000	16 000
筹资活动产生的现金流量净额	940 000	442 000	40 000	76 000	1 346 000
四、现金及现金等价物净增加额	1 992 000	577 650	1 320 000	1 320 000	2 569 650

第四步，根据表6、表7中“合并数”栏资料，分别填列合并资产负债表（简表）、合并利润表（简表）、合并所有者权益变动表（简表）和合并现金流量表（简表），分别见表8、表9、表10和表11。

表8

合并资产负债表（简表）

2×19年12月31日

单位：元

资产	期末余额	上年年末余额（略）	负债和所有者权益	期末余额	上年年末余额（略）
流动资产：			流动负债：		
货币资金	5 700 000		短期借款	550 000	
应收账款	467 650		应付账款	1 860 000	
其他应收款	271 000		应付职工薪酬	814 000	
存货	983 000		其他应付款	258 358	
流动资产合计	7 421 650		应交税费	10 000	
非流动资产：			流动负债合计	3 492 358	
长期股权投资	450 000		非流动负债：		
其他权益工具投资	186 500		长期借款	4 790 000	
债权投资	37 000		应付债券	899 000	
固定资产	6 940 500		递延所得税负债	0	
无形资产	200 000		非流动负债合计	5 689 000	
商誉	10 890		所有者权益：		
递延所得税资产	205 750		股本	4 000 000	
非流动资产合计	8 030 640		资本公积	171 500	
			未分配利润	1 589 688	
			归属于母公司所有者权益合计	5 761 188	
			少数股东权益	509 744	
			所有者权益合计	6 270 932	
资产总计	15 452 290		负债和所有者权益总计	15 452 290	

表9

合并利润表（简表）

2×19年度

单位：元

项目	上年数（略）	本年数
一、营业收入		3 705 000
减：营业成本		1 882 000
税金及附加		685 000
管理费用		279 000
销售费用		161 178
财务费用		167 000
资产减值损失		11 000
信用减值损失		7 922
加：投资收益		4 202.5
二、营业利润		516 102.5
加：营业外收入		48 000
减：营业外支出		10 202.5
四、利润总额		553 900
减：所得税费用		196 100
五、净利润		357 800
其中：归属于母公司股东的净利润		344 380
少数股东损益		13 420
六、其他综合收益的税后净额		0
七、综合收益总额		357 800
其中：归属于母公司股东的综合收益总额		344 380
归属于少数股东的综合收益总额		13 420

表10

合并所有者权益变动表（简表）

2×19年度

单位：元

项目	本年金额						
	归属于母公司所有者权益					少数股东权益	所有者权益合计
	股本	资本公积	盈余公积	未分配利润	小计		
一、上年年末余额	4 000 000	155 000		1 445 308	5 600 308	516 324	6 116 632
加：会计政策变更							
前期差错更正							
二、本年年初余额	4 000 000	155 000		1 445 308	5 600 308	516 324	6 116 632
三、本年增减变动金额							
（一）综合收益总额		16 500		344 380	360 880	13 420	374 300
（三）所有者投入和减少资本							
（四）利润分配				−200 000	−200 000	−20 000	−220 000
（五）所有者权益内部结转							
四、本年年末余额	4 000 000	171 500		1 589 688	5 761 188	509 744	6 270 932

表11 **合并现金流量表（简表）**

2×19年度

单位：元

项目	上年数（略）	本年数
一、经营活动产生的现金流量		
销售商品、提供劳务收到的现金		4 085 000
收到其他与经营活动有关的现金		142 650
购买商品、接受劳务支付的现金		1 863 000
支付给职工以及为职工支付的现金		254 000
支付的所得税		194 900
支付的其他税费		173 000
支付其他与经营活动有关的现金		125 100
经营活动产生的现金流量净额		1 617 650
二、投资活动产生的现金流量		
权益性投资支付的现金		104 000
债权性投资支付的现金		10 000
购置固定资产、无形资产和其他长期资产支付的现金		280 000
投资活动产生的现金流量净额		−394 000
三、筹资活动产生的现金流量		
发行债券收到的现金		840 000
取得借款收到的现金		1 795 000
偿还债务支付的现金		1 100 000
偿还利息支付的现金		23 000
分配股利或利润支付的现金		150 000
其中：向少数股东支付现金股利		16 000
筹资活动产生的现金流量净额		1 346 000
四、现金及现金等价物净增加额		2 569 650